中央司法警官学院特色专业系列教材

中国传统文化与矫正

Chinese Traditional Culture and Correction

张利　主编

法律出版社
LAW PRESS·CHINA
北京

图书在版编目(CIP)数据

中国传统文化与矫正 / 张利主编. -- 北京 : 法律出版社, 2022
ISBN 978 - 7 - 5197 - 6691 - 7

Ⅰ. ①中… Ⅱ. ①张… Ⅲ. ①中华文化 - 教育研究 Ⅳ. ①K203

中国版本图书馆 CIP 数据核字(2022)第 068846 号

中国传统文化与矫正
ZHONGGUO CHUANTONG WENHUA YU JIAOZHENG

张 利 主编

责任编辑 慕雪丹
装帧设计 汪奇峰 臧晓飞

出版发行 法律出版社
编辑统筹 法商出版分社
责任校对 赵明霞
责任印制 胡晓雅
经　　销 新华书店

开本 710 毫米×1000 毫米 1/16
印张 11 **字数** 192 千
版本 2022 年 9 月第 1 版
印次 2022 年 9 月第 1 次印刷
印刷 三河市兴达印务有限公司

地址:北京市丰台区莲花池西里 7 号(100073)
网址:www. lawpress. com. cn
投稿邮箱:info@ lawpress. com. cn
举报盗版邮箱:jbwq@ lawpress. com. cn

销售电话:010 - 83938349
客服电话:010 - 83938350
咨询电话:010 - 63939796

书号:ISBN 978 - 7 - 5197 - 6691 - 7
定价:45.00 元

凡购买本社图书,如有印装错误,我社负责退换。电话:010 - 83938349

前　言

《中国传统文化与矫正》是中央司法警官学院矫正教育系开设的专业选修课程。

我校作为司法警官院校,学生专业特色鲜明,行业特点突出。因此,如何加强专业知识的传授与思想政治教育的有机结合,对学生进行政治性引领和爱国主义教育是深入贯彻落实党中央政治建警、对人民警察政治素质要求的具体举措。

在此背景下,本书将中国传统文化和中国特色社会主义建设的最新理论成果和实践经验写入教材,转化为优质教学资源。通过大力开发实践教学内容,培养学生的跨领域知识融通能力和教育矫正的实践能力;立德树人,提高学生的职业道德与职业能力。

本书在编纂过程中,注意围绕预期学习成果——未来矫正教育工作者的政治素养的要求与职业能力的需求,注重学生的实操能力,以评价结果为依据,力图让学生学会反思,学会与专家、同伴讨论。努力构建以学生为中心、以成果为导向的教学思维与模式。

本课程具有以下特点,有助于培养一个既具有中国传统文化情怀又具有敬业奉献的职业道德和高超的教育矫治能力的监狱等矫正教育场所的人民警察。

1. 时代性。中国现在已经进入百年来最为重视中国优秀传统文化的时代。2020 年 5 月 11 ~ 12 日,习近平在山西考察时强调,要充分挖掘和利用丰富多彩的历史文化、红色文化资源加强文化建设,坚持不懈开展社会主义核心价值观宣传教育,深入挖掘优秀传统文化,引导广大干部群众提升道德情操、树立良好风尚、增强文化自信。这使得《中国传统文化与矫正》课程站在历史的新节点上。

2. 高阶性。本课程以专题的形式,在讲授的基础上引导学生主动参与,将知识的传授与提高学生从事中国传统文化矫正的能力和素质进行有机结合,有助于培养学生解决复杂问题的综合能力与高级思维。

3. 创新性。司法警察类院校目前开设的相关课程主要是《中国传统文化与罪犯改造》，探讨中国传统文化介入下的罪犯矫正目标。本课程包括但不仅限于此。本课程在大矫正的理念下，将违法矫正体系与犯罪矫正体系纳入了研究范畴，研究对象更丰富、更多元，更有助于学生以文化的视角理解当代的矫正制度。

4. 实用性

(1) 在以成果为导向的教学理念指导下，经过大量的基层调研，明确在矫正教育中，未来的矫正教育工作者可能面临的矫正问题；

(2) 带领学生共同梳理中国传统文化中的矫正理念与矫正价值，分析矫正教育者（尤其是未来的矫正教育工作者）在中国传统文化知识的盲区及误区，培育未来的矫正教育工作者爱党爱国、敬业奉献等工作伦理道德；

(3) 通过实操课，提高未来矫正教育者从事中国传统文化教育改造等职业能力。

本书的写作目标是：

知识目标：从文化的视角明晰矫正的内涵，进一步了解中国传统文化中蕴含的丰富的矫正资源和矫正价值。

能力目标：探索创新传统文化教育矫正方式方法，优化教育矫正方案，提高学生从事教育矫治工作的能力。

思政目标：着眼于修身立德，注重提升学生人文道德素养；着眼于家国与家风，强调社会与家庭的责任感；着眼于敬业奉献，着力于培育学生职业道德，努力引导学生立德、立言与立行。

本书撰写分工：

绪　论　张利

第一章　陈春风、刘德兴

第二章　张利、刘德兴

第三章　胡平、公付龙

第四章　陈春风、田长锁

第五章　宋秋英、公付龙

第六章　刘佳、田长锁

作 者 简 介

（以参编章节为序）

张　利

女，中央司法警官学院教授，博士。主持和参加多个河北省社会科学基金项目和教育部重大研究项目。出版专著1部，在《河北学刊》《河北法学》《河北大学学报》《中国监狱学刊》《犯罪与改造研究》等期刊发表论文十余篇。荣获第十一届、第十三届河北省社会科学优秀成果三等奖（独立），第十六届河北省社会科学优秀成果二等奖（第三）、保定市第八届、第十届社会科学优秀成果三等奖（独立），曾获保定市大中专院校青年教师说课比赛二等奖。

陈春风

女，中央司法警官学院副教授，博士。主持并参与语言与文化、传统文化与罪犯改造、监狱警察职业素养等课题十余项。在《汉字文化》《中南大学学报》《求索》《汉语史研究集刊》《西南民族大学学报》等期刊发表论文十余篇。参与编写《服刑人员文化读本》《政法管理干部道德素质考核研究》等。曾获得河北省优秀基层党支部书记、学院优秀教案大赛一等奖、学院讲课大赛一等奖、教书育人优秀教师、“三育人”先进个人、保定市优秀社团指导教师。

刘德兴

男，湖南省星城监狱四级高级警长，国家高级职业指导师，湖南省司法行政系统优秀师资库老师，湖南省星城监狱《新桥报》责任编辑和传统文化老师。2010年首创全国第一个罪犯“传统文化心路访谈”矫正平台，运用传统文化教育矫正罪犯。论文《浅谈出监教育职能定位及发展方向》获得省监狱管理局二等奖，《百善孝为先》传统文化教案获得2015年湖南省司法厅优秀教案二等奖、湖南省监狱系统教学比武一等奖；2016年湖南省司法行政系统优秀共产党员、湖南省监狱系统教育改造工作能手；2019年被司法部授予全国监狱工作先进个人；2021年建党100周年全省优秀共产党员，参加全省政法英模报告团巡讲，2021年被评为全省监狱系统优秀警察教师。

胡　平

女，中央司法警官学院副教授，在读博士。先后主持和参与8项省级和厅级课题，发表专业论文20余篇，参编《服刑人员文化读本》等教材。曾三次获得保定市哲学社会科学优秀成果三等奖；2014年中国监狱工作协会监狱政治工作理论研讨会优秀论文二等奖；2015年学院优秀共产党员；2020年学院优秀在线教学评选二等奖。

公付龙

男，山东省济东强制隔离戒毒所一级警长，国家三级心理咨询师。2017年山东省戒毒科研专家库的"文疗"专家，参与山东省《齐鲁文化戒毒课题组》《食疗戒毒课题组》的课题研究撰写，参编《毒品预防教育读本》（中学版）。2019年参编《戒毒实践研究》一书，2020年《自媒体条件下司法行政戒毒场所突发事件应急管理初探》在中国司法行政戒毒工作协会基础理论研究专业委员会获奖。

田长锁

男，中共党员，国家二级心理咨询师，中国监狱工作协会栏目创作人，海南省司法厅《海南司法》编辑部编辑。曾有多篇调研报告获奖，编辑出版《海南监狱史》《海南创业先辈事迹辑录》。

宋秋英

女，中央司法警官学院副教授，博士。发表了60多篇中英文学术论文，参编《矫正原理与实务》《矫正教育学》《司法行政强制隔离戒毒教育矫正实务》等教材，主持和参与了30余项省部级、市厅级、校级科研课题，并多次获得省级、市级的科研奖励。曾获2018年中国司法行政戒毒工作协会队伍建设专业委员会年会论文二等奖；2019年中国司法行政戒毒工作协会队伍建设专业委员会年会论文二等奖，中国司法行政戒毒工作协会戒毒基础理论研究专业委员会年会论文一等奖；2020年中国司法行政戒毒工作协会队伍建设专业委员会年会论文一等奖，中国监狱协会法学专业委员会年会论文一等奖。

刘　佳

女，中央司法警官学院讲师。现承担"中国传统文化"课程的讲授。

目录
Contents

绪　论

《中国传统文化与矫正》是一门新开设的课程。目前,我国学术界对中国传统文化在矫正教育中如何应用等相关问题的研究还处于发展阶段,相关的理论问题和某些研究对象尚待深入研究。因此,有必要在本书具体展开讨论之前,对一些基本问题简要说明。

第一节　中国传统文化概述

习近平同志在论述中国传统文化时强调,“文化是民族生存和发展的重要力量。人类社会每一次跃进,人类文明每一次升华,无不伴随着文化的历史性进步。中华民族有着5000多年的文明史,近代以前中国一直是世界强国之一。在几千年的历史流变中,中华民族从来不是一帆风顺的,遇到了无数艰难困苦,但我们都挺过来、走过来了,其中一个很重要的原因就是世世代代的中华儿女培育和发展了独具特色、博大精深的中华文化,为中华民族克服困难、生生不息提供了强大精神支撑”①。

历史和现实都证明,中华民族有着强大的文化创造力。每到重大历史关头,文化都能感国运之变化、立时代之潮头、发时代之先声,为亿万人民、为伟大祖国鼓与呼。中华文化既坚守本根又不断与时俱进,使中华民族保持了坚定的民族自信和强大的修复能力,培育了共同的情感和价值、共同的理想和精神。

一、什么是文化

文化是一个国家、一个民族的灵魂。文化,是一种十分复杂的现象。对文化的

---

① 《习近平:在文艺工作座谈会上的讲话》,载新华网,http://www.xinhuanet.com/politics/2015-10/14/c_1116825558.htm。

认识过程，伴随着人类社会的发展过程。要了解中国传统文化与矫正之间密切的关系，就首先要弄清楚什么是文化、什么是中国传统文化。

（一）文化的含义

“文化”的含义极为广泛，由于对其内涵和外延的不同理解，学术界关于文化的定义大概有200多种。因此，对“文化”的定义，往往“仁者见仁，智者见智”。

“文化”一词，古已有之。《说文解字》中讲：“文，错画也。象交文。”意思是交错的笔画，即“纹理、纹路、错画”的意思；西汉刘向《说苑·指武》中写道：“凡武之兴，为不服也；文化不改，然后加诛。”这里的“文化”一词是与“武功”相对，为文治教化之意。也是中国几千年来文化的基本概念。

西方“文化”一词是从拉丁文演化而来的，含有耕种、栽培、养育等多种涵义，后引申为对人性情的陶冶和品德的培养。因此我们今天所说的“文化”是在吸收了西方学术思想后被赋予了新的含义。

“文化”的外延范围极其宽广。美国文化人类学家洛威尔说：“我被托付一件困难的工作，就是谈文化。但是在这个世界上，没有别的东西比文化更难捉摸。我们不能分析它，因为它的成分无穷无尽，我们不能叙述它，因为它没有固定形状。我们想在文字范围表述它的意义，这正像要把空气抓在手里似的。当我们去寻找文化时，除了不在我们手里之外，它无所不在。”

基于这种情况，研究者一般把文化分为广义文化与狭义文化两类。广义的“文化”，是指人区别于动物，人类社会区别于自然界的本质特征，是人类生活的总和，包括精神生活、物质生活和社会生活等极其广泛的方面。狭义的“文化”，则是只包括精神创造及其成果，是意识、观念、心态和习俗的总和。我们通常利用和研究的文化，主要指狭义的文化。

（二）文化的层次

“文化”的内涵、外延差异比较大。在文化的层次上有两分说，即分为物质文化和精神文化；有三层次说，即分为物质、制度、精神三层次；有四层次说，即分为物态、制度、行为、心态；有六大子系统说，即物质、社会关系、精神、艺术、语言符号、风俗习惯等。本书以四层次说展开论述①。

1. 物态文化

物态文化又称物质文化，是人类所从事的物质生产创造活动及其劳动产品的总和。以满足人类生存发展所必需的生存需要——衣食住行为目标，直接反映人

① 冯希哲主编：《中国传统文化概要》（第三版），中国人民大学出版社2016年版，第4～5页。

类认识、利用和改造自然的程度与结果，反映社会生产力的发展水平。这是一种可以感知的，具有物态实体的文化事物，是人类从事一切文化创造的基础。物态文化是文化诸要素中最基础的内容。物态文化是人类的第一需要，它直接体现了文化的性质、文明程度的高低。

2. 制度文化

制度文化是指人类在社会实践活动中组成的各种社会规范、准则以及各种组织形式。制度文化反映的是人与人之间的关系，这种关系表现为各种各样的制度，如法律制度、政治制度、经济制度、教育制度、军事制度、婚姻制度等。

3. 行为文化

行为文化是指人类在社会实践中，尤其是在人际交往中约定俗成的习惯性定式构成的行为模式，也就是我们所说的风俗习惯，往往是以礼俗、民俗、风俗等形态出现。就中国传统的节日来看，有春节、元宵节、清明节、端午节、中秋节、重阳节等。这些节日的表现主要有两层：一是表现为亲友团聚和举行一些喜庆活动；二是往往与祭祖活动紧密联系在一起。这些节日集中体现了民族、家庭强烈的内部亲和力和凝聚力，展现了中国社会是一个伦理道德思想非常发达的宗法体制的社会。

4. 心态文化

心态文化是指由人类社会实践和意识活动长期孕育而成的价值观念、道德情操、审美情趣、思维方式、宗教感情、民族性格等。它所反映的是人的内心世界，潜伏在整个文化系统的深层。以传统中国人的心态文化为例，在价值观念方面主要是崇古、唯上、忠君、道义；在审美情趣方面是追求善与美、情与理的统一；在思维方式上强调整体直观、类比外推等。

（三）文化的功能

文化的功能是指文化系统在人民的社会生活实践中，能适应并满足个人和社会多种需要的重要作用。它具体表现在以下几个方面。

1. 记录功能

文化从被人类创造的第一天起，就有着记录的功能。当文字还没有出现时，人们就通过口头语言将经验、知识、观念口耳传授，代代相传；文字出现以后，它作为文化的载体，扩大了文化的记录功能。不仅语言文字是文化的记录载体，而且物质文化也有这种功能。

2. 认知功能

人类的认识过程总是受到文化现象的制约和规范。这是人类通过文化不断积累经验、改进自己的思维方式，提高自己的认知能力，从而逐渐认识自然、认识社会、认识自身、认识世界的过程。摩尔根的《古代社会》就是收集了印第安人原始社会的信息后写成的,它使我们知道了人类社会并不是只有阶级社会,也并非一开始就是阶级社会。

3. 教化功能

文化被人类创造以后,就成了人们生活环境中的有机组成部分。这种不同于自然界的人造环境,我们称为文化环境。它一旦产生就反过来影响人、塑造人、发挥其教化的功能。如在西方有"人是环境的产物"的说法,在中国则有"孟母三迁"的典故和"近朱者赤,近墨者黑"的古训。

二、什么是中国传统文化

中国传统文化作为概念,不仅是指"文化",更是强调"传统"与"文化"的结合。中国文化是中华民族在长期的生息繁衍中形成和创造的文化。"传统"是指世代传承的具有自身特点的社会历史因素,是历史延传下来的思想文化、制度规范、风俗习惯、宗教艺术乃至思维方式、行为方式的总和,具有时间上的历史性、延续性以及空间上的拓展性和权威性的特点。

"易姓为代,传统为朝""传统"本义指政统传承的纯粹性和系统性,体现的是"传统"的严肃性和重要性。"中国传统文化"既然以"传统"为名,这就决定了"中国传统文化"的内涵并不是一个可以随意定义或者具有无限包容性的,而是应该有明确所指的体现原初性、纯粹性和传承性的。因此,只有满足以下条件,才称得上是中国传统文化:一是萌芽和生长在中国的文化,这是主体性;二是被中国人长期坚守的文化,这是传承性;三是符合人道主义原则的文化,这是普遍性;四是符合人类文明方向的文化,这是世界性;五是可以作为建构未来的文化,这是永恒性。中国传统文化同时兼具这五个特征,既保证了中国特色,又保证了与人类文明的同一性。①

所以,本书所说的"中国传统文化"就其本义而言,是中国"传承道统"的文化,也就是那些传自先秦时代而体现人类文明方向的核心价值,是"载道"的文化。

三、中国传统文化的精神

国学泰斗张岱年先生曾说:"中国传统文化的基本精神,也就是中华民族的民族精神。"中华民族精神,从广义来讲,就是指导中华民族延续发展、不断前进的精粹思想,是中国民族文化的主导思想;就其实质而言,它是一种伟大的卓越精神;就

① 方铭:《如何认识中国传统文化》,载光明网,https://news.gmw.cn/2017-09/27/content_26348617.htm。

其表现形式而言，它是民族文化的优秀传统。中国文化基本精神主要有以下六点。

(一)以人为本的主体精神

中国传统文化的基本精神之一是以人为本的主体精神。

在中国传统文化中存在一种人本主义的倾向：对人的评价很高，认为“人与天地叁”，主张“人”是顶天立地的人。这是一种道德化的人本主义，这种人本主义不同于文艺复兴以来西方的反对神本主义，讲究独立人格，天赋人权、强调个性解放，具有强烈的个人主义色彩的人本主义。它所强调的是人的社会责任和历史使命，“天下兴亡，匹夫有责”，它把人放在一种相对立的、统治与服从的社会关系中来讲一个人应该如何负起自己作为特殊地位的人的责任，所谓君臣、父子、夫妇、兄弟、朋友等五伦，主张“君义臣忠”“父慈子孝”等，要求每个人在他们所处的社会关系中发挥作用，但忽视了人应有的权利。

这种以人为本的思想与孟子所提出的“民为贵”的思想并不相同。孟子的“民贵君轻”是指君主必须重视人民，但仔细分析一下，这种“民本”思想是建立在蒙着一层温情脉脉的“恩赐”观点之下的，这实际上包含着把“民”看成是应该接受恩赐的对象，最高的境界也不过是“当官要为民做主”。民本是当官的要把“民”看成“本”，看成对他们是重要的。在孟子的时代和长期的封建社会中，这种“民本”思想是有意义的。

(二)自强不息的进取精神

中国传统文化的基本精神之二是自强不息的进取精神。

《周易》中讲“天行健，君子以自强不息”。意思是：天道运行刚健有力，君子法天，自强不息。这不仅是中国传统文化的精神，而且是数千年来中华民族的传统美德。孔子：“士不可以不弘毅，任重而道远。仁以为己任，不亦重乎？死而后已，不亦远乎？”从此，君子“任重而道远”“死而后已”成为中国传统文化的美德，激励着数以千万计的仁人志士为坚持自己的理想和事业终生奋斗。

自强不息的精神表现为勤勉。中国人特别提倡“勤勉”，如《尚书》中强调“克勤于邦”“勤思劳体”；如“少壮不努力，老大徒伤悲”；“业精于勤荒于嬉，行成于思毁于随”，等等。

自强不息的精神表现为人定胜天。如荀子认为天是自然现象，人们只要按自然规律办事，就可以“制天命而用之”，也就是说，人应该发挥自己的主观能动性利用自然、改造自然，这就是“人定胜天”。中国古代神话传说中的“盘古开天”“女娲补天”“大禹治水”等，都体现了战天斗地、人定胜天的精神。

自强不息的精神表现为奋起抗争，穷当益坚。意思是，大丈夫越是处境艰难，意志越是应当坚定；越是遭受挫折，越是应当奋起抗争、坚韧不拔。《论语·雍也》讲颜回“一箪食，一瓢饮，在陋巷，人不堪其忧，回也不改其乐”，在物质环境极其艰难的情况下，颜回依然怡然自乐，所以孔子才再三感慨“贤哉回也”！鸦片战争时期，三元里人民奋起抗击英军入侵；中日甲午战争中，邓世昌为保护旗舰，下令已受重伤的致远舰向敌人开炮，这都是中国人民不畏列强，反对侵略，奋起抗争、英勇献身的精神的展现。

（三）厚德载物的人文精神

中国传统文化的基本精神之三是厚德载物的人文精神。

《周易·坤卦》中说：“地势坤，君子以厚德载物。”意思是君子以宽厚之道德心怀包含万物，能宽容有不同意见的人。因此，“厚德载物”的内涵一是指进德厚德，二是指兼容并蓄，而两者又是有机地统一。

中国传统文化中十分强调进德、厚德、明德，如《文言》中说“君子进德修业，欲及时也，故无咎”。意思是君子进德修业，要及时有所作为，所以无害。《大学》中说：“古之欲明明德（显明美德）于天下者，先治其国；欲治其国者，先齐其家；欲齐其家者，先修其身；欲修其身者，先正其心；欲正其心者，先诚其意；欲诚其意者，先致其知；致知在格物（推究事物的原理而获得知识）。”这“格物、致知、诚意、正心、修身、齐家、治国、平天下”的一套理论，一言以蔽之，就是“厚德载物”。

厚德与宽容相互作用，所谓“君子尊贤而容众”（《论语·子张》），“君子能则宽容易直以开道人”（《荀子·不苟》），都是将宽容视为美德。海纳百川，有容乃大，只有发扬“厚德载物”的优良传统，坚持改革开放，不断综合创新，才能提高我们民族的文化自信。

（四）崇尚气节的人格精神

中国传统文化的基本精神之四是崇尚气节的人格精神。

受儒家文化的熏陶，中国人普遍具有重名誉、尚气节的人格精神。《孝经》中写道：“立身行道，扬名于后世，以显父母。”主张通过自己的修养和自己不懈的奋斗与努力。孔子的“杀身成仁”，孟子的“舍生取义”强调的都是不可屈辱的气节。“一箪食、一豆羹，得之则生，弗得则死。呼尔而与之，行道之人弗受；蹴尔而与之，乞人不屑也。”就算是普通人，哪怕是在生死关头，也不会接受损害自己人格尊严的“恩赐”。中国历史上那些至今仍被后人敬仰的民族英雄和仁人志士，无不具有这种崇尚气节的人格精神。

（五）贵和尚中的和谐精神

中国传统文化的基本精神之五是贵和尚中的和谐精神。

“和”是中国古代哲学的一个重要范畴,在中国文化的发展过程中起着独特的作用,它不仅是一种思想观念,而且是中华民族的基本精神。在中华民族和中国历史文化的发展过程中起过十分重要的作用。

在中国历史上,有所谓“和同之辨”。西周末年,史伯认为:有不同元素相配合,才能使矛盾均衡统一,达到和谐的效果。五味相合才能产生香甜可口的食物;六律相和,才能形成悦耳动听的音乐;善于倾听正反之言的君王,才能达成“和乐如一”的局面。史伯说:“和实生物,同则不继。以他平他谓之和,故能丰长而物归之。若以同裨同,尽乃弃矣”(《国语·集解》)。不同事物之间彼此为“他”,“以他平他”即把不同事物联结在一起。不同事物相配合而达到平衡,就叫作“和”,“和”才能产生新事物。如果把相同的事物放在一起,就只有量的增加而不会发生质的变化,就不可能产生新事物,事物的发展就停止了。史伯是第一个对和谐理论进行探讨的思想家。

这种“和”文化观,对于中国古代文化的发展,起了十分重要的积极作用。如果说“厚德载物”在历史上表现为宽容、和谐待人,对各种意见做到“和而不同”的话,今天则应当理解为以宏阔的民族气度兼容并蓄中西文化中优秀成分,自我反省、自我批评民族中的消极成分、落后成分,从而实现“厚德载物”的现代转化。

既然“和”是最好的秩序和状态,是最高的理想追求,那么怎样才能实现“和”的理想呢?儒家认为,根本的途径,在于保持“中”道。“中”指事物的“度”,即不偏不倚,既不过度,也不要不及。“中”是对待事物的态度,既不“狂”也不“狷”。孔子用“持中”的办法作为实现并保持和谐的手段。在他看来,无过无不及,凡事叩其两端而取其中,便是“和”的保证,便是实现“和”的途径。以“中”为“度”,“中”即是“和”,“和”包含着“中”,“持中”就能“和”。

中庸之道,是一种调节社会矛盾使之达到中和状态的高级哲理,“舜执其两端而用其中于民”,就是这种哲理的妙用。

中国儒家文化强调追求和谐是人类最高的价值取向。在天人关系方面,儒家主张“天人合一”,在人际关系上主张“和为贵”,视和谐为人类社会最理想的状态,把和谐作为显示人际关系追求的重要价值目标之一。

(六)天下为公的群体精神

中国传统文化的基本精神之六是天下为公的群体精神。

《礼记·礼运》篇讲:“大道之行也,天下为公,选贤与能,讲信修睦。故人不独亲其亲,不独子其子,使老有所终,壮有所用,幼有所长,矜、寡、孤、独、废疾者皆有所养,男有分,女有归。货恶其弃于地也,不必藏于己;力恶其不出于身也,不必为己。

是故谋闭而不兴，盗窃乱贼而不作，故外户而不闭，是谓大同。”

天下为公，体现了群体精神，倡导为社会、为民族、为国家、为人民的整体精神。中国传统文化的基本精神都是围绕着这种整体精神而展开的。在中国历史上，这种弘扬为社会、为民族、为国家、为人民的群体精神一直是我们民族的主旋律。“乐民之乐者，民亦乐其乐；忧民之忧者，民亦忧其忧。乐以天下，忧以天下。”孟子认为，把天下人的快乐当作快乐，把天下人的忧愁当作忧愁，这样还不能够使天下归服，是没有先例的。北宋范仲淹《岳阳楼记》中的名句“先天下之忧而忧，后天下之乐而乐”，正是对孟子思想的继承与发扬。

习近平总书记就引用过这句话，强调鱼水之情从来都是相互的，党员干部如果能够倾心为民，乐民之乐、忧民之忧，群众同样会以德报德，这样就能赢得群众发自内心的拥护和支持，实现党群关系的良性互动，在新时期重叙鱼水情谊。

中国文化的基本精神是在长期的历史发展过程中逐渐形成的，它是中华民族几千年来赖以生存发展的精神支柱。今天，在中华民族走向伟大复兴的历史时期，我们应传承创新，用当代中国人的心胸、智慧、胆识不断激活这些精神，树立和强化国民的民族自尊心和自信心，形成认同中国文化的时代意识和振兴中华文明的使命意识，为中国梦的实现提供精神动力，为中华民族的伟大复兴提供精神支持。

除此之外，中华民族在长期实践中还培育和形成了独特的思想理念和道德规范，有崇仁爱、重民本、守诚信、讲辩证、尚和合、求大同等思想，有自强不息、敬业乐群、扶正扬善、扶危济困、见义勇为、孝老爱亲等传统美德。中华优秀传统文化中很多思想理念和道德规范，无论过去还是现在，都有其永不褪色的价值。我们要结合新的时代条件传承和弘扬中华优秀传统文化，传承和弘扬中华美学精神。中华美学讲求托物言志、寓理于情，讲求言简意赅、凝练节制，讲求形神兼备、意境深远，强调知、情、意、行相统一。我们要坚守中华文化立场、传承中华文化基因，展现中华审美风范。①

第二节 文化与矫正

文化与犯罪及矫正的关系深刻而又密切。人是文化的载体，犯罪是人的一种

① 《习近平：在文艺工作座谈会上的讲话》，载新华网，http://www.xinhuanet.com/politics/2015-10/14/c_1116825558.htm。

行为选择,犯罪人之所以选择犯罪,体现了它在一定文化形态支配下所具有的价值观念。从这个意义上讲,犯罪是特定社会文化背景下的消极文化综合作用的产物。一定的文化模式及其社会历史背景,决定了一定犯罪行为模式及其特点;一定的犯罪现象及其特点,又总是受制于特定的文化模式并反映着特定文化模式的内涵。违法与犯罪又是矫正的前置条件。所以在了解文化与矫正的密切关系之前,我们先了解一下文化与犯罪的关系。

一、文化与犯罪

犯罪学家严景耀先生认为:"犯罪是文化的产物";"为了了解犯罪我们必须了解发生犯罪的文化,反过来,犯罪的研究又帮助我们了解文化及其问题";"犯罪问题只能以文化来充分解释。"认为犯罪不仅受社会因素、个人主观因素的制约,同时犯罪还是特定文化中的犯罪,离开特定的文化就不存在特定的犯罪。文化对犯罪的影响主要表现在以下几个方面①:

(一)文化的犯罪功能

1. 文化具有影响犯罪观的功能

一种行为是不是犯罪,是重罪还是轻罪,是由刑法条文背后的文化决定的。在西方刑法中,犯罪概念只有定性因素,没有定量因素,而在我国《刑法》中,犯罪概念不仅有定性因素,还有定量因素。之所以产生这种差异,根源在于东西方具有不同的法文化传统。

不仅在不同的国家,因文化的差异会导致国民犯罪观的差异,就是在同一个国家不同的历史时期,人们的犯罪观也会有不同。在我国封建社会,同样是杀人犯罪,因犯罪人和被害人的身份和地位有区别,在罪行认定和量刑上会有很多不同。"刑不上大夫"和"命夫命妇不躬坐狱讼"就是此种思想的表达。

由此可见,对犯罪的理解,实际上是一种文化上的评价。文化不同,评价的标准就不同,导致评价结果必然有差异。正如严景耀先生所说:"对于犯罪的理解只能从产生犯罪的文化传统来考虑才能得到解释,所以同样的犯罪行为在不同的文化中就有不同的意义。"②

2. 文化具有诱发犯罪发生的功能

文化影响犯罪发生具有普遍性。各种犯罪行为的发生,都是犯罪人在犯罪思

---

① 李锡海:《文化与犯罪研究》,中国人民公安大学出版社2006年版,第67~75页。

② 严景耀:《中国的犯罪问题与社会变迁的关系》,北京大学出版社1986年版,第6页。

维的指导下,选择犯罪目标,运用犯罪方法,作用于犯罪对象,达到犯罪目的过程。犯罪人选择什么犯罪目标,运用何种犯罪方法,作用于哪个犯罪对象,达到什么犯罪目的,都是以犯罪人所获信息为依据的。没有信息源,任何犯罪行为都是不能实施的。文化是最重要的信息源,文化的信息功能,使犯罪人可以从中获取任何必需的信息。

因此,由于文化本身具有信息的丰富性,信息接受者又具有多样性,因而会让信息接受者在信息接受中产生良性和恶性不同的反应,恶性反应将导致犯罪的发生。

3. 文化具有促进犯罪手段发展的功能

犯罪手段是犯罪人后天习得的,是社会文化的产物。犯罪人在犯罪中采取什么犯罪手段与社会文化的状况是密切相关的。严景耀先生在《中国的犯罪问题与社会变迁的关系》一书中引述了一个职业小偷面对挂着洋锁的大衣柜,明知里面钱物不少,却无能为力后,指出:"由此看来,中国的大盗偷不了美国保险箱。"犯罪手段从来都是随着文化的进步而不断发生变化的。可以说,文化进步到什么程度,犯罪手段就会发展到什么程度,两者的发展变化几乎是同步的。

(二)文化冲突与犯罪

文化冲突是指不同性质、不同模式的文化相互接触、相互融合的过程中产生的矛盾和对抗。任何文化都具有一定的继承性,并且在特定的民族内文化代代相传,在传递过程中,文化的规范意识会逐渐演化为具体的社会行为规范,所以文化影响人的价值观、思维方式和行为方式。当不同的文化在传播中相遇,便会因冲突与对抗引发犯罪现象。犯罪由文化冲突所引发,而文化冲突源于文化变迁,文化传播以及文化"国民性的差异"。文化冲突的结果要么是相互吸收融合,要么是一种文化取代另一种文化。

我国现阶段文化冲突与犯罪的关系表现为:

1. 传统文化与现代文化的冲突

改革开放以来,社会进入了全面转型时期,在文化领域,出现了新旧文化的激烈冲突,使人们的价值观念发生重大的变化。例如,重义轻利是我国传统文化价值观念的核心,它主张淡泊名利、温良恭俭让,主张义务本位制,讲究奉献。这些价值观念对于中国社会的和谐发展、净化社会风气、协调人际关系、促进社会进步具有重要的意义。但近年来,中国传统的价值观念受到冲击,社会整体道德滑坡,传统的道德观念发生变化,很多人信仰缺失,存在拜金主义、价值观扭曲等问题,在这样的环境下,有些人就走上了违法犯罪的道路。因此,对于这些矫正对象而言,矫正教育的重点在于对矫正对象世界观、价值观、人生观的重构与塑造。

2. 城乡文化的冲突

在传统社会里，社会流动性较少，人们生活在相对稳定的地域和文化环境中，由于价值观念、行为模式、生活方式都比较相似，彼此之间行为协调，矛盾冲突也较少，但随着人口流动和城市化进程的加快，社会经济交往的频繁，城乡之间、不同的社会群体之间文化交往日益增多，不同的价值观念、行为模式、生活方式的冲突在所难免。

现代工业文明为特征的城市文化和以传统乡土文明为代表的乡村文化的接触碰撞和融合，就形成了城乡文化的冲突。城市与乡村不同的社会关系，使两者之间存在风俗习惯、传统观念等方面的差别，当大批农村剩余劳动力进城，这种冲突就在所难免，由此也滋生了犯罪行为。

3. 中西文化的冲突

随着21世纪全球化浪潮的兴起，世界各国的交往合作日益频繁和深入，西方国家的意识形态、文化价值观念、生产方式向我国各方面渗透，从而形成了中外文化的冲突。文化的种种冲突，必然会形成多元文化价值观、道德观和生活方式共存的趋势。一个国家的法律规范是依据一定的社会主流文化价值观所制定的。因此，多元文化价值观必然会导致与现行法律规范冲突的机会增多，犯罪行为也就随之产生了。

(三) 亚文化与犯罪

亚文化又称次文化、副文化，是指人们在生产、生活过程中逐渐形成的与社会主流文化相对立的价值体系、行为模式、生活方式及其现象的综合体。其中与主流文化价值观和行为规范相悖，主张越轨行为的亚文化又称犯罪亚文化。犯罪亚文化是亚文化的极端表现形式，是对主文化的违背和否定。犯罪亚文化对犯罪的影响主要表现为①：

1. 犯罪亚文化与亚文化一样来源于主文化，犯罪亚文化也包含主文化的一些基本特征

犯罪亚文化是随着社会转型从主文化中分化出来的分支，虽然犯罪亚文化是对主文化的背离，但犯罪亚文化也不是反对主文化全部内容，而是反对主文化中的某些部分内容。如在青少年犯罪亚文化中，青少年可能会反对主文化所认可的权威，反对主流教育方式对自身的束缚，但不会全盘否定社会的一切，依然受传统文

---

① 辛科主编：《犯罪学》，法律出版社2015年版，第199～200页。

化如传统的道德观与行为方式潜移默化的影响。主文化通过文化的规范性要求人民遵纪守法,犯罪亚文化通过特定的文化规范要求潜在的犯罪人实施社会越轨行为。

2. 犯罪亚文化仅通行于特定的群体中

与一般意义的亚文化不同,犯罪亚文化的显著特色在于其拥有不良的价值取向、生活方式和行为规范,包含某些反社会意识。这些因素构成了特定犯罪人危险人格的核心组成部分。亚文化和犯罪亚文化仅在特定群体内适用。犯罪亚文化专属于犯罪亚群体和潜在犯罪人,是他们的生存方式。这些犯罪亚群体既包括黑社会性质组织,恐怖犯罪组织等有组织犯罪集团,也包括一般的犯罪团伙和违法人群,如吸毒群体等,还包括非组织性的犯罪人和潜在犯罪人等。

3. 犯罪亚文化的滋生和蔓延客观上刺激和推动了犯罪的发生

犯罪亚文化是与主文化相对立的一种极端反社会的亚文化形态,两者存在此消彼长的关系。在特定区域、群体中,犯罪亚文化的兴起往往意味着主文化的失效或部分失效。主文化在法律、道德、习俗、宗教等方面的充分体现和渗透,将有助于社会秩序的稳定,有助于对犯罪行为的控制。主文化危机在一定程度上造成了文化规范层面的真空、混乱,这对犯罪亚文化的崛起提供了有利条件。

犯罪亚文化对犯罪行为的发生具有特殊的影响。犯罪不是天生的,是后天形成的,是在社会环境中接触不良行为习得的。在犯罪亚文化群体中,个体的价值观念、行为准则与社会的要求大相径庭,为了个人的利益,他们往往不惜对抗社会法律规范,进行各种违法犯罪活动。个人与犯罪亚文化群体接触得越多,持续的时间越长,就越可能被同化。因此,犯罪亚文化是罪犯重新犯罪的重要原因,犯罪亚文化的滋生和蔓延客观上刺激和推动了犯罪的发生。

二、文化与矫正

上文我们介绍了文化与犯罪的关系,那么,文化与矫正的关系是什么呢?

(一)矫正的内涵

“矫正”一词古已有之,《汉书 · 李寻传》中就:“先帝大圣,深见天意昭然,使陛下奉承天统,欲矫正之也”,这里的“矫正”是“纠正”“改正”的意思。今天“矫正”一词已经成为在医学、社会工作、法学等领域广泛使用的名词,如“牙齿矫正”“矫正社会工作”“犯罪矫正”等。

在刑事司法领域,“矫正”一词有着特定的含义,并被视为司法领域的专门用语。在19世纪70年代以后,西方发达国家开始在刑事执行系统使用矫正的概念,

1870 年以后，美国正式提出将其作为一种行刑新模式，这种新模式是指在行刑过程中，通过分类及个别化的处遇、教化、矫治、康复等措施，纠正犯罪人的不良心理倾向与行为习惯，使其逐步适应社会生活的活动。

本书中的矫正，是指将有反社会行为（越轨、悖德、违法及犯罪）或者反社会倾向的人转化为社会正常成员的过程。笔者之所以选择“矫正”而不是“罪犯教育改造”，是因为这一内涵较为符合我国矫正制度目前的实际状况。

首先，国外较为常用的概念是“corrections”（矫正），研究对象即为国外的矫正制度，其研究视野渊源宽于我国的监狱学研究对象，例如，与我国相比，加拿大矫正制度具有“大矫正”模式的特色，具体表现在以下三个方面：一是机构矫正与社区矫正一体化；二是审前矫正与判后矫正一体化；三是违法矫正与犯罪矫正一体化①。

其次，“矫正”一词的内涵与外延远比“罪犯教育改造”一词丰富，不仅包括罪犯的教育改造，而且包括违法矫正机构（如拘留所、强制隔离戒毒所、工读学校等）、犯罪矫正机构（如监狱）、审前矫正机构（如看守所）等场所矫正对象的教育改造。姚建龙先生认为“犯罪矫正一体化，是指既包括在监狱设施内的行刑矫正，也包括在监狱设施外的社区矫正，是对罪犯的一体化处遇过程”。“犯罪矫正是将犯罪视作一种反社会的病态行为，为了彻底消除犯罪人的这种病态行为，使其尽快‘康复’和回归社会而进行的思想的、心理的、生理的行为等一系列矫正、治疗的综合工作过程。从犯罪矫正的内涵可以看出，其对象是犯罪者个体，即已经实施了犯罪或具有潜在犯罪危险的自然人。针对我国矫正制度存在的弊端，矫正制度的改革应以矫正一体化为目标。就犯罪矫正体系而言，也应实行犯罪矫正一体化，即以‘行刑—矫正—回归’为中心，以开放处遇、回归社会和社会为目的，以审前矫正、监狱矫正、社区矫正和亚犯罪人矫正为内容，构建一体化的犯罪矫正体系。”②笔者所说的矫正对象主要指监狱、强制隔离戒毒所的矫正对象，体现了违法与犯罪矫正的一体化。

最后，“矫正”一词还包含着劝善的观念，从矫正制度发展的历史来看，它脱胎于并且超越惩罚，但是始终包含着惩罚的功能。除了惩罚的功能外，它还具有管理、指导、教育、帮扶等多种性质，“矫正”一词所蕴含的劝善、规训的内涵符合现代矫正制度的矫正理念，相对“监狱”“刑罚”等词而言更加合适。

（二）矫正的文化解读

我国台湾地区的殷海光先生在《中国文化的展望》一书中，将文化的特征分为

① 姚建龙：《从监狱学到矫正学：一个初步的思考》，载《河南司法警官职业学院学报》2015 年第 1 期，第 5 ~ 9 页。

② 姚建龙等：《矫正学导论——监狱学的发展与矫正制度的重构》，北京大学出版社 2016 年版，第 34 页。

四种，即规范特征、艺术特征、认知特征和器用特征。他认为："一个文化系统中，对文化分子的思想、行为，甚至情感，规定其应当或不应当，善或恶等预规或应迫，就是规范特征。伦理和道德是规范特征的总汇。宗教有很强烈的规范层面。该种特征常透过社会控制、传统力量、奖励、惩罚、批评等展现出来。与文化的其他特征相比，规范特征常为主宰特征。不同的文化之最核心的差别乃规范特征的不同。"

一个文化系统中，对文化分子的思想、行为，甚至情感，规定其应当或不应当，善或恶等预规或应迫，就是规范性特征。文化的规范性发挥作用常常表现为一种社会控制的过程，这种社会控制拥有法律、道德、宗教、习俗等广泛的外在表现形式。规范性的特征是与矫正文化关系最密切的特征。

因此，文化的规范性是一种潜在的、深层的社会力量。文化规范性通过文化的符号性，以语言、文字等形式承载宣告、传播、提倡主文化的法律条文、道德、宗教情感等因素，进而在社会生活中表达意义；同时，文化的系统性体现了主文化对亚文化的宰制，以对违反、侵害文化系统性的行为与事件的惩罚和纠正为标志，进而推行、发扬某种有益于社会的、主文化蕴含的人文精神和价值理念。这样，文化的规范性不仅能够规范、控制个人的具体行为，而且也能够影响、制约社会的整体运行和发展。

从社会最一般意义上看，文化规范性具有普遍性，存在于社会生活的方方面面，并构成了把握文化对个人和社会产生全面、深刻影响的关键。在社会生活中，并非仅仅主文化有其文化的规范性，亚文化甚至犯罪亚文化同样具备文化的规范性。客观地说，很多犯罪与社会越轨行为都是在犯罪亚文化推动下滋生和蔓延的，是犯罪亚文化的产物，是对主流文化规范的违背。在某一社会中因主文化占据主导地位，文化的规范性在更多情况下体现了主文化所要求的文化规范；尤其是当主文化和亚文化就某一事项发生冲突时，主文化一般会压制亚文化，在整个社会中形成宰制的局面。

所以，当主文化与犯罪亚文化发生冲突时，犯罪等社会越轨行为就构成对主流文化确立的文化规范的背离，构成对主流社会安全与秩序的破坏和动摇。为维护主流文化及其社会秩序，作为一种生存方式的文化需要发挥自身的规范性，需要特定生存方式内的人遵循主流文化所认可的伦理道德、价值观念、人类基本精神等文化规范，需要对违背文化规范的犯罪人和犯罪进行谴责和惩治。因此文化的规范性就是要对犯罪等社会越轨行为进行规范，进而维护主流文化的权威性与完整性①。

---

① 单勇：《犯罪的文化研究——从文化的规范性出发》，法律出版社 2010 年版，第 15 ~ 28 页。

矫正文化所面临的就是这样一个局面：在一定群体中，主流文化被偏离或破坏，而矫正的文化功能就是在这个群体中恢复或弘扬主流文化。

三、中国传统文化是矫正文化的核心内容

中国传统文化既是文化矫正的重要内容，也是矫正文化的核心内容。中国传统文化引入矫正教育工作可以让矫正教育工作者利用中国传统文化中蕴含的丰富矫正教育的资源，在博大精深的中国传统文化中汲取矫正教育工作所需的营养，从而为构建和丰富新时期的矫正文化开辟新的路径。

（一）中国传统文化是矫正教育工作顺利进行的基本前提

“前理解”是哲学解释学中的一个非常重要的理论与概念，没有“前理解”，也就没有所谓理解，“前理解”是理解之所以产生的前提和条件。从理解主体来看，“前理解”是一个前提性的存在，“前理解”同历史、传统、与语言密不可分。“前理解”主要是在理解活动发生之前主体就已经具有的对理解有着导向、制约作用的语言、历史、文化、经验、情感、思维方式、价值观念以及对于对象的预期等因素的综合。“前理解”有三重含义：一是前在的理解，即主体心灵的能动性、判断力、理解力；二是语言、传统、历史；三是由主体依据当下情况选取出来的当下判断的前提。中国传统文化就是当代教育矫正活动进行之前矫正教育工作者及矫正对象共同具有的对矫正教育有着导向、制约作用的语言、历史、文化、经验、情感、思维方式及价值观念的综合，是我们进行矫正教育工作的最重要也是最基本的前提。矫正教育工作者与矫正对象有着相同的文化背景，相同的思维方式，对我们民族精神、伦理道德、传统美德、为人处世等都有着高度的认同，这是我们矫正工作顺利进行的基本条件。因此，把握“前理解”的概念，有助于我们理解中国传统文化为什么是矫正文化的核心内容。[①] 这是矫正理论的时代要求。

（二）中华优秀传统文化是培育矫正对象社会主义核心价值观的重要源泉

司法部《教育改造罪犯纲要》中明确指出：教育改造罪犯的主要内容之一是对罪犯的公民道德和时事政治教育。“开展公民道德教育，使罪犯明确社会主义道德的基本原则和要求，认识正确处理个人、集体、他人的关系在社会生活中的重要意义，提高道德认识水平，培养遵守社会主义道德的自觉性。”同时《教育改造罪犯纲要》中又规定教育改造罪犯的主要内容是：对新入监罪犯的教育、对罪犯的法律常识和认罪悔罪教育、对罪犯的公民道德和时事政治教育、对罪犯的文化教育、对罪

---

① 单勇：《犯罪的文化研究——从文化的规范性出发》，法律出版社2010年版，第39～30页。

犯的劳动和职业技术教育、对罪犯的心理健康教育和对即将出监罪犯的教育。

道德品质教育大多侧重于最基本的道德教育,所以公民道德教育实质上就是对罪犯进行中华传统美德教育,文化教育不仅包括文化知识的教育,而且包括中国传统文化教育。只要矫正对象是中国人,他就会受中国传统文化的影响,从这个意义上讲,引入中国传统文化教育是矫正教育工作的必然要求。

因此,中华优秀传统文化是培育矫正对象社会主义核心价值观的重要组成部分。中国传统文化教育可以帮助罪犯了解中华民族优秀的民族品质、优良的民族精神、崇高的民族气节、高尚的民族情感和良好的民族礼仪,引导罪犯树立正确的世界观、人生观、价值观,正确对待人生道路上的失败与挫折。这也是中国传统文化在矫正教育中应用的价值所在。

(三)中国传统文化是当代矫正实践不可或缺的组成部分

中国传统文化是当代矫正实践不可或缺的组成部分。在当代矫正教育的实践中,文化监狱、文化戒毒所等建设方兴未艾,“家”文化、“孝”文化、“亲情教育”、“红色文化”、乡土文化等纷纷走进监狱,高墙内的文化建设正呈现出前所未有的蓬勃发展态势。中国传统文化净魂的教化作用,如“水滴石穿”,似“春雨润物”,能起到“使人日徙善远罪而不自知”的作用,这是其他任何教育改造方式所不能替代的。所以充分发挥中国传统文化在矫正教育中应用的功效,这是当代矫正实践的要求。

总而言之,中国传统文化是矫正文化的核心内容。充分发挥中国传统文化的爱国主义内容,大力弘扬以爱国主义精神为核心的民族精神,增强矫正对象的国家意识、大局意识、政治意识。通过潜移默化的影响,能够逐渐改变矫正对象错误思想,重构其正确的人生观念,树立其改造信心,使其踏实改造,早获新生。

第三节 中国传统文化的矫正价值分析

习近平总书记说:“中华文明源远流长,孕育了中华民族的宝贵精神品格,培育了中国人民的崇高价值追求。自强不息、厚德载物的思想,支撑着中华民族生生不息、薪火相传,今天依然是我们推进改革开放和社会主义现代化建设新时期的强大精神力量。”正如习近平总书记所言,中国传统文化是我们民族强大的精神力量,也是当代矫正教育的文化支撑,中国传统文化中蕴含着丰富的矫正价值。

一、中国传统矫正教育的实践是当代矫正教育的渊源

犯罪是对社会秩序最严重的破坏,历代统治者都对此绝不容忍。对于那些违

法犯罪的人员，古代中国既施以严厉的惩罚禁人为非，也用温情的感化劝人向善，甚至还出现了以经济的手段引导违法犯罪人员改恶从善的趋向。因此，惩罚、教化相应成为古代中国兼有矫正教育色彩的强制性措施，也成为今天矫正教育的渊源。

(一)以严厉的惩罚禁人为非

刑罚是预防犯罪、保障社会安全的最后一道防线，历来受到统治者的重视。统治者以严厉的刑罚来治理犯罪分子，实际上就是想通过威吓的手段，使其与他人畏惧、警惕，不敢重蹈刑网。正如日本著名的主观主义刑法学泰斗宫本英修所讲：刑罚本身对实行反社会行为的行为者具有感化作用，严厉的刑罚本身就是一种矫正教育的手段。

1. 监禁

无论是在奴隶社会还是在封建社会，监禁都是监狱的主要功能之一。但从西周起，监狱就不再是一个单纯的监禁场所，而变成了一个具有强制性悔改功能的矫正教育的场所。沈家本讲："设狱原非以害人，其'幽闭思愆'、'改恶为善'二语，以感化为宗旨，犹与近世新学说相合。"①在传统法律思想中，"德主刑辅""仁本刑末"的思想对中国传统法制有很深远的影响。在这种思想的影响下，反对滥用刑罚，提倡先教后罚，把对违法犯罪人员的教育感化活动，贯穿于刑罚实施的过程中，以期达到无须用刑的效果，监狱也就成了中国古代对严重违法犯罪人员矫正教育的主要场所。监禁也由一种单纯的惩罚措施演变为一种兼有教育改造色彩的强制措施，以"内情不得外出，外情不得内入，使人知幽闭困苦之状以顿挫其顽心"②为目的。

监禁还可以作为一种矫正的方法。《叶适集》中记载：昔日，周淳中知台州宁海县时，有"富人子育于伯父。后乃诉父与赀不平。傅狱累岁矣。先生使并处一室，为言鞠养旧恩可念也，因相泣不复诉"。周淳中利用监禁的方式，有效地唤醒了诉讼双方的父子亲情，化解了一场纠纷。由此可见，监禁不仅具有剥夺违法犯罪人员自由，以使其意识到自己罪错的功能，也具有通过监禁的方法，唤起其良知，达到教化目的的功能。

2. 强制劳动

强制劳动是一种古老的刑罚，也是秦汉以后主要的行刑内容。隋唐以后，劳役犯在已决犯中占绝对多数。劳役刑名目繁多，诸如秦汉时期的刑徒制、汉代的罚作、

① (清)沈家本撰：《历代刑法考(三)》，中华书局1985年版，第1160页。

② 《明会典》，卷一四三《刑部十八·提调牢狱·诸司职掌》。

复作,隋唐徒流制以及宋代的刺配、明清的充军和发遣刑等。劳役刑大都是迁徙加罚役的形式,有的甚至附加了杖责和黥刺肉刑,因而在劳役刑内部形成了多种刑罚等级,整个刑罚力度加大。“徒者,奴也,盖奴辱之。”统治者认为只有用这种方式,才能对于“匪恶之徒,困心衡虑,惟力田良久,日久化为良民”,故“特令其备尝艰苦,俾知悔过自新”并借此警戒同类。经非人的折磨、苦役弼成教化。① 它与现代行刑中利用惩罚达到改造目的,以强制劳动的方式使罪犯学习生存之艺来减少和制止犯罪,虽不可同日而语,但也有相似之处。

3. 耻辱刑

耻辱刑,即给犯罪人加上一些明显带有侮辱性的标记,让犯罪人示众受辱的刑罚。这是中国古代最早的刑罚之一。耻辱刑和其他刑罚相比,最突出的特点就是心理上的痛苦远远大于身体上的痛苦。统治者正是希望通过这种方式,警戒、教育犯罪者改恶从善,从而达到了矫正教育的效果。

早期社会的耻辱刑是由象刑演化而来的。据《周礼》记载,西周时期的“圜土”和“嘉石”制就带有某种耻辱刑的味道。战国时期的耻辱刑主要包括髡、耐、完等象征肉刑的刑罚,宋代广泛使用刺配之刑。此外,宋朝还创立了一种“钉牌”的监管形式。凡犯强盗罪与盗窃罪的罪犯,官府都要派人在其家门口钉上木牌,写明所犯之罪与受到的刑罚。即使举家迁移,也要禀告官府,在新的住处钉上木牌。② 明代在五刑之外,又增加枷号刑,并逐渐成为常用刑。枷号之刑最为残忍,在罪犯所戴之枷上标明其姓名和罪状,强制在监外指定场所示众,使罪犯备受屈辱,一人犯罪,满门子孙不得雪耻。沈家本在《历代刑法考》中对此评论说:“枷令之法,太祖创之,及致辱及大臣,作法于良,甚敝至此,可为好用法者戒。”

“古代的耻辱刑使犯罪人被排斥在正常社会之外,受到民众的唾弃,在一个人们只有依靠团体才能生活下去的时代,这种惩罚是极为严重的。”③所以耻辱刑一直被当作一种有效的矫正教育的措施,使用极为广泛。

(二)以温情的感化劝人向善

自从西汉“罢黜百家,独尊儒术”后,中国古代法律开始了儒家化的过程,统治者总是倾向于使用“礼”而非“法”的手段来教育改造违法犯罪人员。因此,在一些轻微的刑事案件和有关婚姻、田土、继承遗产的民事案件中,由于诉讼双方大多是亲戚、朋友、邻居的关系,虽然他们的行为既败坏了儒家提倡的和亲睦族的美德,也

① 杨殿升、张金桑主编:《中国特色监狱制度研究》,法律出版社 1999 年版,第 124 页。

② 《续资治通鉴长编》卷三九八。

③ 郭建:《中国法文化漫笔》,东方出版中心 1999 年版,第 94 页。

影响了社会的安定,但严格地适用法律却并不一定能收到良好的效果,并不能使家庭矛盾得到解决,社会关系得到稳定,人际关系恢复和谐。所以,古代中国的法官虽然也指责财产之争是见利忘义,但因小民大多如此而不足深责,因此他们处理这类案件时,着眼点仍然是敦亲睦族,推行教化,让他们感到由衷的悔悟。

如《宋史》记载,“成都民妇讼其子不孝,诘之,乃曰:贫无以为养。(薛)奎出俸钱与之,戒曰:若复失养,吾不贷汝矣。其母子遂如初”。其母讼其子,其子称“贫无以为养”,应是“供养有阙”,已符合《宋刑统》“十恶”大罪中的“不孝”之罪,按照法律规定,应该科徒两年。但薛奎审理此案时,并未把严惩不孝子视为唯一的目的,而是想通过诉讼警告这个不孝子,使他以后能更好地侍奉老人,所以薛奎并未对这个不孝子科以徒刑,反而拿出自己的俸禄送给这对母子,不仅显示了自己爱民如子的高尚品德,也使这对母子和好如初。既达到了良好的教化的效果,又消除了社会不安定的因素,可谓一举两得。

除此之外,历代统治者还制定了相对合理的狱政管理制度,在对罪犯进行惩罚的同时,也注意提高罪犯行刑期间的待遇,用感化的方法矫正其恶习。如《庆元条法事类》中记载流刑犯给予一定的假期,“流囚居作,每旬一日元日、寒食、冬至,三日”,使其能得到一定程度的休息。

对于罪犯日常的基本生活条件,还注意到罪犯日常饮食和起居的卫生状况,甚至规定罪犯要穿得暖,吃得热,住得卫生,在封建时代,报应刑罚盛行的年代,能够做到这一点是极为不易的。

如为保证狱囚最基本的生存需要,《汉书》记载汉宣帝曾专门下诏,“其令郡国岁上系囚以掠笞若瘐死者,所坐名、县、爵、里、丞相、御史课殿最以闻。”晋《狱官令》规定:“狱屋皆当完固,厚其草蓐,切无令漏湿。家人饷馈,狱卒为温暖传致。去家远,无饷馈者,系给廪,狱卒作实。寒者与衣,疾者给医药。”唐代狱囚的衣食一般由狱囚家属自理,但对于“囚去家悬远绝饷者,官给衣粮,家人至日依数征纳。”对于病囚,“囚有疾病,主司陈牒,请给医药救疗。”北宋哲宗绍圣四年(1097 年)规定,“诸狱皆置气楼、凉窗,设浆饮荐席。罪人以时沐浴,食物常令温暖,遇寒量支柴炭,贫者假以衣物。其枷、杻暑月五日一濯。又狱州县,当职官半年一次躬行检视、修葺,务令坚固。”①

古代中国还规定了病囚的医疗与埋葬一系列的事宜。以宋代为例,病囚的医药费由国家负担;可以给病囚增加营养,改善伙食;病囚身死后,如果没有亲属为其

① 李焘:《续资治通鉴长编》卷四八五。

办理后事，由国家负责收葬，所需费用，皆支赃罚钱。宋代还设置病囚院，收徒流以上的病囚，杖以下的病囚，允许保外就医。这些措施充满人道主义色彩，是狱政管理中的一大进步。

与严厉的惩罚相比，温情的感化更重视让受刑人对刑罚所蕴含的伦理意义和法律意义有所感悟，使其真正从内心改恶从善，因此，感化教育也是矫正违法犯罪人员的必要手段。

（三）以经济的手段激励改造

严厉的惩罚与温情的感化教育是矫正违法犯罪人员的必要手段，它们密切配合，互相作用，使法律与道德的作用得以充分发挥，二者相辅相成。不过，除此之外，古代中国的统治者也出现过试图以经济的手段引导罪犯进行改造的矫正教育的手段。

南宋洪迈在《洪文敏公文集》卷四《论岑水场事宜札子》写道：

“臣切见诸路所治凶恶强盗、及枉法受赃、杀人可悯而特旨贷命者，夫（大）抵皆配广南，终身不得归。一岁之间亡虑数百辈，日月亦久，多复沈命。若使自今以往一切配此场兵，俾之凿山采铜，随所得中分之，以其半入官，其半与之，而官以乎（半）值就买。仍与之约，若至场以后不逃佚，不犯罪者，量其元犯轻重、所入多寡，分为三等。各立配役年限，上满则为给公据，还乡为民。此等虽恶黠不逞，知有自新之路，又有半值可以赡生，必将欣然乐于赴役。”

洪迈认为，那些凶恶强盗以及一些重大犯罪分子，以往都是发配至广南，终身不能回家。如果将这些人组织起来从事矿冶生产，将其劳动所得的一半给他们，由国家低价收购，并与他们相约，如果到矿场不逃跑、不犯罪，就按照他们罪行轻重、生产的好坏，各立配役年限，到期可以遣放，返乡为民。洪迈把减刑宽役与犯人生产情况紧密结合起来，给重犯以改过自新之路，这不仅解决了役使犯人劳作而产生的弊病，对罪犯而言也具有极大的吸引力，大大调动了罪犯改造的积极性。

洪迈的主张是否得到宋政府的采纳和实施，由于目前的资料十分有限，尚不可知，但他们的思想与实践具有的前瞻性，仍是不可忽视的。它表明，在宋代的罪犯矫正教育中，统治集团中已有一些激进的士大夫开始注意到使用经济的手段以激励引导罪犯加强改造，这是一个重大的进步。

现代矫正教育是刑罚理念与思想不断发展的结果，是以特定设施为主要条件的一种特殊教育形式，是以实现矫正对象的再社会化为目的，系统地影响和改变受教育者思想观念与行为方式的策略、方法和手段。以此标准衡量，本书所讲的传统中国的矫正教育，与现代意义上的矫正教育还有着本质的不同，只是初步具有了矫正教育的功能。古代中国对违法犯罪人员的教育改造,其着眼点不是希望矫正其人格与行为从而使其回归社会,而是希望借此缓和日益严重的阶级之间的矛盾与冲突,以便更好地维护自己的统治,实质上就是其“牧师职能”的一种体现。

不过,传统中国的矫正教育实践中所体现出来的对人性的期待以及对道德教化的重视一直到今天仍然影响着我国矫正教育的理论与实践。“惩罚与改造相结合,以改造人为宗旨”的监狱工作方针、“挽救人、改造人、造就人”罪犯教育的指导思想,以及我们对违法犯罪人员运用晓之以理、动之以情的做法,在实践中都取得了良好的效果。这一切,不得不说与传统的矫正教育有密切的关系。

二、中国传统文化具有预防犯罪的功能

中国传统文化博大精深,蕴含着丰富的预防犯罪思想。《周易》中就明确提出“居安思危”“思患而豫防之”等犯罪预防思想;《管子》认为:“微邪,大邪之所生也”,提出只有有远见的人才能够在犯罪行为没有发生的时候,就“备患于未形”,防微杜渐,预防大奸大恶的发生;《道德经》也主张“为之于未有,治之于未乱”。这些先贤的预防犯罪的思想对当代中国犯罪预防及矫正理论与实践都有着重要的启示。

(一)重视内省自束

内省是心理学基本研究方法之一,它是发生在内部的,我们自己能够意识到的主观现象,也可以说是对于自己的主观经验及其变化的观察。内省就是自己在内心反省自己的言行,以便让自己徙善远恶,这是儒家提倡的修身方法之一。如《论语·学而》云:“吾日三省吾身:为人谋而不忠乎?与朋友交而不信乎?传不习乎?”荀子也说:“君子博学而日参省乎己,则知明而行无过矣。”这里的“三省”,就是自我反省。

与自省紧密相连的是“慎独”。指一个人在独处时要谨慎从事,以免做出违礼之事。《中庸》说“莫见乎隐,莫显乎微,故君子慎其独也”,意思是说,从最隐蔽、最细微的言行上就能看出一个人的品质,所以,君子要特别谨慎,即使在独自一人,无人监督的情况下,也要更为严格地要求自己,学会慎独。

中国传统文化特别重视人与人之间的关系,重视个人的修养。很多学派都有一个让人们内省自束的理想目标,让人们能够认清其所作所为与这一目标的关系,以约束其行为,矫正其方向。内省自束有利于维持家族稳定和谐,使成员注重修身养性,及时反思自己的行为。这也有利于勉励人们洁身自爱,远离各种犯罪。

(二)提倡少私寡欲

近年来,我国物欲型犯罪居高不下,究其原因,就是犯罪人自身明显的利己主

义倾向、膨胀的物欲以及好逸恶劳的思想在作祟。物欲是人的普遍本性，是人创造一切的基本动力。所以，物欲的存在是天然合理的。但如果把物欲绝对化，不顾社会道德和法律规范，不择手段地"致富"，就会走上违法犯罪的道路。所以中国传统文化提倡少私寡欲，正确认知物欲，这对预防物欲型犯罪有较为积极的作用。

在对物欲的态度上，儒家和道家有着相似的见解。孔子说"君子食无求饱，居无求安"；孟子说"富贵不能淫，贫贱不能移"。由此可见，儒家肯定生命和道德的价值，强调道德价值远在一般人所追求的物质生活的价值之上。这种理念在仁与生、义与利、德与力、理与欲等关系问题上，得到了充分的体现。两者如发生矛盾，不可得兼的时候，就应杀身成仁，舍生取义，舍弃生命。

道家认为天下之事皆是因为人们互相之间生了私心，对外在的物质利益过分追求，从而背离了质朴、慈孝、淳然等人生本然与内心安宁，所以才导致出现违法犯罪的情况。《道德经》第十九章讲"绝圣弃智，民利百倍，绝仁弃义，民复孝慈，绝巧弃利，盗贼无有。此三者以为文不足，故令有所属，见素抱朴，少私寡欲。绝学无忧"。抛弃聪明智巧，人民可以得到百倍的好处；抛弃仁义，人民可以恢复孝慈的天性；抛弃巧诈和货利，盗贼也就没有了。圣智、仁义、巧利这三者全是巧饰，作为治理社会病态的法则是不够的，所以要使人们的思想认识有所归属，保持纯洁朴实的本性，减少私欲杂念，抛弃圣智礼法的浮文，才能免于忧患。道家的"道"用来约束和激励人们的行为。通过对"道"的追求，"人法地，地法天，天法道，道法自然"，最终修悟成性，直至无欲无求，当然也就远离了犯罪。

需要指出的是，中国传统文化并不以物欲为耻。儒家讲究谋道不谋食、重义轻利，只是重在强调当二者不能得兼时应如何取舍；道家则提倡见素抱朴、清心寡欲，并不否定物欲。道家主张无知、无为、无欲、不争、贵柔、守雌、主静，看中的是人的朴素本性的保持，以超然物外的人生态度与世俗相处。鄙视扭曲自己灵魂，去满足无欲的人生态度。这种人生态度对于贪欲对人们违法犯罪影响的批评和鄙弃，在当代矫正教育中有一定的价值。因此，在面对物质欲望的时候，"少私寡欲"、重义轻利是中国传统预防犯罪的一个重要思想。

（三）设置礼与法的防线

中国古代的统治者把"礼"看作预防犯罪的第一道防线。"礼者……以为民坊者也"，"安上治民，莫善于礼"，认为"礼"在"教化百姓，敦睦人伦"方面有莫大的功效。

"礼"最初是原始人一种祭祀祈福的仪式，后来成为由法律强制实施的行为规范。礼的主要作用是"别贵贱、序尊卑"，维护儒家所提倡的"尊尊、亲亲、长长、幼幼,男女有别”的宗法等级社会,具有“经国家,定社稷”的功能,所谓,“礼义以为纪,以正君臣,以笃父子,以睦兄弟,以和夫妇”。“礼之教化也微,其止邪也于未形,使人日徙善远罪而不自知也。”礼所调整的范围极广,上至国家,下至普通家庭,礼无处不在,无所不包。礼的作用如同春雨一样“润物细无声”。因此,“夫礼者,禁于将然之前”是预防犯罪的规范,是积极的预防。

中国自古以来就是一个“礼仪之邦”,传统中国社会往往被称为“礼法社会”。礼法结合、出礼入刑则是中华法系的基本精神和中华法文化的最重要的特征。儒家虽然重视“礼”的地位和作用,但也清醒地意识到法律的重要性和法制的不可或缺性。如荀子主张将道德教化与法律约束相结合。他认为法和礼都是治理国家的根本,是衡量曲直、判断是非的准绳。所以赏罚必须严明。如果不对犯罪分子予以相应惩罚,就无法发挥刑法应有的惩戒和震慑作用。

所以,礼与法(刑)一直是统治阶级实现统治的两种必要的手段,礼着眼于预防,刑着眼于惩罚;礼是积极的规范,刑是消极的惩罚。贾谊在《治安策》中讲“夫礼者禁于将然之前,而法者禁于已然之后”。礼与刑互为表里,相辅相成:礼可以教化人心,使其避恶而归善,消除犯罪于未形;加强法律的宣传与教育,树立起法律的威严与权威,让人不敢为非,道德感化和法律约束都能起到预防犯罪的功用。

培育矫正教育场所法治文化,其目的在于塑造矫正对象对法律的敬畏感,使守法能够转化成为矫正对象所尊崇和信守的一种理念。加强矫正对象的法制教育,是实现这一根本宗旨的重要途径。但法律只有真正进入人们的内心世界,被人们真正信仰和信赖,才能发挥其应有的作用。刑罚是犯罪人必须承担的后果,但如果没有得到罪犯的诚服,那么刑罚的功效也会大打折扣。因此,一方面加强道德感化,另一方面加强对矫正对象的法制教育,强化矫正对象的法律意识,让其知法、懂法、畏法,促使矫正对象认罪悔罪,自觉接受改造,从这个意义上讲,只有既隆礼又重法,才能有效地预防矫正对象重新违法犯罪,提高教育矫治的效果。

(四)重视群体文化

中国传统文化是一种农耕文化,其自给自足的耕作方式,使中国形成了以家庭为基础单元的社会结构。这种社会结构,使传统中国人特别重视与其他宗族人员之间的关系,遵守宗法社会下的宗法规则,履行相应的宗法义务。这种以家庭为基本生产结构的中国古代社会,导致人们对家庭和宗族的依赖,所以中国传统文化是一种重视群体的文化,中国人的个人价值的体现,就是看为国家为社会作出了什么贡献。中国的群体文化赋予了中国人更多的个人义务和责任。在群体文化下,人们想要获得来自家族和宗族的更多庇佑,就需要每个人必须遵守他在家庭中所担当的角色,自觉接受来自宗法社会中"礼"的约束,承担他们应尽的责任。

比如,中国传统文化认为每个人身上都有着五种错综复杂的社会关系,即"君臣、父子、夫妇、兄弟、朋友",君义臣忠、父慈子孝、夫义妇顺、兄友弟恭、朋友有信就是对这种社会关系的理想表述。儒家重视人际关系,是以群体和个体的关系为思考背景的。之所以要协调人际关系,就是要使个人融进集体,以保持群体的和谐统一,维护群体的利益。所谓"匹夫不可夺志","无求生以害仁,有杀身以成仁",都是为了维护集体利益而不惜抑制个人欲望,乃至牺牲个人生命的不同表述。

所以中国文化重视的是人的社会价值。中国人的个人价值,就是对社会的贡献,"舍生取义""舍己为人"的行为之所以被推崇,就是因为这是个人社会价值的体现。在这样的文化价值下,传统中国人往往是只知道自己应该做什么,却不知道自己可以做什么。只想着应该为国家为社会做些什么,很少去计较个人的得失。对中国人而言,家国利益是一致的,修身方能齐家治国平天下,国家利益才是每个中国人的最终追求。每个人都依此规范,在社会中扮演一定的角色,履行一定的义务,相互联系,相互制约,以实现个人的人生价值。

近年来,受多元价值观的影响,以及个人主义在网络虚拟空间中盛行,部分国人社会责任感缺失。社会责任感的缺失是当前社会违法犯罪现象出现的一个重要原因,一个人只有拥有高度的社会责任感,才能主动关心他人、集体、社会、民族和国家,才能自觉遵纪守法。因此中国传统重视群体文化的思想对当代中国预防犯罪有着积极的意义。

三、中国传统文化是矫正教育的资源库

中国传统文化博大精深,其中不仅具有丰富的预防犯罪的思想,而且具有重要的矫正与规训的思想,是矫正教育工作不可缺少的资源库。

(一)"人性善"思想为矫正教育提供了重要的理论支撑

刑事人类学派的创始人龙勃罗梭在《犯罪人论》中曾提出了"天生犯罪人"的犯罪决定论,他认为犯罪是遗传性犯罪基因与堕落因素所致,刑罚对犯罪人毫无意义,不可能产生威慑作用,所以预防天生犯罪人犯罪的方法就是剥夺其犯罪能力,刑罚不过是消灭犯罪人肉体的手段。直到20世纪初,以改造、教育犯罪人,保全社会为目的的教育刑才成为刑罚的理论基础,西方国家至此才开始重视强调刑罚矫正教育的功能。

但在中国,早在两千多年前统治者就开始了对违法犯罪人的矫正教育的活动。中国从来没有出现过天生犯罪人的理论,中国传统文化中反复强调的是:人是可以

改造的，人人皆可为尧舜。

东西方在这个问题上之所以出现如此大的差距，其中一个重要原因就是东西方的“人性论”有所不同。西方人认为“人性恶”，所以主张以刑罚消灭犯罪人的肉体，从根本上解决犯罪的问题。在中国影响比较深远的人性论，无论是人性善还是人性恶，都对人性有相当的自信，主张通过刑罚、道德感化等方式对违法犯罪人员进行矫正。古代中国的人性论直接影响了中国传统法律文化的走向，为古代中国矫正教育的实践奠定了理论基础。

首先，儒家的性善论在中国传统矫正教育的理论基础中占有主导地位。孔子最早提出“性相近也，习相远也”的主张，暗含了人性善的观点；孟子则完善了人性善的理论，并从人性的角度论证了对违法犯罪人员进行矫正教育的可能性。他认为怵惕恻隐之心，人皆有之，这就是善之端，只不过有人注意保护发扬，成为君子，有人舍则失之，堕落为罪犯。因此，对违法犯罪人员可以通过道德的教化恢复其善良的本性。

由此可见，性善论者强调道德教化在矫正教育中的作用，认为刑罚只是一个消极的禁人为恶的工具，并不能使人产生羞耻之心，不能从根本上杜绝犯罪的产生，只有道德教化才可能直指人心，引人向善，使人日徙善远罪而不自知也，从而消除人犯罪的动机，真正消除犯罪隐患。

其次，性恶论也在中国传统矫正教育的理论基础中也占有相当重要的地位。荀子认为：人“饥而欲食，寒而欲暖，劳而欲息，好利而恶害”①，人生来就有欲望，人的欲望和本能是产生恶的根源，所以人的本性就是恶的；人性之中之所以有善的因素，不是天生而是后天人为教化的结果。也就是“人之性恶，其善者伪也”。荀子认为：人性恶是犯罪的根本原因，但人性中也有善的因素，对于那些违法犯罪的人员，可以通过“化性起伪”，对人之恶性进行矫正。

董仲舒调和了孟子的性善论和荀子的性恶论，认为：善恶两性的表现是因人而异的。人之性可以分为“圣人之性”、“斗筲之性”和“中民之性”。圣人之性，是天生的善质；斗筲之性是天生的恶质；只有中民之性也就是万民之性，既有善质也有恶质。圣人之质，不教而成；斗筲之性，教而不成；只有中民之性，待教而成。董仲舒认为：善出性中，而性未可全为善也，所以人生而有善质而非生而性善。善质的存在，是对人进行教化的前提。

性恶论者强调道德教化固然是矫正违法犯罪人员的一个重要手段，但却并不

① 《荀子》卷三。

一定是最重要或者效果最好的手段，性恶论者主张教化与刑罚并用，认为正确的矫正方法应是"明礼义以化之"，"重刑罚以禁之"。完全消灭人欲是不可能的，于是只能用严刑峻法的手段去制裁那些有悖天理的行为，此时，刑罚成了比道德教化更为有效的矫正手段。

由此可见，传统中国的人性论，无论是性善论还是性恶论，其实都相信"人"是可以改造的，都主张采用道德与刑罚两种手段与措施对违法犯罪人员进行矫正教育。只不过侧重点有所不同。性善论者虽未忽视法律的作用，但更强调道德教化的矫正作用，主张仁本刑末，德主刑辅。性恶论者充分认识到了刑罚对矫正违法犯罪人员行为的优越性，但也肯定了教化的可能性与必要性，只不过认为，对于那些无法进行教化的性恶之徒，就要"设刑罚以畏之"，道德教化不能取代刑罚的威慑。人性善与人性恶在传统矫正教育中殊途而同归。

正是因为中国传统文化对人性的自信，所以现代矫正教育坚信人是可以改造的。我国现行的监狱工作方针是"惩罚与改造相结合，以改造人为宗旨"，罪犯教育的指导思想是"挽救人、改造人、造就人"，司法部《教育改造罪犯纲要》中明确规定：教育改造罪犯是监狱工作的重要任务。惩罚与改造罪犯，把罪犯改造成为守法公民，是法律赋予监狱的重要职责。因此，人性善的思想是当代中国矫正教育的前提和理论基础，为矫正教育提供了重要的理论支撑。

（二）变易的理论奠定了矫正教育重要的理论基础

中国古代哲学把宇宙的发展看成一个生生不息，不断运动变化的过程。《老子》开篇即说："道可道，非常道。"老子之道是变化无常的。天地之间唯一永恒不变的，就是变化。

以《周易》为例，《周易》把宇宙的运动变化看成事物发展的普遍规律，从《易传》开始，宇宙的变易观就成为中国传统哲学中历久弥新的命题。"日新之谓盛德，生生之谓易"（《系辞上》），"易"就是不断发生，不断日新的道理。"易之为书也，不可远，为道也屡迁，变动不居，周流六虚（位），上下无常，刚柔相易，为典要，唯变所适。"（《系辞下》）易卦所讲的规律、原则（道）是经常变迁的，不固定的，它体现在整个卦的六爻位置（六虚）的变化之中，上下没有固定地位，刚柔互相变易，所以不能有一种不变的标准，唯一的是适应变化。至于卦中各爻，更是各种变化的具体体现。所以《系辞上》说："爻者，言乎变者也。"《周易》中所说的变易的道理，主要包括：

其一，突出矛盾对立双方的互相转化。

"否极泰来"一词就来源于《周易》。泰卦之后之所以紧跟着否卦是因为"泰"是通达的意思，但我们做事情不可能永远都是一帆风顺的，当"泰"到一定程度的时候，也就是“否”开始出现了，因此《周易》强调物极必反，乐极生悲，这也是矛盾对立双方的互相转化。“塞翁失马焉知非福”的故事同样也是在告诉我们矛盾对立的双方可以互相转化。

其二，推重发展变化。

《周易》云，“履霜，坚冰至”，踩着霜，就想到滴水成冰的严寒的冬季就要到来；“积善之家，必有余庆；积不善之家，必有余殃。臣弑其君，子弑其父，非一朝一夕之故，其所由来者渐矣。”修善积德的个人和家庭，必然有更多的吉庆，作恶坏德的，必然会遇到更多的祸殃。臣弑其君，子弑其父这样的人伦惨剧的发生，绝不是一朝一夕的事情，而是逐步发展而成的。《周易》认为事物的变化都是从微小的变化开始，逐渐积累起来量变就会发展成质变，形成巨大的变化。所以必须重视微小的变化。

世界上的一切事物都在变化，没有一样东西是不变的。所以，“变”是《易经》的精髓和灵魂，也是中国古代哲学的基本思想之一。

这种变易的思想对矫正教育工作非常重要。现代罪犯教育学强调罪犯作为教育对象，其基本属性是：“罪犯是人、罪犯是存在缺陷的人、罪犯是需要矫正的人、罪犯是发展中的人”，这种认知就是基于中国传统的变易思想。变易的思想要求矫正教育者必须用发展的眼光来看待矫正对象。矫正对象往往都是有着各种违法犯罪行为的人，有着各种各样的恶习，如果我们不用发展的观点来看待他们，而是在他们身上贴上犯罪人的标签，矫正教育者就会不自觉地用负面的眼光来审视他们，就会觉得他们是无可救药的，根本不可能改造好，看不到他们身上有改恶向善的可能，也就无法对他们的教育改造成效充满信心，也不会对自己的工作保持热情和动力；而矫正对象也是如此，如果不具备发展的观点，改造信心就会不足，看不到自己的前途，只是消极地认为一旦进了监狱一切都完了，就会自怨自艾，丧失了改造的热情和动力，在监狱里得过且过。他们消极改造，甚至抗拒劳动、对抗管教、打架斗殴，给矫正教育工作带来极大的压力。

这种变易的思想还告诉我们，事物的变化存在一个量变到质变的过程，都是从微小的变化开始。所以矫正教育工作者要立足矫正对象的日常管理，重视矫正对象日常行为表现，注意发现微小的问题，及时跟进，毋以恶小而忽视，不让微小的问题有一个由量变到质变的发展过程，以营造一个良好的改造风气。

（三）教化的传统影响了当代中国矫正教育的走向

儒家历来重视教化的力量和功效，认为无论人性善恶，都可以借日常教化之力，收潜移默化之功。孔子曾讲：“不教而诛谓之虐。”董仲舒亦说：“凡以教化不立而万民不正也。夫万民之从利也，如水之走下，不以教化堤防之，不能止也。是故教化立而奸邪皆止者，其堤防完也；教化废而奸邪并出，刑罚不能胜者，其堤防坏也。”孔子和董仲舒所言是有一定道理的，不教而诛是不可取的，这一思想成了儒家提倡“德主刑辅”的理论基础。例如：

1. 颂系

颂系，是矜恤怜悯老幼、残疾、孕妇人犯不戴桎梏的制度。汉景帝后元元年（公元前 143 年）下诏，“高年老长，人所尊敬也；鳏寡不属逮者，人所怜也。其著令‘年八十以上，八岁以下及孕者未乳、师侏儒当拘系者，颂系之’”。[①] 汉朝统治者之所以敢在拘禁上实行宽容政策，是因为这些人“夫耆老之人，发齿堕落，血气既衰，亦无暴逆之心”，[②]对社会危害不大，而且又可以标榜封建统治的仁政，起到感化的作用。

后世的法典对颂系大多都有明确的规定。如唐律规定，对“轻罪及十岁以下至八十以上者，废疾、侏儒、怀妊皆颂系以待”。《宋刑统》规定：“年八十及十岁、废疾、怀孕、侏儒之类，虽犯死罪，亦散禁”，表示对罪犯的宽容。

2. 纵囚归家

汉朝每年在冬夏特殊情况下，允许囚犯暂时回家，限期返回的制度，即“纵囚归家约期还”的规定。据《后汉书 · 虞延传》载：东汉虞延当细阳县令时，每逢年节或伏天炎热和腊月天寒时，就遣囚徒归家，囚徒都感念他的恩德，到期就返回。

虽然，纵囚归家在汉朝是属于法外行仁，没有成为定制，但对后世影响很大。公元632 年，唐太宗“见应死者，闵之，纵使归家，期以来秋来就死，仍敕天下死囚，皆纵遣，使至期来诣京师”，次年“天下死囚凡三百九十人，无人督帅，皆如期来诣朝堂，无一人亡匿者，上皆赦之”。[③]

从西周的“敬天保民”“明德慎罚”的思想，到两汉时期的“德主刑辅”“大德小刑”，到隋唐时期的“仁本刑末”“刑德并用”，直至明清时期的“明刑弼教”“礼法结合”，无一不体现了儒家“先教后杀”“不教而诛谓之虐”的思想。反对滥刑、酷刑，把对犯罪者的教育感化贯穿于刑罚实施的过程中，最终达到无须用刑的效果，这就是各代统治者提倡礼法结合的根本目的所在。

在古代中国，教化被视为一种社会应尽的责任，它被视为对人的一种情感上的关怀。因此，在我国行刑活动中非常重视让受刑人对刑罚所蕴含的伦理意义和法律意义有所感悟，并将其视为改造违法犯罪人员的首要任务和必要手段，而感化教育则是改造矫正对象的必要手段。

---

① 《汉书》卷二三。

② 《汉书》卷八。

③ 《资治通鉴》卷一九四。

历代统治者虽大多提出“宽简”的刑罚思想，提倡对罪犯进行感化教育，但各代都出现了立法与实践严重脱节的状况。历代王朝，立法与实践往往有很大差距，甚至大相径庭，这是封建时代带有普遍性的规律，是封建专制主义积弊过深的体现，也反映出封建制度固有的野蛮、残酷的特征。

在古代对违法犯罪人员的改造活动中，给我们以深刻启示的则是“人伦教化”的有关内容。虽然，我国古代对违法犯罪人员的教育改造的效果，还待商榷，古代立法与实践的差距也是人所共知的，但是这一教养理念，实际上一直在影响着我们今天的矫正教育工作。中华人民共和国成立后，在对矫正对象的教育改造中，感化教育是贯穿始终的。近年来，感化教育体系更加完善，内容更加丰富，效果更加显著。这一切与中国传统文化，特别是与“礼法结合”的儒家文化有着深刻的历史根源。

从传统的“纵囚归狱”到现代的离监探亲制度，从某种程度上来说，这是当代司法对传统优秀法治文化的继承和发展。这一切，不得不说与传统教化的理论与实践有密切的关系。在21世纪的今天，矫正教育工作如何更好地发挥自己的优势，体现出中国特色，中国传统文化应该是其取之不竭、用之不完的宝库。

习近平总书记说：“中华文化积淀着中华民族最深沉的精神追求，是中华民族生生不息、发展壮大的丰厚滋养。”“中国传统文化博大精深，学习和掌握其中的各种思想精华，对树立正确的世界观、人生观、价值观很有益处。”

因此，将中国传统文化引入矫正教育工作中，可以有效地提高矫正对象的人文素养和道德修养，培育矫正对象社会主义核心价值观，引导矫正对象悔罪认错，知廉耻、懂荣辱、辨是非，使其早日成为一名合格的公民。

第一章　“仁”文化与矫正

案例

龚某，男，1975年生，汉族，高中文化。2015年6月，因合同诈骗罪被判刑4年，并处罚金人民币40万元。龚某入狱之后能认罪服判，积极改造，但认为自己服刑都是前妻一手造成的。2018年9月，龚某在临近释放前2天，主动找到警察，报告自己还没有改好，不能回去。管教民警认为龚某平时精神正常，改造表现较好，但出现这个反常情况一定另有隐情，决定列入危险矫正对象。

如果你是一名从事矫正教育工作的人民警察，你应如何对龚某进行教育矫正呢？

第一节　传统文化语境下的“仁”文化

“仁”是中国传统儒家学说的核心，是一个包含道德标准、理想人格和精神境界的重要范畴。“仁”的思想起源于中国封建社会宗法等级中的血缘之爱，即“亲亲之爱”，后来成为处理人际关系的道德原则和为政施治的重要准则。“仁”的本质是对自我人格的体悟、感知和修炼。因此，“仁”文化有着极其丰富的内涵，在构建和谐社会的今天，有着不可忽视的现代价值。

一、“仁”的字源学分析及意义

“仁”是一个会意字，从古文字材料看，“仁”字最早出现在春秋晚期的侯马盟书中。“仁”字的小篆形体为“”。东汉许慎《说文解字》：“仁，亲也。从人从二。忎，古文仁，从千心。𡰥，古文仁，或从尸。”①北宋徐铉校订《说文解字》曰：“仁者兼

---

① （东汉）许慎：《说文解字》，岳麓书社2006年版，第161页。

爱,故从二。”清代段玉裁《说文解字注》曰:“人也,读如相人偶之人,以人意相存问之言……按,人偶犹言尔我亲密之词,独则无偶,偶则相亲,故其字从人二。”[①]按段玉裁的注解,“仁”字从人从二的构形传达的是一种互相敬重,非常亲密的一种关系。在中国古代社会,“仁”起初指的是一种礼仪,称为“相人偶”,指两个人在见面时互相作揖,表示问安和表达尊敬。有学者认为,“人偶”是自己对他人单向的恭敬态度,“相人偶”是双方相互表达敬重的行为,也就是互相“人偶”[②]。这种礼仪在氏族社会时期是用来反映氏族成员之间亲密感情的一种行为,到了周代发展成为一种基本的礼仪形式。这种礼仪形式不仅反映了人与人之间的社会关系,也涵盖一定的伦理意义。

在春秋战国文字中,“仁”字有两种构形:一种为“忎”,从千心。另一种为“𡰥”,从尸从二。我们先看“忎”:“忎”()字的上半部分“千”()与古文中“身”()的字形很像,有学者认为它是人的身体的象形,是“身”字的简化[③]。这样一来,“忎”字的构形即为从身从心。“心”表明与情感或思考有关,心上有人形,表明心中思人,将他人放在心上,这就体现了“爱人”和“同类意识”的基本内涵。

最后,我们看“𡰥”:“𡰥”()字的上半部分为“尸”,这里的“尸”并不完全是今天“尸体”的含义。“尸”的甲骨文是一个屈膝或侧卧的人形,是死后享受祭祀的人的象形。殷商时期或更早时候,氏族成员特别是有一定社会地位的人死后,会被扶坐在高台上受祭祀,其身体称为“尸”。发展到后来,对于那些死去已久的先祖,则由活着的人化妆后充任尸主接受祭祀,这个人也称为“尸”。但这个“尸”仅限于那些在血缘上有着特定关系的“人”来充任。后来,祭祀中的受祭之尸逐渐被木刻牌位、画像所替代,并沿用至今。所以,从“𡰥”的构形中,可以看出“仁”与古代家族祭祀密切相关。

“仁”“忎”“𡰥”三个异体字,帮我们从不同角度认识了“仁”的字源意义。综合三个字的构形,我们可以看出,“仁”最初与古代的祭祀仪式有关,体现了祭祀者和受祭者存在的一种亲密的关系,即所谓血缘之爱或亲亲之爱。在祭祀仪式中,无论是祭祀有直接血缘关系的先祖,还是祭祀部落或氏族内部有一定地位和影响的人,祭祀者都是怀有追思、感恩、崇敬之心的。所以“仁”不仅是一种仪式,还是一种情感的寄托和表达。逐渐地,“仁”的对象从祭祀仪式中的祖先扩展到家族成员,从亲

① (汉)许慎撰、(清)段玉裁注:《说文解字注》,上海古籍出版社 1988 年版,第 365 页。

② 白奚:《“仁”与“相人偶”—对“仁”字的构形及其原初意义的再考察》,载《哲学研究》2003 年第 7 期。

③ 白奚:《“仁”字古文考辨》,载《中国哲学史》2000 年第 3 期。

人延及社会上的“他人”。“仁”所蕴含的情感也从祭祀仪式中对祖先、亲人的血缘之情扩展到人与人之间的仁爱之情,成为处理人际关系的道德原则。到了国家层面发展成为统治者对待百姓要施以仁政,成为儒家知识分子治国为政的重要理念。

二、“仁”文化的思想内涵

“仁”文化在中国文化史上源远流长。儒家的创始人孔子通过对传统鬼神、天命观的改造,通过对周公旦“德”“礼”思想的继承与发展,实现了对“仁”的突破,后来经过儒家“亚圣”孟子等人的继承和发展,最终形成了比较系统的仁学体系。

(一)“仁”的来源与根基

孟子认为“仁”是人心固有之物,“人之所不学而能者,其良能也;所不虑而知者,其良知也;孩提之童无不知爱其亲者,及其长者也,无不知敬其兄也”。[①] 人天生有善端,就像是一粒具有成长潜能的种子,只要我们能尽力扩大人的善良本性,就能达到理想的人格。

孝悌是“仁”的根基。《论语·学而》:“孝悌也者,其为仁之本与!”朱熹认为孝悌是仁道生成的根本[②]。关于“孝悌为仁之本”的思想,我们还在孔子另外的一些言论中得到佐证,如子曰:“弟子,入则孝,出则悌,谨而信,泛爱众,而亲仁。行有余力,则以学文。”孔子认为弟子所学是有先后次第的,德为本,文为末。在德目之中也是有着先后次第的,依次为:孝、悌、谨、信、爱众、亲仁,其中孝、悌居于首位。由此可见,孔子把道德修养的责任根植到“孝悌”这一最真实的道德情感上,使“仁”有了重要的血缘根基和真正的发端之处。

(二)“仁”的表现

《论语·颜渊》:“樊迟问仁。子曰:‘爱人’。”孟子指出:“恻隐之心,人皆有之……恻隐之心,仁也”,“人皆有所不忍,达之于其所忍,仁也。”(把人的不忍之心加以扩大,使之达于其所忍,这就是仁)“仁者,以其所爱及其所不爱”(把爱的范围扩大到所不爱的范围,这就是仁),以上这些论述都是对“仁”所作的更强化的表述。由此可见,“仁”就是热爱人、同情人、关心人、帮助人。

“仁”的表现形式因对象不同而有差异:表现在父母身上就是慈,表现在子女身上就是孝,表现在夫妻身上便是爱,表现在兄弟、姐妹、朋友身上便是情义,表现在长幼身上便是敬老爱幼,对组织表现为忠,对国家对人民表现为爱国爱民。

---

① 《孟子·尽心上》。

② 朱熹《四书章句集注》:“本,犹根也。仁者,爱之理,心之德也。为仁,犹曰行仁。言君子凡事专用力于根本,根本既立,则其道自生。若上文所谓孝弟,乃是为仁之本,学者务此,则仁道自此而生也。”

(三)“仁”的特点

1.“仁”的全面性

《论语·阳货》:“子张问仁于孔子。孔子曰:‘能行五者于天下为仁矣。’请问之,曰:‘恭、宽、信、敏、惠。’”在孔子看来,“仁”是一种全面的道德修养和行为,是德性的统称。而恭、宽、信、敏、惠是“仁”的五个德目,也是仁者必备的五种修养。“恭”,自敬自重;“宽”,与人宽厚;“信”,守信于人;“敏”,治事敏疾;“惠”有智慧,为人慈惠。能行此五者于天下就能“恭则不侮,宽则得众,信则人任焉,敏则有功,惠则足以使人。”

2.“仁”的层次性

虽然孔子认为“孝悌”是“仁”的本源,但他又不局限于血缘宗法关系,而是将“孝悌”进一步推广、泛化和提升,从对父母兄弟的爱上升到对广大民众的爱,从人类最原始、最自然的情感上升为普遍的道德理性,这才有了“仁者爱人”的思想。事实上,这种爱不仅限于对人,还扩展到对物。《论语·述而》:“子钓而不纲,弋不射宿。”孔子对捕鱼用的网、打鸟的时辰都有思考,可见孔子的“爱”是广博的。“爱亲”“爱人”“爱物”是孔子“仁”的三个层次,正如牟宗三先生所言:“孔子的仁,则从自己的生命而来……正因为向外推扩,才出现远近亲疏的层次观,由家庭内的父母兄弟,推至家庭外的亲戚朋友,以至无生命的一瓦一石……①”儒家的集大成者孟子把这一层次性更鲜明地表达出来,孟子曰:“亲亲而仁民,仁民而爱物。”“老吾老以及人之老,幼吾幼以及人之幼。”这种推己及人、推人及物的爱的传递,正是“爱”的层次性的体现。

3.“仁”的差等性

“仁”具有差等性,“爱人”并不是姑息之爱。《论语·里仁》:“唯仁者能好人,能恶人。”由于仁者拥有一颗理智的心、能够洞察他人的智慧以及高尚的德行,所以才能够公正地喜爱一个人,公正地厌恶一个人。好、恶是对待不同人的不同情感,也是爱的差别性体现。又如,《论语·宪问》:“或曰:‘以德报怨,何如?’子曰:‘以德报怨?何以报德。以直报怨,以德报德。’”孔子反对以德报怨,主张用公正无私回报恶行,用善行回报善行。这两种不同的态度也是爱的差异性的体现,因为存在差异性,所以爱才具有强烈的现实性。

总之,儒家的“仁爱”是个人的全面的道德修养,是一种有层次、有差等、推近及远的爱。

---

① 牟宗三:《中国哲学的特质》,上海古籍出版社 1997 年版,第 38 页。

(四)“仁”的实现途径

在《论语》《孟子》等儒家文献中,不仅对“仁”的内涵进行了多角度、多方面的阐释,也为如何做到“仁”提出了具体的实现路径。

1. 于己——为仁由己;好学;克己复礼

(1)要有“为仁由己”的决心

《论语·颜渊》:“子曰:‘为仁由己,而由人乎哉?’”“由己”突出强调了在道德修养过程中个人主观能动性的重要性,即一个人要想提高自己的道德修养,不能依赖别人,要依靠自己。一个人要想成为有仁德的人,要发自内心地,主动地向着“仁”不断努力,才能“我欲仁,斯仁至矣”。

(2)要通过不断学习来完善“仁”

《论语·阳货》:“子曰:好仁不好学,其蔽也愚;好知不好学,其蔽也荡;好信不好学,其蔽也贼;好直不好学,其蔽也绞;好勇不好学,其蔽也乱;好刚不好学,其蔽也狂。”这就是著名的“六言六弊”。其中“好仁不好学,其蔽也愚”,告诉我们爱好仁德而不爱好学习,它的弊病是受人愚弄。孔子的学生子夏说:“博学而笃志,切问而近思;仁在其中矣。”都强调了行仁德过程中不断学习、反思的重要性。那么该如何来学习呢?《论语》《孟子》等文献给我们提供了许多重要的方法,如“见贤思齐”“学而时习之”“不耻下问”“仁者如射,反求诸己”“以知利人”等。

(3)要合乎“礼”的标准

《论语·颜渊》:“颜渊问仁。子曰:‘克己复礼为仁,一日克己复礼,天下归仁焉!”孔子认为,“仁”这种道德的养成要通过自我人格的修炼来克制思想观念中存在的一些不良思想与私欲,其标准就是礼,“非礼勿视,非礼勿听,非礼勿言,非礼勿动”,使自己的言谈和行为举止都符合礼的要求。在孔子看来,礼与仁是统一的,礼是外在的道德规范,仁是内在的道德情感,礼是仁的体现,仁是礼的基础、灵魂。孔子强调做事依礼的最终目的是让人们自觉提升人格,逐渐成为一个德行高尚的“仁者”。

2. 于人——立人达人

《论语·雍也》:“夫仁者,己欲立而立人,己欲达而达人。能近取譬,可谓仁之方也已。”这是孔子“恕”道的重要内容,更是躬行“仁道”的重要途径。一个心怀仁德的人,就是自己要站得稳,同时也使别人站得稳;自己要事事行得通,同时也使别人事事行得通,能按这个原则从身边的事情做起就是在实行仁爱了。在孔子看来,人与人的相互交往中,大家要互相尊重对方,互相成就对方,不能为了私利而伤害他人。从另外一个角度讲就是“己所不欲,勿施于人”。在现实生活中,对人对事如果能够做到推己及人,那么也就实现了对他人的爱,做到了“仁者爱人”。

3. 于国——为政以德

“为政以德”这是对“仁者爱人”的进一步延伸和推广。孔子认为:“为政以德,譬如北辰,居其所而众星共之。”“古之为政,爱人为大。”在他看来,执政者唯有实施“德政”,才能够如同北极星一样牢固占据中心,而让众星围绕其旋转。一个有“仁心”的执政者首先要爱民,要通过实施“德政”使广大群众受到恩惠。

孟子从孔子的“仁学”思想出发,把它进一步扩充发展成包括思想、政治、经济、文化等各个方面的施政纲领,提出了“仁政”的主张。认为执政者要宽厚待民,施以恩惠,其基本精神也是对人民有深切的同情和爱心。

综上,“仁”文化根植于宗法社会中的血亲之爱,通过推己及人、推人及物的方式,来表达对人、对物的仁爱之心。仁爱之心与生俱来,具有层次性和差等性的特点,其准则是“礼”。同时,根据中国传统文化“家国同构”的特点,仁爱的精神也进一步延伸和推广到国家治理层面,成为重民本、行仁政的思想来源。另外,在“仁”文化中,“仁”又是一种重要的道德范畴,是与人相处恭、宽、信、敏、惠的道德体系,需要道德个体发挥主观能动性,通过不断学习来体悟和完善。

如今,传统的宗法社会已一去不复返,作为特定时代产物的“仁”文化尽管有其自身的局限性,但作为我国古代思想文化的结晶和儒家智慧的思想精髓,它仍具有超越时代的价值,其“孝悌”“爱人”“宽厚”“立人达人”等重要的精神内核依然在向后延续,在构建和谐社会的今天,“仁”文化发挥着越来越重要的作用。

三、“仁”文化的精神实质与价值意蕴

党的十八大正式提出了“富强、民主、文明、和谐、自由、平等、公正、法治、爱国、敬业、诚信、友善”24 个字的社会主义核心价值观,强调培育、弘扬、践行社会主义核心价值观。习近平总书记特别强调,社会主义核心价值观不是无源之水、无本之木,社会主义核心价值观有它自己的深厚历史文化的根源、根脉。在这个前提下,习近平总书记的讲话里面还特别总结了中国优秀传统文化的核心价值观,其中第一条是就讲“仁爱”。可以说“仁爱”不仅是儒家学说最为核心的关键词,更是中华人文精神和民族精神的集中体现,“仁”文化中所包含的个人的修养、立身处世的规范以及许多重要的精神和价值正在为构建社会主义新型人际关系发挥着重要的作用。

(一)孝亲敬亲,涵养家风

孝悌是“仁”文化的根源和逻辑起点,“仁”文化的第一要义就是爱自己的家人,其中首要的是爱自己的父母,即孝。中国传统文化给予“孝”极高的地位,并形成了

一个系统的“孝”道:“上孝养志,其次养色,其次养体。”①“养体”,是指保障父母的生活,满足他们的物质需求。这是第一个层次的“孝”,也是最基础的。“养色”,是指子女在尽孝时要和颜悦色,尊敬父母。孔子曾说:“今之孝者,是谓能养。至于犬马,皆能有养。不敬,何以别乎?”《礼记》中也说:“孝子之有深爱者,必有和气;有和气者,必有愉色;有愉色者,必有婉容。”②这是就赡养父母的态度而言的。“养志”,是指要有志向和追求,立身行事不要辱没父母,“不辱其身,不羞其亲,可谓孝矣”。③

在中国传统文化中,不仅要求孝敬父母,还要友爱兄弟,形成和谐、和睦的家庭环境和氛围。因此,“仁”文化中的“孝悌”观念是传递父慈子孝、兄友弟恭、夫妻和睦的家庭关系,在家庭伦理中扮演着承上启下的作用。祖辈良好的品行是父辈学习的榜样,父辈的言行举止又直接影响着晚辈,层层传递,不断影响,形成良好的家风。如今,“孝悌”观念经过时代的发展,不断与时俱进,已经成为社会主义家庭美德的重要组成部分。

(二)将心比心,互助互爱

“仁”文化的第二要义是爱与自己没有血亲关系的他人,即“泛爱众而亲仁”,人与人之间要互相尊重、互相关心、互相帮助,和睦友好。人是社会的产物,人的生产、生活都具有社会属性。一个人要想更好地在社会立足发展,一定离不开他人的关心、帮助和支持。因此,我们应该树立“我为人人,人人为我”的仁爱品格,真诚地关心帮助他人。对人宽宏大度,不求全责备,能成人之美,与人为善,心怀仁爱。凡事要设身处地地为别人想一想,“以身为度”④“以己量人”⑤,增强同情意识和同理心,通过换位思考更好地理解和体谅他人的难处。以此促进人际关系的协调、个人与社会的和谐发展。

(三)克己修身,守法爱国

孔子认为,“克己复礼为仁”,要求人们以“礼”为标准,克己修身,成为仁人君子。然而,随着时代的变迁,“礼”的内涵发生了根本性的变化,现代社会中,人们行为举止的标准除了道德规范外还有法律法规。因此,“仁”文化要求每个道德个体要通过学习提高内在修养,克制不良欲望,规范言行,遵纪守法,树立正确的价值追求,达到仁人君子的境界,这既是孔子的道德理想,也是当今我国建设和谐社会的

---

① 《盐铁论·孝养》。
② 《礼记·祭义》。
③ 《礼记·祭义》。
④ 《尸子·恕》。
⑤ 《新书·道术》。

关键一环。

同时,“仁”文化中的仁爱精神还从对亲人的爱、家族的爱、他人的爱延伸扩展到对国家的爱。“苟利国家生死以,岂因祸福避趋之”,从古到今,多少仁人志士对国家忠心耿耿,兢兢业业,鞠躬尽瘁。多少仁人志士为维护祖国利益,为坚持正义事业,临危不惧,临难不苟,不惜献出自己的一切,甚至是宝贵的生命。“志士仁人,无求生以害人,有杀身以成仁”①,这便是他们为远大理想而献身的誓言。可以说,他们塑造了中华民族的性格,传承了中华优秀传统文化的命脉。

总之,“仁”文化作为一种仁爱思想、仁爱智慧、仁爱哲理,具有丰富的内涵和价值意蕴,影响了中国几千年,如今“仁”文化已经成为社会主义核心价值观倡导的公民道德的重要内容。

第二节 矫正语境下的“仁”文化

通过第一节对“仁”文化的解读,我们知道“仁爱”之心是人本身固有的,人如果能克制自己的欲望,不断提高道德修养,遵守法律,遵守社会公德,就能回归甚至扩展“仁爱”的本性,社会就会和谐美好。相反,人如果私欲膨胀,就会导致不讲规矩,失去“仁爱”本能,造成一定社会危害。对于矫正对象来说,他们大多数人正因为私欲膨胀,损人利己,才容易导致目无法纪,作出“不仁、不爱、不忠、不义”的事情,给个人、家庭、社会造成一定危害。那么,运用“仁”文化矫正教育,就能够从“人性”根本上帮助矫正对象回归仁爱,回归良知,从而弃恶从善,重新做人。

一、“仁”文化在矫正教育中的作用

“仁”文化矫正教育,是监所教育改造工作的重要内容之一,是“挽救育新,践行改造宗旨”的重要途径,在矫正教育中发挥着重要作用。

(一)有利于增强同情意识,培养仁爱品格

孟子认为“人性本善”,修养的功夫是要寻求本心的善,只要挖掘出内心深处“仁”的端倪,仁德就会到来。因此,运用“仁”文化矫正教育,就是要帮助矫正对象找回失去的善心,培养其同情意识,从而树立爱国、爱家、爱人民的仁爱品格。

矫正对象杨某,在即将刑满释放时,妻子突然向他提出离婚。于是,杨某怀疑妻

① 《论语 · 卫灵公》。

子已有外遇，产生报复妻子的想法。通过“仁”文化矫正教育，杨某终于理解妻子一个人生育4个孩子不容易，是自己没有尽到做丈夫、做父亲的责任，妻子提出离婚情有可原，最终在《离婚协议书》上签了字。当杨某回家之后，主动承担起了抚养4个孩子的义务，发挥自己“酒店管理”的一技之长，担任某大型酒店副总经理。2020年1月，当新冠肺炎疫情爆发时，他日夜坚守在酒店疫情防控第一线，虽然最终累倒在工作岗位上，但他经过短暂治疗后，又投入紧张“抗疫”任务之中。他说：“虽然我不是共产党员，但在大灾大难面前，我会凭良心对待每一位客人，尊重每一个生命，做好自己每一件事情。”

（二）有利于消除嗔恨心理，化解社会矛盾

人有敬畏，行有所止；仁柔宽博，路行长远。对于一些矫正对象来说，他们因不懂敬畏，才会目无法纪，危害社会；因不懂善恶，才会伤人害己，酿成苦果。运用“仁”文化矫正教育，就能够让矫正对象明白善恶因果，树立敬畏意识、感受仁爱力量，常存感恩之心，从而消除嗔恨心理，化解社会矛盾。

矫正对象胡某，因为犯抢劫罪，在监狱服刑17年，期间遭遇了失去双亲的痛苦，由此，他认为是法院量刑太重将自己大好时光葬送在高墙里，让自己失去了尽孝机会。加上自己年龄变大，对前途感到失望，想出狱之后破罐破摔，报复社会。但胡某在接受“仁”文化矫正教育之后，终于明白所有痛苦根源，都是自己种的恶因所致。并且，在服刑期间，政府并没有放弃对他的倾心挽救，正是政府仁柔宽博的胸怀，才让他有了新生的希望。由此，胡某有了一颗感恩和敬畏之心，少了一颗嗔恨与抱怨之心，最终顺利回归了社会，成为一名合格的守法新人。

（三）有利于营造和谐环境，减少对立情绪

在矫正教育中，改造与反改造历来都是一对矛盾，要想减少矛盾对立，可以运用“仁”文化营造和谐氛围，在“仁爱”环境中培养矫正对象不忍之心，从而消除对立情绪，实现和谐改造、平安改造。

矫正对象戴某，因为犯诈骗罪被判刑4年，服刑期间曾是一个典型阳奉阴违反改造对象，表面上靠拢政府，积极改造，暗地里却煽风点火，制造矛盾，造成教改关系一度紧张。但当他参加了监区系列“仁”文化矫正教育活动之后，终于认识到“仁”的重要和“不仁”的危害，反省自己“不仁不义”行为既伤害了他人，也伤害了自己，在“仁”文化氛围中他逐渐有了不忍之心和愧疚之心，一改过去“巧言令色”的伪善面目，做到了“非仁无为，非礼无为”①，用实际行动，缓和了教改关系，消除了对立

① 《孟子·离娄下》。

情绪。

(四)有利于修复亲情关系,促进家庭和睦

孟子说:“仁之实,事亲是也……”①曾子说:“仁以为己任,不亦重乎?”②仁的实质是一份亲情和一种责任。然而,一些矫正对象在服刑之前由于缺乏责任,伤害了家庭;服刑之后,又尽不到责任,疏远了家庭,造成家庭关系一度紧张。这既不利于家庭和谐,也不利于矫正对象安心改造。运用“仁”文化矫正教育,能够让矫正对象立足亲情,反躬自省,回归爱心和责任,早日承担起家庭义务,与家人渡过难关,和谐相处。

矫正对象梁某,曾经在社会上打牌赌博,吃喝玩乐,挥金如土,把家庭败得一贫如洗,令亲人都很失望。他服刑之后,每次打电话都是向家人要钱,给家庭生活增添沉重负担,为此,妻子向他提出了离婚。通过“仁”文化矫正教育,梁某终于能够换位思考,反省自己这些年的所作所为,不仅没给家人带来一点幸福,反而让全家人遭受不少痛苦。他也终于明白,是自己失去了“爱心”和“责任”,才酿成了如今的苦果。从此,他不再向家人要钱,反而把自己每个月劳动的报酬积攒下来,寄回家里面补贴生活。梁某这些转变,让家人重新看到了希望,重新赢得了家人尊重,同时也改变了妻子要离婚的想法。

二、矫正对象仁爱观缺失的表现

对于一些矫正对象来说,因为缺失了正确的仁爱观,导致一些错误观念下的畸形行为,养成一些不良恶习,酿成一些不良后果,其中,最常见的表现有:

(一)思想执拗,行为放纵

孔子说:“苟志于仁矣,无恶也。”③人如果立志于仁爱,就不会做坏事了。相反,人如果缺失仁爱,就可能变得无所顾忌,肆无忌惮,思想执拗,行为放纵。一些矫正对象,他们往往因为缺乏“爱”,才不相信“爱”、才不讲“爱”。

矫正对象张某,从小父母离异,为此,父亲为他找了个后母。他本指望能够得到后母的爱,但由于父亲常年在外打工很少回家,后母只要有怨气就往张某身上发,小小年纪的他经常被后母打得死去活来。张某实在受不了后母折磨,曾喝过农药想一死了之,但没有死,后来他选择了离家出走。从此,他不再爱这个家。当他浪迹社会之后,行为变得放纵,最终因为犯抢劫罪被判刑10年。

---

① 《孟子·离娄上》。

② 《论语·泰伯篇》。

③ 《论语·里仁》。

（二）内心嗔恨，简单粗暴

孔子说："唯仁者能好人，能恶人。"①只有那些有仁德的人，在原则是非面前才能表现出爱憎分明。相反，一个缺乏仁爱的人，就很难感受到周围人的爱，看到的也多是晦暗与丑陋，心里很容易充满嗔恨、抱怨，行为也容易变得简单粗暴。

矫正对象李某，从小是个孤儿，靠吃百家饭长大，从未感受过父母的爱。当他懂事之后经常感到自卑，常常埋怨命运不公，抱怨社会不平，性格变得简单粗暴，由此，他曾3次持刀去抢劫犯罪。当他投入改造后，仇视政府和警察，经常不服管教，打架闹事。

（三）性格孤傲，遇事叛逆

孔子说："仁者不忧。"②因为仁者存公心，去私欲，乐天知命，不患得患失，所以不会忧虑。相反，人如果缺乏仁爱心，就会变得自私，不替人着想，喜欢我行我素，性格孤傲，行为叛逆，甚至错将别人的善念当成恶意，做出错误举动而导致后患。

矫正对象王某，因为犯故意杀人罪被判死缓2年，当他投入改造之后，感到漫长刑期痛苦难熬，不愿与人交流，平时郁郁寡欢，态度冷漠，性格孤傲。每次干警找他谈话时，总觉得干警要找他麻烦，心存戒备和抵触，虽然口头答应得很好，但之后，还是我行我素死不悔改，以致他前两年改造生涯处处受挫。

（四）待人冷漠，悲观厌世

孟子说："爱人者，人恒爱之；敬人者，人恒敬之。"③这是"爱出爱返"的做人规律。矫正对象往往由于缺乏仁爱才会冷漠无情，因为不爱别人，也很难得到别人的爱。长此以往，恶性循环，很容易丧失生活信心，产生厌世情绪。

矫正对象潘某，从小生活在单亲家庭，由于缺乏父母完整的爱，性格变得自私冷漠。当犯罪服刑后，只管向母亲要钱满足自己的虚荣，从不管母亲过得怎样。当潘某再一次找母亲要钱时，母亲因为实在没钱，怕儿子在监狱受苦，就铤而走险去贩毒，结果被判刑10年，送进监狱改造。当潘某得知这一消息后，第一时间不是想到母亲怎样，而是担心以后再没人给自己送钱了，感觉没钱的日子难熬，于是，产生了自杀念头。

三、"仁"文化在矫正教育中的运用

运用"仁"文化能够帮助矫正对象认识"仁"的本质，树立"仁"的观念，用仁德

---

① 《论语·里仁》。

② 《论语·子罕》。

③ 《孟子·离娄下》。

标准修正错误思想行为，重新回归爱心与责任。在“仁”文化矫正教育实践中，一些行之有效的矫正教育方法值得借鉴。

（一）“仁”文化在矫正教育中应用的形式

实践证明，在“仁”文化矫正教育当中，通过多形式、多途径、多层次的“仁”文化践行活动，对矫正对象陶冶“仁爱”情操，感受“仁爱”精神，增强“仁爱”信念，矫正“仁爱”观念，促进“仁爱”养成都有着积极和重要作用。

1. 营造仁爱的文化环境，陶冶“仁爱”情操

孔子说：“里仁为美。”①一个人能够居处在有仁德的地方，达到仁的境界才是最好的。“蓬生麻中，不扶而直。”②事实证明，良好的“仁”文化矫正教育环境，对于矫正对象思想情操、品行修养都具有潜移默化的影响作用。例如，某监狱在罪犯教育改造中，充分发挥“仁”文化矫正教育作用，打造“仁”文化矫正教育品牌，创新“仁”文化矫正教育形式，建设有“法廉、仁孝、宣誓”三大文化广场，营造“一监区、一品牌”文化环境，让矫正对象身临其境，耳濡目染，感受浓厚的“仁”文化气息，将“仁”文化内涵内化于心，外化于行，为培养矫正对象“仁爱”情操，矫正不良恶习发挥了积极作用。

2. 开展主题活动，感受“仁爱”精神

在监所教育改造中，开展“仁”文化矫正教育主题活动，对矫正对象影响非同一般。它既具有系统性、灵活性、时效性的特点，又能贴近矫正对象的改造生活，提升其参与兴趣，让矫正对象以“仁爱”为线索，围绕主题参与互动交流，充分感受“仁爱”精神。例如，某监狱自 2017 年开始，坚持每年举办“弘仁”文化主题艺术节，通过开展一系列以“仁”为核心的书画、演讲、辩论、文艺、亲情帮教等矫正教育活动，丰富了“仁”文化矫正教育内涵，提升了矫正对象“颂仁、思仁、行仁、弘仁”的思想境界。

3. 举办文化讲堂，增强“仁爱”信念

孔子说：“德之不修，学之不讲，闻义不能徙，不善不能改，是吾忧也。”③在这些忧虑中，孔子最担忧的就是仁德学习不够，然后才是不能择善而行。那么，在“仁”文化矫正教育中，通过举办“仁”文化大讲堂，就能够让矫正对象学会做人，提升仁德修养，增强改过自新信念。如某监狱开设了“启仁学堂”，就为矫正对象搭建起了一个“仁”文化矫正教育平台，通过一系列浸润人心的“仁”文化知识讲座，让矫正对象重新认识“仁爱”本质，树立“爱人”意识，学会做人智慧，增强“忏悔、守法、感恩、

---

① 《论语·里仁》。

② 《荀子·劝学》，原文是荀子说：“蓬生麻中，不扶而直；白沙在涅，与之俱黑。”

③ 《论语·述而》。

自新”的仁爱信念。

4. 开设专家咨询，矫正错误的“仁爱”观念

由于矫正对象“仁爱观”缺失原因、缺失程度各异，所以矫正方式、矫正过程也各有不同。在“仁”文化矫正教育当中，采用“仁”文化“专家咨询”，就能够把重点问题、重点对象交给有经验的人重点突破、重点矫正，充分发挥“仁”文化“行家矫正教育”作用，提升矫正教育效果。如某监狱开设的传统文化“心路访谈”矫正教育平台，以“专家咨询”方式，解决了不少矫正对象“仁爱观”缺失导致的思想问题、心理问题，化解了不少安全隐患和社会矛盾。

5. 倡导知行合一，促进“仁爱”养成

孔子说，学习的最高境界是“学而时习之，不亦说乎”①。“仁”文化矫正教育的落脚点是知行合一，学以致用，促进良好的行为养成。在“仁”文化矫正教育当中，“日行一善”是“知行合一”的最好体现。存好心、说好话、行好事、做好人，接近善根本性，断除一切恶念，才能实现由“监狱人”向“社会人”的华丽蜕变。

如某监狱在“仁”文化矫正教育中，将“日行一善”作为“仁”文化矫正教育“养成大法”，取得良好效果。一位矫正对象深有感触地说，自己手指因意外受伤时，身边每天都有“好心人”替她洗脸、洗衣、打饭、洗碗、搞卫生。不仅如此，只要监舍有人遇到难处，都会有一些“好心人”出来伸手相助，“日行一善”让原本孤寂冰冷的监禁环境变得和谐而温馨。

（二）“仁”文化在矫正教育中应用的方法

在个别矫正教育中，有一个重要原则，“一把钥匙开一把锁”。根据不同矫正对象特点，采用不同矫正教育方法，以增强矫正教育的针对性、灵活性、适用性，实现心灵有效沟通，提升矫正教育实效。在“仁”文化个别矫正教育实践中，根据矫正对象“仁爱观”缺失特点，总结出了一些简单适用、切实可行的矫正教育方法。

1. 以诚相待，用真情传递温度，暖化心灵

真心、真情既是“仁爱”精神的体现，也是打开矫正对象心门的“金钥匙”。真心才有真情，真情才有温度，温度才能融化矫正对象冰封的心门，从而让矫正对象愿意倾诉，乐于接纳。

矫正对象蔡某，从小经常遭受父亲责打，心里面产生阴影，认知上出现偏差，经常怀疑自己不是父母亲生的，由此，他不相信任何人。当监狱干警找他谈话时，往往坐下不到 5 分钟就走人。监狱干警批评教育他，他就直接要求警察关他禁闭，监狱

① 《论语·学而》。

干警拿他十分头痛。但当干警调整矫正姿态，体现对蔡某真诚关爱之后，蔡某终于平下心来，敞开心扉，道出了自己的成长经历，干警才找到蔡某问题症结。最终，干警用“仁”文化矫正教育，纠正了他的错误偏见，化解了他多年积累的怨结。

2. 引经据典，用文化启迪智慧，促进反思

“仁”文化是中华文化历经砥砺的智慧结晶，具有深厚的实践基础和理论依据，其中，一些经典名句是传承中华优秀文化的重要载体，在“仁”文化矫正教育中，适时引经据典，就能够达到生动传神，寓教于意，启迪智慧，促进反思的矫正教育效果。

矫正对象蔡某，当他出现“仁爱”认知偏差后，觉得别人都不爱自己，于是，对周围人产生嗔恨，用粗暴方法解决问题。他在监狱服刑期间，因为打架斗殴被“重点监管”，但当他通过“仁”文化矫正教育之后，对“爱人者，人恒爱之；敬人者，人恒敬之”等经典语句有了深刻领悟，明白“仁”的真谛是爱人，懂得“恨不止恨，唯爱止恨”的道理，一改过去错误偏见，学会了“以责人之心责己，用恕己之心恕人”①，最终赢得了周围人的接纳与尊重，顺利回归了家庭和社会。

3. 换位思考，用亲情检讨良知，回归爱心

孔子说：“己所不欲，勿施于人。”②其中，既体现“换位思考，将心比心，替人着想”的“仁爱”精神，也反映为人处世的大智慧。运用“换位思考”的方法，能够帮助矫正对象设身处地，反观自我，检讨良知，找回爱心和责任。

矫正对象梁某，凡事只顾自己不管他人，经常埋怨父母无能，抱怨妻子不贤，结果和妻子离婚后，破罐破摔，沉迷赌博。当他倾家荡产走投无路时，又去抢劫，最终把自己送进了监狱。在“仁”文化矫正教育中，干警运用“换位思考”法，让梁某置于身父母、妻子位置之上，将心比心，反观自我，最终他才有了良知，痛恨自己真不是人。从此，他不再抱怨，用爱心和责任激励自己踏实改造，悔过自新。

4. 就事论理，用时事适时教育，明理开悟

“时事教育”是根据新近发生的新闻事件，不失时机揭示其问题本质而进行有针对性的矫正教育方法，能够让矫正对象从问题本质中增长见识，明理开悟，从而改变观念，积极向善。

2020 年春节期间，一场来势凶猛的新冠肺炎疫情席卷全国，这是一次疫情传播速度快、感染范围广、防控难度大的重大突发公共卫生事件，这对国家来说是一次危机，也是一次“大考”。在疫情“大考”中，考出了中国抗击疫情负责任的大国担当，考出了中国共产党领导的中国特色社会主义制度的显著优势，考出了全国人民

---

① 《增广贤文·上集》。

② 《论语·卫灵公》。

大团结的力量，考出了中华民族以"人民至上，生命至上"的"仁"文化精神。不少监所用抗击疫情的事实，启发矫正对象增强"五个认同"，强化个人责任和民族大义，坚定"仁爱"信念，取得了很好的效果。

第三节 案例实操

一、罪犯基本情况

龚某，男，1975 年生，汉族，高中文化。2015 年 6 月，因合同诈骗罪被判刑 4 年，并处罚金人民币 40 万元。龚某入狱之后能认罪服判，积极改造，但认为自己服刑都是前妻一手造成的。2018 年 9 月，龚某在临近释放前 2 天，主动找到警察，报告自己还没有改好，不能回去。管教干警认为龚某平时精神正常，改造表现较好，但出现这个反常情况一定另有隐情，决定列入危险矫正对象。

二、罪犯教育改造方案的制定和实施

（一）犯因分析

1. 成长过程

龚某出生在全国医疗器械之乡的一个小镇，由于家族成员大都从事医疗器械生产和销售，家庭条件比较好。龚某从小就聪明好学，高中毕业之后，看到当地很多人都靠做销售医疗器械发家致富，于是选择了早工作、多赚钱，在一家大型医疗器械企业做起了业务销售员。

2. 社会经历

龚某由于头脑灵活，勤奋肯学，又能吃苦，很快就成了全镇销售冠军。龚某第一个在当地开奔驰小车，买了房、买了地。身价的飙升，也逐步养成了龚某专横跋扈、吃喝嫖赌的恶习，此时，他的妻子也有了外遇。龚某无法容忍妻子的背叛，制造车祸报复情敌之后逃到澳门豪赌，最后败光家产，欠一身赌债。被迫无奈回老家继续做业务，但由于手里没钱，就采取空手套白狼办法，导致触犯刑法，构成诈骗犯罪，被判刑 4 年。

（二）入监改造表现

由于龚某对自己的犯罪事实和量刑都能够接受，所以服刑期间服从管教，遵守监规，积极劳动，改造表现并没有多大起伏。只是出现情绪低落时，不喜欢跟人多说话，性格脾气变得暴躁。

（三）心理行为表现

龚某在服刑期间，认为自己出狱之后，事业、家庭再无回天之力，要想过上好日子已不可能，心有不甘。于是，他把所有失败原因归结于前妻身上，只想出狱后报复杀害前妻。但随着释放时间临近，他感到纠结，如果杀了前妻，自己性命难保；如果不杀前妻，心里怨气难消。这种矛盾心理纠缠导致恐惧释放。

龚某从小养成比较自我的性格，有时甚至不讲道理，心胸比较狭窄，自尊心、报复心都比较强。但头脑灵活，善于心计，善于表达，贪生怕死。

（四）教育矫治难点

1. 认知因素。龚某认为自己犯罪服刑，回家后一无所有，这些都是别人的错才导致的结果，不会、也不愿意从自己身上寻找失败原因。

2. 性格因素。龚某比较自我，心胸狭窄，性格暴躁，难以听进他人的正确意见，容易固执己见，导致一意孤行。

3. 心理因素。龚某觉得自己服刑已失去所有，相比前妻生活产生巨大落差，只想报复前妻解心头之恨，但又惧怕后果，这种矛盾心理，增加了矫正不确定性。

4. 时间因素。龚某埋藏 4 年之久的报复念头根深蒂固，而龚某只有两天就要刑满释放，如此短时间内要使其彻底放下怨恨，顺利回归社会，缺乏时间保证。

（五）矫治方案及实施过程

1. 摸准情况确定方向

方向是通向成功的基石。在这个案例中，“选择方向”主要做到了以下两点：

（1）摸清情况。任何一种矫正教育，首先都应当做到“知己知彼”，这样才可能实现“有的放矢”。干警通过了解发现，龚某在释放前不敢回家，主要原因是其内心存在对前妻的嗔恨，害怕回家真把前妻杀了会杀人偿命。龚某失败的一个重要原因是“为富不仁”。《道德经》中讲：“富贵而骄，自遗其咎。”人如果富贵到了骄横的程度，就已经给自己留下了祸根。当龚某做生意发财之后，专横跋扈，嫖赌逍遥，导致众叛亲离，一贫如洗，最后走上坑蒙拐骗、触犯法律的道路，被判刑入狱。

（2）确定方向。在了解了龚某失败和不敢回家关键情况之后，就能够从中判断，龚某失败痛苦的主要根源可以归咎于“不仁不义”。《论语》里面讲：“苟志于仁矣，无恶也。”①如果龚某有了一颗“仁爱”之心，那么他就不会有以上种种恶劣思想和行为。因此，对于龚某的矫正教育，实际上是一场“仁爱之心”的拯救行动，选择

① 《论语·里仁》。

“仁”文化进行矫正教育更为恰当。

2. 了解个性用好方法

个别矫正教育的过程就是思想观念转变的过程，而个别矫正教育特点之一是“一把钥匙开一把锁”，因人施教。在对龚某的矫正教育中，根据龚某的个性特征，运用了以下个别矫正教育方法。

（1）自我免疫法。这是一种通过激活矫正对象自身长处，战胜自我短处的矫正教育方法。在这个案例中，干警巧妙利用龚某好面子、自尊心强的个性特征，激活龚某“男子汉大丈夫，能伸能屈”和“好男不跟女斗”男子汉气概，抑制自己心胸狭窄，善于心计的不足。暂且把对错放在一边，先把龚某自尊心调动起来，有了良好姿态之后再去沟通，就容易起到战胜自我缺陷的免疫作用。

（2）成本比较法。在对龚某矫正教育中，干警还利用龚某是商人会算账的特点，启发龚某算了一笔“人生得失之账”。因为“为富不仁”怨恨他人，最终失去朋友、失去家庭、失去财富、失去自由、失去事业，甚至将会失去生命，让龚某从中明白了“怨恨”与“生命”孰重孰轻？懂得了人生该怎样取舍。

（3）鼓励倾诉法。这是一种通过对矫正对象正面积极肯定，让矫正对象把内心故事勇敢倾诉出来的方法。在对龚某矫正教育中，龚某开始不想把内心想法告诉监狱警察，但当干警揣透龚某心思之后，运用“鼓励倾诉”法，最终让龚某将自己人生经历和内心想法一吐为快。当龚某把内心积压的东西全部倾诉出来之后，心理压力如释重负，继而产生了一种渴望得到帮助的想法。

（4）启发引导法。矫正教育的过程是一种循循善诱、启发引导的过程，启发引导远比直接说教更有亲和力、感染力，也更容易被接纳。在对龚某矫正教育中，干警针对龚某“仁爱观”缺失问题，先后运用了一些“仁”文化名言警句和经典故事，启发引导龚某明理开悟，让龚某明白了“仁爱”的意义和“不仁”的危害。

3. 划分阶段做好过程

人的思想观念往往因为错综复杂的原因而变得“根深蒂固”，那么，思想观念转化也不可能一蹴而就，而是循序渐进的转变过程。在对龚某矫正教育中，干警根据龚某存在的不同问题，按照原因先后和矫正重点划分不同阶段进行重点矫正。

（1）心灵融冰阶段。在矫正教育初始阶段，矫正对象内心一般比较封闭，就像裹了一层厚厚外壳，里面东西出不来，外面东西进不去，给矫正教育设置了一道厚厚的屏障，这时候就需要给心灵融冰，让心灵松绑。在对龚某矫正教育中，龚某不想回家的原因从一开始闭口不说，到后来一吐为快，可以说“融冰阶段”和“融冰方法”都发挥了重要作用。

(2)教育启发阶段。教育启发是矫正阶段的主体,从了解问题到解决问题,其中会遇到许多新情况、新问题,“矫正”与“被矫正”之间往往会出现各种思想交锋,那么,“教育启发”将是这个主战场的主要手段。在对龚某的矫正教育中,干警针对龚某错误观念和心中怨结,用心倾听耐心启发,让他逐步树立起“仁爱”观念,逐渐认识自己过错,最终放下报复念头,重新走向新生。

(3)后续巩固阶段。矫正教育只有开始没有结束。“基础不牢,地动山摇”,如果没有稳定坚实的基础,矫正对象就可能会出现反复,矫正教育成果就会功亏一篑。为筑牢基础,防止反复,干警在龚某回归社会以后,及时为他提供就业和创业帮助,鼓励他利用有效资源发挥一技之长重新创业。当龚某在自己熟悉行业赚到第一桶金后,重新创办了自己企业,生存条件的改善,让他尝到“仁爱”甜头,更加坚定了“仁爱”信念。

4. 根据缺失巧用仁文化

前面讲到“苟志于仁矣,无恶也”①。孔子说,当一个人立志于仁时,他就不会做什么坏事了。那么,“仁”文化矫正教育的本质,就是运用“仁”文化培养矫正对象的“仁爱观”,从而抑制其心中恶念,使其真正成为对社会有用的新人。在对龚某的矫正教育中,干警针对龚某“仁爱观”缺失问题,主要运用了以下“仁”文化的内容。

仁爱观缺失一:当龚某赚了钱之后,开始变得“不仁不义”,专横跋扈,嫖赌逍遥,与妻子离婚后,报复合伙人李某,逃到澳门又继续豪赌,输得倾家荡产。

“仁”文化运用一:运用《孟子·尽心篇》中的“穷不失义,达不离道。”启发龚某,人穷的时候不丧失道德标准,发达的时候也不可以背弃做人原则;运用《孟子·离娄上》中的“家必自毁,而后人毁之”使其明白,一个家庭首先必定是自己先破坏,然后别人才跟着破坏你的家庭;运用《道德经》第四十四章中的“知止不殆”使其懂得凡事应该适可而止,这样才不会遇见危险。

仁爱观缺失二:当龚某赌博输得身无分文之时又“不仁不义”,采取空手套白狼,用欺诈手段损人利己,导致违法犯罪而身陷囹圄。

“仁”文化运用二:运用《国语·晋语六》中的“智人不诈,仁人不党”使其知道真正有智慧的人不会施诈,真正仁爱的人不会结党,让龚某认识是自己的“不仁”行为才把自己送进监狱。

仁爱观缺失三:当龚某即将刑满释放时,仍然存有报复杀害前妻的“不仁之心”,才导致害怕自己杀人偿命,不敢回家。

---

① 《论语·里仁》。

“仁”文化运用三:运用《论语·卫灵公》中的“己所不欲,勿施于人”使其懂得如果自己不想失去生命,推己及人也不要去伤害别人;运用《孟子·离娄上》中的“行有不得,反求诸己”让其知道不如意的事情应从自己身上寻找原因,是自己的“不仁”行为才让自己陷入困境。

仁爱观缺失四:龚某面对前途感到迷茫,认为出狱后没有希望,担心自己很可能再次反复,做出对社会“不仁不义”的事情。

“仁”文化运用四:运用《孟子·离娄下》中的“爱人者,仁恒爱之,敬人者,人恒敬之”使其懂得爱别人的人,别人也经常爱他;尊敬别人的人,别人也经常尊敬他的为人处世之道;运用《道德经》第七十九章中的“天道无亲,常与善人”让其明白自然规律对任何人都没有偏爱,永远帮助有仁德的善人。给龚某出狱后指出了一条光明大道,重振他对新生活的信心。

5. 了解需求巧妙跟进

干警通过了解发现,龚某想报复前妻的另一个重要原因,认为自己出狱时年龄已大,不可能再回到从前,既然走投无路,不如拖人垫背,这种极度自卑、恐惧、不甘心理加剧了他走极端想法。干警揣透龚某心思之后,决定对他“扶上马送一程”,当龚某刑满释放之后,一边鼓励他做自己熟悉的事情,一边帮他修复与一家大型医疗器械企业关系,解决了货源和资金周转问题,这为龚某重新创业助了一臂之力,让他感受到社会温暖,更加坚定了回报社会的“仁爱”信念。

三、教育改造成效

通过以上“仁”文化教育矫正,龚某最终认识了失败的真正原因,并且有了恻隐之心,打消了报复前妻的错误念头,顺利回归了社会。一年之后,龚某又重新创办了自己的医疗器械公司,过上了新的幸福生活。

四、案例讲评

“黄金无足色,白璧有微瑕”,每一个矫正教育案例都必定有它的成功和不足之处。从龚某释放前企图报复杀害前妻不敢回家,到龚某彻底转变观念放下心中怨恨,重新成为社会新人的矫正教育过程中,其成功与不足之处也显而易见。

(一)矫正教育成功之处

1. 矫正平台成熟。当监狱干警接到龚某不想回家报告之后,之所以立即启动“传统文化矫正教育”,一是因为龚某思想问题适用传统文化矫正教育;二是因为监狱已经具备成熟的传统文化“心路访谈”矫正教育平台。实践证明,对于一些矫正对象思想问题，采用传统文化矫正教育效果更加明显。

2. 启动方案及时。“发现问题及时介入”，这是矫正教育的基本要求。如果矫正对象思想问题得不到及时化解，就可能随时酿成更多危害。尤其对于龚某马上要刑满释放情况，如果不迅速启动矫正方案，也许病还没治好人就出院了，等于给社会埋下一颗定时炸弹，将会贻害无穷。事实证明，及时启动对龚某的矫正教育方案，为成功矫正教育赢得了时间。

3. 矫正方向正确。确定矫正方向是矫正教育的第一步，方向对了矫正教育就等于成功了一半。根据龚某存在的问题，干警找到了其失败的根本原因就是“缺乏仁爱”。进而明确“仁”文化的矫正教育方向，达到了事半功倍的效果。

4. 矫正步骤明晰。“物有本末，事有始终，知所先后，则近道矣。”①在矫正教育中，懂其因果，知其先后，就能把握事物之间规律，做到环环相扣，有条不紊，步步为营。在对龚某的矫正教育过程中，干警采用上述五步矫正法，每一步都目标明确，任务清晰，承上启下，层层做实，确保了整个矫正教育稳步推进。

5. 症结把握准确。“症结”是矫正教育的难点和核心，也是“仁”文化矫正教育的重要依据。知其然并知其所以然，才能有的放矢，百战不殆。在对龚某的矫正教育案例中，干警找到了龚某“家庭破裂、倾家荡产、诈骗犯罪、报复杀妻”等各种问题症结，为“仁”文化矫正教育提供了正确依据，增强了矫正教育的靶向性和实效性。

6. 个性了解透彻。了解矫正对象个性特征是进行有效沟通的重要前提。不同个性特点采用不同矫正教育方法，才能达到出奇制胜的矫正教育效果。在对龚某的矫正教育过程中，干警了解并利用龚某“好面子、自尊心强、善于表达、心胸狭窄、报复心强、工于心计、贪生怕死”等个性特征，分别采用不同矫正教育方法，成功化解了其思想和心理问题。

7. 沟通方法正确有效。《论语》中说：“人而不仁，疾之已甚，乱也。”②对于不仁的人，如果逼迫得太厉害就会出乱子。对龚某的矫正教育中，干警明知龚某是“不仁”之人，为避免激发矛盾，干警采用了自我免疫、成本比较、鼓励倾诉、启发引导等矫正方法，让龚某明理开悟，主动接受，回归仁爱，回归正道。

8. 文化运用到位。在矫正教育中，如果把问题比作“靶子”，那么“仁”文化就是“子弹”，靶向越清晰，子弹越准确。在龚某的“仁”文化矫正教育中，干警针对龚某“仁爱观”缺失问题，将“仁”文化运用得恰到好处。

9. 跟进矫正有效。“上帝关上一扇门同时会开启一扇窗”，这让绝望者看到希

---

① 《大学疏义》。

② 《论语·泰伯》。

望。对于大多数矫正对象而言,他们往往最担心的就是回归社会之后能否正常生存?对前途感到悲观或绝望。在对龚某矫正教育中,干警考虑龚某的后顾之忧,专门给予后续跟进帮扶,让龚某重新实现就业和创业,更加坚定了改恶向善信念,进一步巩固了矫正教育成果。

(二)矫正教育不足之处

从龚某积压多年心理怨恨,直至临近刑满释放时才主动暴露,反映出一些问题。一是一些矫正对象思想问题隐藏较深,不容易被察觉,"集中传统文化矫正教育"还有待加强;二是个别矫正教育还需主动出击,争取做到问题早发现、早解决;三是后续矫正教育还需进一步向社会延伸,尤其做好与当地相关部门的有效对接,联动协作,共同消除社会隐患。

思考题

服刑人员孙某深信"马无夜草不肥,人无横财不富",认为凭劳动力赚钱一辈子都翻不了身,听说贩毒来钱轻松快捷,于是干起了贩卖毒品的违法犯罪活动,最终被人民法院判处有期徒刑5年。孙某入监改造后,仍然心有不甘,还想着"墙内损失墙外补",等自己刑满释放之后还要继续贩毒,再搞一笔大买卖赌一把:万一被抓住,大不了再坐几年牢;万一没被抓住,就一夜暴富了。很显然,孙某的错误观念导致他丧失了"人性",只想自己发财,不顾毒品给他人和社会带来的严重危害,这种"不仁不义"的思想如果带回社会,将会贻害无穷。由此,干警决定对孙某的教育矫正工作的切入点为"仁"文化。

请根据以上材料,练习思考:

1. 干警将孙某纳入"仁"文化矫正教育的理由是什么?请拟定一份对孙某的"仁"文化矫正教育方案。

2. 结合监所教育改造要求,谈谈新形势下对"仁"文化矫正教育的思考。

第二章 “孝”文化与矫正

案例

矫正对象廖某，出生于武术世家，曾2次犯罪2次被判刑，廖某曾在法庭上扬言，“等出狱之后要找法官算账”。廖某的儿子在他服刑7年时间里，更是3次犯罪、3次服刑还染上毒品。廖母已经86岁高龄，仍孤苦一人等待儿子回来养老送终，但廖某却认为自己还算是个孝子，自己曾经3次离婚、3次娶妻都因为容不得妻子对自己母亲不好。就在监狱举办的一次“孝”文化矫正教育大讲堂上，廖某忽然有了悔悟，觉得自己的犯罪就是最大的不孝。于是，他遥对老母亲磕头忏悔，主动放弃了埋藏7年之久的报复念头。

如果你是廖某的管教干警，你会怎样进一步跟进廖某的教育矫正工作呢？

第一节 传统文化语境下的“孝”文化

“孝”文化是中国传统伦理道德的核心内容，在中华美德中，“孝”排在第一位。“孝”的含义非常广泛，小到家庭，大到家国，“孝”文化拥有丰富的矫正教育价值内涵。矫正对象往往社会责任感淡漠，他们往往意识不到自己的问题和错误，对家庭、社会、亲人、朋友有着诸多的抱怨和不满。由此可见，“孝”文化的教育在矫正对象教育矫治中的重要地位。为了有针对性地对矫正对象进行“孝”文化教育，有必要从矫正教育的视角对“孝”文化进行解析。

一、孝文化的渊源与发展

孝道既是中国传统社会十分重要的道德规范，也是中华民族尊奉的传统美德。在中国传统道德规范中，孝道具有特殊的地位和作用，敬老爱老已经成为中华民族的一个优良传统。

孝道观念的产生,有着悠久的历史。五帝时期孝道开始萌芽,舜帝就是以孝闻名并对后世产生了深远的影响。《二十四孝》记载:"虞舜,瞽瞍之子。性至孝。父顽,母嚚,弟象傲。舜耕于历山,有象为之耕,鸟为之耘。其孝感如此。帝尧闻之,事以九男,妻以二女,遂以天下让焉。"舜的父亲、继母、弟弟都不贤良,但他仍然竭尽其所能服侍在父母身边,所以尧帝把天下传给了舜,舜后来又以孝治天下,由此可以看出当时社会对孝已经极为重视了。

西周时期,在重视祭祀先祖的基础上进一步丰富了孝的内涵。如周代将孝道作为人的基本品德。《周礼》记载了师氏"以三德教国子",并"教三行"。"三德"分别是"至德""敏德""孝德"。"三行"分别是"孝行以亲父母""友行以尊贤良""顺行以事师长"。① 孝道成为社会道德教化的核心内容。

春秋时期孝道观念继续理论化与系统化。有子把孝作为道德的根本。强调"君子务本,本立而道生,孝悌也者,其为仁之本与";孟子用"良知""良能"论证孝的内在根源,提出"事亲"的概念;荀子把道义作为最高的价值准则,主张"从道不从君,从义不从父"。

汉代以后,中国开创了"以孝治天下"的政治主张,传统孝道观念全方位地影响了后世的政治制度和法律制度以及社会生活,宋、明清时期都高度重视孝道的发展,孝文化发展到极致。朱熹是后汉儒家思想的集大成者。朱熹在继承儒家传统思想的基础上,吸收、融合了佛道思想,构成了一套系统的、严密的、哲理化的思想,他提出孝、悌、忠、信、礼、义、廉、耻。主张"父子有亲,君臣有义,夫妇有别,长幼有序,朋友有信"作为"五教之目"。他主张"后生初学"要看《小学》,要学习"洒扫、应对、进退之节",遵守"孝、悌、忠、信"等道德规范。

综上所述,孝道已成为中华民族五千年来繁衍生息、代代相传的优良传统与核心价值观。为了维护、形成这个孝道传统,各朝各代均有褒奖孝行、劝民行孝的各种举措。在西周的礼仪制度中,就有仲秋月(农历八月)"养衰老,授几杖,行糜粥饮食"(《礼记·月令》)的规定,各级地方官府每年都要为当地老人举行"养老礼",这也成为礼仪制度的重要内容,由此形成了中国古代社会尊老敬老的社会风尚。② 汉文帝时,诏令天下郡守,推举孝廉之士,授以官爵,孝谓曰"善事父母者",廉即"清洁有廉隅者"。例如,曹操、孙权等人都是举孝廉出身的,由此可见汉朝对孝道十分重视。清朝年间还举行过大型的尊老敬老活动——千叟宴。康熙六十一年(1722 年)正月初二,在乾清宫宴请 65 岁以上的老人,"命诸王、贝勒、贝子、公及闲散宗室等

---

① (清)阮元校勘:《十三经注疏》,中华书局 1982 年版,第 730 页。

② 朱筱新、李军编著:《中国传统文化》,中国人民大学出版社 2014 年版,第 15 页。

授爵劝饮，分颁食品，如前礼”。[①] 康熙还即兴赋诗，名曰《千叟宴诗》。

“百善孝为先”，孝道文化是中国传统文化的核心内容，“民用和睦，上下无怨”，作为中国特色社会主义社会理应承继这份道德遗产，发展这份优良传统，丰富中国特色社会主义的伦理精神与道德规范。

二、孝文化内涵的解析

“孝”是一个会意字，在金文中，“孝”字是由“老”和“子”两个字组成，它的意思是一个小孩子搀扶着长着长长胡须的老人，本意为尽心尽力地奉养父母。正如许慎在《说文解字》中的解释：“善事父母者，从老省、从子，子承老也。事父母为孝。”因此，中国传统的“孝”就是“善事父母者”为孝，也就是说，“孝”的基本含义就是尽心奉养父母。

《孝经》中说：“夫孝，天之经也，地之义也，民之行也”；“人之行，莫大于孝”；“教民亲爱，莫善于孝”；“夫孝，德之本也”。在中国传统文化中，为人子女孝顺父母，是天经地义的法则，是人们应该身体力行的。

（一）什么是孝

1. 奉养

孝就是赡养父母，就是要保证父母最基本的物质生存条件，不让父母挨饿受冻。这是人们通常对孝的认知。《诗经·唐风·鸨羽》中就讲：“不能艺稷黍。父母何怙？”说明早在先秦时期，奉养父母就是人类作为子女的最基本的责任和义务。《孝经》也云：“用天之道，分地之利；谨身节用，以养父母，此庶人之孝也。”所以至春秋末期，奉养父母已成为“孝”最基本的内涵。

2. 无违

“孟懿子问孝。子曰：‘无违’……子曰：‘生，事之以礼；死，葬之以礼，祭之以礼。’”（《论语·为政》）在论语中，孔子及其弟子多次对孝的问题进行探讨。孔子认为父母在世时要以“礼”来侍奉他们，父母死后要以“礼”来安葬他们，依“礼”来祭祀他们。依礼侍奉父母，这就叫孝。

3. 敬爱

“子游问孝。子曰：‘今之孝者，是谓能养。至于犬马，皆能有养；不敬，何以别乎？’”子夏也曾问孝，子曰：“色难。有事，弟子服其劳，有酒食，先生馔，曾是以为孝乎？”（《论语·为政》）在这里孔子强调的不是给父母提供最基本的物质条件，而是

---

① 《清实录》总第6册（《圣祖仁皇帝实录》第3册），中华书局1985年版，第869页。

内心的尊敬,孔子认为连(家里的)犬马都能得到给养。(如果)不尊敬,怎么进行区别呢?并且对父母而言,最难的不是赡养,而是对父母保持和颜悦色。

4. 劝谏

子曰:“事父母几谏,见志不从,又敬不违,劳而不怨。”(《论语·里仁》)孔子主张子女要顺从父母,但不是绝对的服从,父母有不对之处、或错误之处,要明确提出来,只不过态度要和气,语言要委婉。否则,如果因为无原则地顺从而使父母陷入违法或不义,就是不孝。

5. 不要让父母为自己担心

“孟武伯问孝。子曰:‘父母,唯其疾之忧。’”(《论语·为政》)为人子要让父母对自己放心,除了担忧自己生病之外,不会因为其他事情,更不会因有陷入违法犯罪的可能而让父母担惊受怕。

孔子还说:“父母在,不远游,游必有方。”(《论语·里仁》)儿行千里母担忧,当父母年老的时候,要常在父母的身边尽孝道。如果要远离父母,也要为父母安排好了再出行。

(二)什么是不孝

孟子提出了“不孝”的五条标准:

“世俗所谓不孝者五:惰其四肢,不顾父母之养,一不孝也;博弈好饮酒,不顾父母之养,二不孝也;好货财,私妻子,不顾父母之养,三不孝也;从(纵)耳目之欲,以为父母戮(羞辱),四不孝也;好勇斗很(狠),以危父母,五不孝也。”(《孟子·离娄下》)意思是:懒惰不赡养父母;酗酒、聚赌,不赡养父母;贪吝钱财,只顾自己小家;放纵享乐,让父母感到羞辱;好勇斗狠,连累父母,这些都是不孝的行为。

孟子这五条标准中,其中有三条讲要赡养父母。在物质条件极端艰苦的情况下,赡养父母就是首要的也是最重要的孝行。《唐律疏议》中规定:“供养有阙”即为不孝。除了物质上的赡养父母外,孟子还看重子女对父母精神上的慰藉,子女应该让父母为自己感到骄傲,不能让父母为自己感到羞辱;子女应该让父母对自己放心,不应该好勇斗狠让父母为自己担心,更不能由此连累父母。所以孟子强调孝顺父母是事孝的根本,反之,则为不孝。

(三)孝的阶段

《孝经》云:“夫孝,始于事亲,中于事君,终于立身。”

孝有三个阶段,幼年时侍奉双亲;中年时为国尽忠,为民服务;晚年时修身立德,这才是孝道的完成。古人认为,一个人肉体死亡,并不是真正意义上的死亡,如果后世还流传着他的名字,还有人在怀念他,他就没有真正死亡。所以一个人如果因为自己的修德立身，扬名后世，而使父母在青史上留名，这就是最大的孝。

综上所述，传统文化中“孝”文化包括两个方面，事生与事死。事生，是在父母在世的时候对父母的态度；事死，是父母死后对丧事的承办和对父母的追忆。从以上对孝的论述中可以看出，传统中国人所说的孝，是建立在亲情、真情基础上的孝顺，物质上的赡养只是最基本的要求，更强调对父母内心的尊敬以及个人人生价值的实现。“大孝尊亲，其次弗辱，其下能养。”最高层次的孝是使双亲受人尊敬，其次是不使双亲声名受辱，最低层次的孝才是赡养双亲。因此，爱惜自己，认真工作，在事业上取得成就，让父母为子女自豪；为国建功立业，让父母与有荣焉，就是对父母最大的孝。

中国传统道德的“孝”，并非仅限于家庭或家人的范畴，“老吾老，以及人之老；幼吾幼，以及人之幼。天下可运于掌。”（《孟子·梁惠王上》）所以中国传统的孝道还包括社会上的其他老人，让他们老有所养。

不过，古人讲“孝”，在很大程度上过于强调顺从父母的意志。“曾子曰：‘孝子之养老也，乐其心，不违其志，乐其耳目，安其寝处，以其饮食忠养之’。”（《礼记·内则》）不违背父母的意志，也就是顺从，这种愚孝，要求子女绝对顺从父母的意志。这在很大程度上体现了中国传统的等级观念和家长制作风，与社会的进步和发展是极不相适应的。今天，社会提倡的“孝”，则是“孝敬”，即尊重、尊敬父母。

三、“孝”文化的当代价值

百善孝为先，中国传统文化又被称为“孝”文化，“孝”文化是中国传统文化中最具特色的内容。

（一）有助于个人修身养性

《孝经》说：“夫孝，德之本也，教之所由生也。”把孝视为是一切德行的根本，一切的德行都从孝延伸出来的。正如《弟子规》所言：“入则孝，出则悌”，兄弟之间的友爱，是从孝中来的；“物虽小，勿私藏；苟私藏，亲心伤”；廉洁也是一种孝心。“孝悌”与儒家最为重视的仁义礼智信等德行都有密切的关系，“仁之实，事亲是也；义之实，从兄是也；智之实，知斯二者弗去是也；礼之实，节文斯二者是也；乐之实，乐斯二者，乐则生矣……”（《孟子·离娄上》）孟子认为仁的实质是侍奉父母；义的实质是顺从兄长；智的实质是明白这两者不能分割；礼的实质是调节、修饰这两者；乐的实质是乐这两件事，欢乐由此而产生。因此，孝是道德的本源，也是道德的归宿。孝道是传统中国人修身养性的基础。通过践行孝道，个体可以完善自身的道德；失去孝道，就失去做人的最起码的德性。因此，倡导孝道，并以此作为培育下一代道德修养的重要内容在当代仍然具有重要的现实意义。

（二）有助于家庭关系的和谐

儒家非常重视家庭的作用，强调用孝道规范家庭。儒家认为实行孝道，可以长幼有序，促进家庭和睦。人之行，莫大于孝。因为孝是人类出自本能的一种感情。“哀哀父母，生我劬劳”（《诗经》），因为儿女会感受到父母发自内心的慈爱，所以也就会自然而然地对父母产生这种孺慕、恭敬之心，并且形成“你养我小，我养你老”这样很亲近的反哺式的亲子关系。

当代中国已经进入老龄化社会。让老年人老有所养、老有所依、老有所乐、老有所安，关系着家庭和社会的和谐稳定。虽然近些年来，我国家庭养老的功能有日益弱化的趋势，但中国的养老方式依然是以家庭养老为主，这是几千年形成的传统模式。这种模式所赖以存在的社会基础就是传统的孝道观念。但随着社会的发展，家庭的转型，传统的孝道观念也开始淡化，歧老、虐老的事件也不时发生。在这样的情况下，宣扬传统的孝道文化，积极倡导尊老、敬老、助老的传统美德，具有非常重要的现实意义。

（三）有助于社会的和谐与稳定

“孝”有助于社会的和谐与稳定。《礼记·大传》曰：“自仁率亲，等而上之，至于祖；自义率祖，顺而下之，至于祢。是故，人道亲亲也。亲亲故尊祖，尊祖故敬宗，敬宗故收族，收族故宗庙严，宗庙严故重社稷，重社稷故爱百姓，爱百姓故刑罚中，刑罚中故庶民安，庶民安故财用足，财用足故百志成，百志成故礼俗刑，礼俗刑然后乐。”意思是：从恩情上讲，从父亲开始逐代上推以至于远祖；从道义上讲，从远祖开始逐代下推以至于父庙。由此看来，爱其父母乃是人的天性。爱其父母就必然会尊敬祖先，尊敬祖先就必然会尊敬宗子，尊敬宗子就必然会团结族人，团结族人就必然会宗庙尊严，宗庙尊严就必然会重视社稷，重视社稷就必然会爱护百官，爱护百官就必然会刑罚公正，刑罚公正就必然会百姓安宁，百姓安宁就必然会财用充足，财用充足就必然会万事如意，万事如意就必然会礼俗美好，礼俗美好就会普天同乐。

儒家讲究推己及人，由近及远。每个人从孝敬自己的父母出发，自然会发展到尊敬别人的父母，乃至尊敬天下的老人。这就是我们所谓的“老吾老以及人之老，幼吾幼以及人之幼”。孝不仅是传统家庭伦理的基础，它也是整个社会伦理的基础。

虽然“孝敬”不强调子女无条件的顺从，但“孝敬”本身所具有的敬重、尊重被进一步强化，更体现了“孝”的本质。在构建和谐社会的今天，弘扬中华民族优秀的

“孝道”传统是十分重要和必要的。社会形成孝敬父母，孝敬老人的良好风气，将更有助于增进人与人之间的友善、和睦，促进社会和谐与安定。

（四）可以激发国人的社会责任感

“夫孝，始于事亲，中于事君，终于立身”，从家庭内亲子关系上升到家国天下的范畴。修身齐家治国平天下，这是儒家矢志不移的追求。儒家修身的目的也正在于治天下。因此，立身之孝就会导致先天下之忧而忧的国事关怀。

时代在变化，行孝的方式在变化，但不变的是孝心，一颗尊老敬老爱老的心。孝，不仅是子女对父母的情感，而是超越了家庭伦理的范围，上升到对国家的忠诚，提升到“天下兴亡匹夫有责”的历史责任感。

将孝道从家庭推及社会，有助于在全社会范围内形成和谐、和睦的社会风气，这也正是“孝”文化流传的意义所在。由此可见，“孝”文化中天然就有引导矫正对象修身立德、培育其家庭责任感和家国情怀的教育内涵，拥有丰富的矫正教育价值。

第二节 矫正语境下的“孝”文化

第一章讲到，“仁”的核心是爱人，其根本是孝悌。孔子认为“夫孝德之本”①，孝顺父母，友爱兄弟，这是仁德的根本。孔子又说：“其为人也孝悌，而好犯上者，鲜矣！不犯上，而好作乱者，未之有也。”②一个人如果真正做到了“孝悌”，那么，他的人性就得到了很好改造，就能够遵守社会规范。相反，一个人如果连自己的父母都不孝敬，又怎么可能对社会尽责？从古至今中国人很重视“孝”的价值和“孝”的教育，认为孝道即人道，遵守孝道即遵守人道。对于“孝”文化矫正对象，他们往往在家不知恩感恩，养成不良习惯，缺乏家庭责任；当进入社会以后就很容易沾染不良恶习，最终危害个人、家庭和社会。运用“孝”文化矫正教育，则能够从道德根本上促进矫正对象懂得知恩感恩，回归爱心责任，明白善恶因果，提升道德修养，成为社会新人。

本节主要讲解“孝”文化在矫正教育中的相关运用。其中，包括“孝”文化在矫正教育的作用；“孝”文化矫正对象的特征；“孝”文化矫正教育的方式等内容。

---

① 《孝经·开宗明义章》。

② 《论语·学而》。

一、"孝"文化在矫正教育中的作用

《孝经》里面有一段重要的话:"教民亲爱,莫善于孝;教民礼顺,莫善于悌。"①孔子认为"孝悌"是教导人民如何亲爱他人、关怀他人、尊敬他人最有效的方法。孔子的学生有若也认为:"其为人也孝弟,而好犯上者,鲜矣;不好犯上,而好作乱者,未之有也。"人们如果能够在家中对父母尽孝,对兄长顺服,那么他在外就可以对国家尽忠,就不会发生"犯上作乱"的事情,这样就可以促进国家和社会安定。实践证明,"孝"作为一种传统道德规范,不仅在调节人际关系、促进社会和谐等方面发挥着重要作用,而且对矫正对象树立感恩之心、培育家国情怀,增强责任意识、改善家庭关系;走出孝的误区、学会正当作为,树立敬畏观念、加强自身修养,懂得善恶因果,改掉身上恶习,化解心里怨结,消除安全隐患等方面都有重要的促进作用。

(一)有利于树立感恩之心,帮助矫正对象认罪悔过

如上节所讲,"孝"具有三个阶段和层次,最初从侍奉父母开始,然后效力于国家社会,最终建功立业,功成名就,践行"孝"还应推己及人,"老吾老以及人之老",如果增强矫正对象"孝"文化观念,就能够培育他们的感恩之心,帮助他们认罪悔过。

矫正对象林某,由于过失致人死亡被判刑4年,在服刑期间,他认为自己已做出了巨额赔偿,法院还是量刑过重,于是对政府心存抱怨,对前途丧失信心。通过"孝"文化矫正教育之后,他终于有了恻隐之心,能够推己及人,换位思考,认识自己赔款服刑,再怎么也偿还不了一条无辜生命,弥补不了受害者家人的永恒伤痛。由此,他生起一种感恩之心,感谢政府让自己赎罪,感谢家人为自己付出。从此他振作精神,回家之后孝敬老人,关爱妻儿,重新创办自己的公司。当新冠肺炎疫情肆虐全国时,他积极主动参加社区"抗疫志愿者"组织,每天穿梭在"抗疫"第一线,林某的无私付出,体现了在大灾大难面前的一种家国情怀。

(二)有利于增强责任意识,改善矫正对象家庭关系

《孝经》中讲:"夫孝,天之经也,地之义也,民之行也。"孔子认为,为人子女孝顺父母,是天经地义的法则,是人们应该身体力行的事情。"孝"更多地强调了人们对于家庭社会的一种责任和义务,因为有责任、尽义务,家庭才能够和谐幸福。因此,中国人讲孝,往往与赡养父母、生儿育女结合起来,每个人都看重家庭,都看重自己在家庭角色中的责任和义务。对于矫正对象,如果通过"孝"文化矫正教育,则能够

① 《孝经·广要道章》。

增强他们的家庭角色意识，自觉承担责任和义务，修复因犯罪而受到损害的家庭关系，促进家庭和谐。

矫正对象许某，曾因吸毒由一名国家公务员变成一名阶下囚，导致妻子与其离婚，父亲去世，母亲、小孩无人照顾的悲惨结局，面对家庭变故他无能为力，只能隔墙悲叹。但当他通过“孝”文化矫正教育之后，回归了孝心，认识到自己做儿子、做丈夫、做父亲的责任，在回归社会之后，坚决远离了毒品，凭借在监狱学的一技之长，又重新担负起赡养母亲、培养孩子的义务。一年之后，妻子见证他的改变和他复了婚，再次获得了家的温馨。

（三）有利于树立敬畏观念，加强矫正对象自身修养

中华民族孝道观，既是一种家庭责任，也是一种重要的社会规范。孝的社会意义在于维持一种社会和谐，即对长者和统治秩序的敬畏和服从。《孝经》里面说：“教以孝，所以敬天下之为人父者也；教以悌，所以敬天下之为人兄者也；教以臣，所以敬天下之为人君者也。”[①]数千年来，人们把“孝”视为天性，也作为人兽的区别标志。孟子讲：“不得乎亲，不可以为人；不顺乎亲，不可以为子。”[②]《唐律》规定，凡是侍奉父母不善的，以“不孝”罪给予处罚。我国法律也对“不孝”行为作了明文规定。由此可见，“不孝”既受道德谴责，也受到法律惩罚。那么，根据这个原理，通过“孝”文化矫正教育，就能够让矫正对象明白“孝”的责任，知道“不孝”的后果，增强“孝”的敬畏意识，提升“孝”的道德修养，知道有所为有所不为。

矫正对象徐某，在染上赌博和吸毒恶习之后，背义负德，六亲不认，经常伤害父母，最终被父母赶出家门，走上犯罪道路。当他接受了“孝”文化矫正教育之后，认识到了赌博、吸毒都是违法行为，如果不戒掉这些恶习，迟早将会受到法律惩处。同时，也知道“身体发肤，受之父母，不敢毁伤，孝之始也”[③]的道理，吸毒就是糟蹋自己身体，终将会连累到父母妻儿。由此，他有了敬畏和愧疚之心，当他刑满释放之后，彻底戒掉了赌博，远离了毒品，又重新回归了家庭。

（四）有利于懂得善恶因果，改掉矫正对象生活恶习

孟子指出：懒惰不劳动、下棋好饮酒、贪财偏爱妻儿、放纵声色、逞强斗殴，这五种行为都是不孝。因为这些习气都将给自己和家人埋下祸端。孔子认为：君子对父母尽孝，就能够移作对国君的忠心；对兄长恭敬，就能够移作对前辈或上司的敬顺；在家能够处理好家务，做官就能够移作治理国家。由此可见，一个人“孝”与“不孝”

---

① 《孝经·广至德章》。

② 《孟子·离娄章句上》。

③ 《孝经·开宗明义章》。

命运将会截然不同。因此,对矫正对象的“孝”文化矫正教育,能够让矫正对象明白行孝的重要性,有助于矫正对象对自身错误行为的反省。

矫正对象吴某,14 岁时就不肯读书了,在社会上游手好闲,打牌、抽烟、喝酒、玩游戏,还顶撞谩骂父母。19 岁时,他染上了赌博恶习,最终两次犯罪服刑。他并不知道犯罪根源在哪里。通过“孝”文化矫正教育,他终于认识到自己心里无父母、无妻儿、无法纪、无敬畏,才会导致行为放纵、恶习不改,在违法犯罪道路上越走越远,最后让自己和家人遭受更多痛苦。今后,只有担负起做儿子、做丈夫、做父亲的责任,才能够除掉恶习,改变命运。

二、矫正对象孝道观缺失的表现

上文中说孟子曾经列出了不孝的五种情况:懒其四肢;博弈好饮酒;好货财,私妻子;从耳目之欲;好勇斗狠等。这是孟子根据当时社会人们的不孝行为所列举的种种现象。在现代社会中,尤其是对于矫正对象来说,他们的不孝行为也都具有一定典型特征。

(一)抱怨父母,怨天尤人

父母把我们抚养长大,付出的心血是可想而知的。有些矫正对象总是埋怨父母,怨父母没有本事,不能给自己提供优越的生活条件;埋怨父母啰嗦,总是教训自己……对于这些矫正对象来说,他们对父母的抱怨,就是不孝的表现。

矫正对象董某,43 岁,出生农村,家庭贫困,虽然父母含辛茹苦把 4 个孩子都抚养成人,但他从不念及父母养育之恩,而是一直抱怨自己生不逢时,抱怨父亲没能力给自己在城里买房子,让自己和妻子租房子住。由于好逸恶劳,贪得无厌,最终他从事贩卖假钞犯罪活动,被判刑入狱。当他投入改造之后,虽然父亲已经离世,但他仍然抱怨父亲没给自己留下任何遗产,没把自己从监狱里救出去,让自己待在监狱里受苦受累。从董某的这些行为可以看出,董某属于典型的“啃老族”,只知索取,不愿付出,以怨报德,最终才会导致投机取巧,违法犯罪,自食苦果。

(二)自私自利,我行我素

爱父母既是一种感恩,也是一种责任。如果不懂感恩,丧失责任,就会变得自私自利,无所顾忌,浑噩度日。一些矫正对象,他们往往在社会上自私自利,我行我素,只顾自己享乐,不管家人死活,让亲人伤心失望;当服刑之后又没有目标,打发刑期,浪费时光,让亲人苦不堪言。

矫正对象石某,母亲属于先天性智障,父亲一个人养活了全家四口,生活困难重重。可是,当石某初中毕业之后,并没有想到为父母减轻点负担,而是不听父亲劝告，在社会上游手好闲，招摇撞骗。当他结婚之后，更不听妻子好言相劝，仍然恶习难改，我行我素，冒充警察，最后因犯招摇撞骗罪被判刑 4 年。当他服刑之后，妻子离他而去，留下 9 岁儿子交给年迈多病的父亲抚养。石某明知道老父亲每月都靠政府低保费和捡废品收入帮他抚养儿子，但他从不管家人怎样，只顾自己在监狱怎样宽裕、怎么打发刑期，继续以各种理由向老父亲要钱，让一家人叫苦不迭。

（三）漠视亲情，伤及亲人

矫正对象如果缺乏孝道，就会漠视亲情，背义负德，在父母面前唯我独尊，稍不满足，就恶意相加，伤害父母。

矫正对象徐某，小时候是父母将他从火坑里捡回一条命，由此，父母倍感愧疚，对他百般溺爱，万般满足。这样逐渐养成他自大任性、唯我独尊的坏习气，经常使唤、指责父母。当他成年之后，更无视父母劝告，不务正业，沉迷赌博，还染上了毒品。由于赌资和毒资消耗很大，徐某要父母卖掉房子替他还债、吸毒，对于徐某的无理要求，父母坚决反对。徐某六亲不认，将父亲手臂打骨折，叔叔前来制止，他又放火将叔叔的汽车烧毁。后来，徐某被赶出家门，最终，他走投无路去贩卖毒品，被判刑入狱。从这个案例可以看出，徐某“漠视亲情，背义负德，伤及亲人”的不孝行为，让他越走越远，愈加痛苦。

（四）嗔恨心重，报复心强

《弟子规》说：“恩欲报，怨欲忘；抱怨短，报恩长。”只有忘却怨恨，才可能去报答恩德。因为报恩是一件长久的事情，而抱怨只会失去报恩的机会，最终贻为不孝。但对于一些矫正对象，他们往往不会在乎人家的好，也不在乎身上责任，却把别人不好记在心上并伺机报复。如果这种嗔恨之心一直存在，那么将会不顾后果做出害人害己的事情。

矫正对象曹某，虽然在监狱服刑 7 年，但内心只有一个念头，就是等回家之后一定要把仇人一家杀了。他这个嗔恨之心，已经到了忘我状态，忘了家里面还有一位 80 多岁的老母亲，在苦等他回来养老送终；忘记了自己还有养育之恩没有报答。这件事情一旦真的发生，当曹某走向刑场的那一刻，也许才会牵挂起老母亲今后怎么样？也许才会有种“白发人送黑发人”的愧疚，但这一切都无济于事，只会留下一个“不孝子”的恶名。

（五）好勇斗狠，违规违纪

孟子曾列举了不孝的第五种情况：“好勇斗狠，危及父母，五不孝也。”因为好勇斗狠，势必会出现“两败俱伤”情况，自然会让父母为平息事态出钱出力，赔礼道歉，担忧蒙羞，危及父母身心健康，这就是一种不孝。苏东坡说：“匹夫见辱，拔剑而起，挺身而斗，此不足为勇也。天下有大勇者，卒然临之而不惊，无故加之而不怒。此其所挟持者甚大，而其志甚远也。”真正有勇气的人，遇事不惊慌，受辱能控制自己情绪，因为他胸怀博大，修养深厚，志存高远。一些矫正对象，他们往往在社会上或为哥们义气，或为争名夺利，目无法纪，逞强斗狠，寻衅滋事，伤人害己。当服刑之后，又充当牢头狱霸，违规违纪，殃及自己和他人。

矫正对象郭某，性格暴躁，胆大好斗，过去认为混社会可以出人头地，最开始他跟社会上“大哥”混，后来凭借不怕死名气，自己带了一帮“小弟”称霸一方。可是法网恢恢，疏而不漏，每次在出事之后，他都难逃罪责。他曾 3 次因寻衅滋事被判刑，前后判刑 12 年，其中有 10 年没减一天刑，原因很简单，他恶习难改，经常在监内充当牢头狱霸，打架闹事，违规违纪，多次受到关禁闭、记过等处罚。从这个案例中可以看到，郭某“好勇斗狠，无法无天，违规违纪”的行为，不仅没能让自己出人头地，反而招致了更多牢狱之灾。

三、“孝”文化在矫正教育中的运用

实践证明，将“孝”文化运用到矫正教育中，根据矫正对象的孝文化缺失的现状，撷取“孝”文化精粹，对帮助矫正对象启迪智慧，陶冶情操，开阔胸襟，改变观念，增强责任，提升道德，悔过自新都具有十分重要的价值。

（一）“孝”文化在矫正教育中的具体运用

孟子强调“谨庠序之教，申之以孝悌之义”①的社会功能和作用。伴随着新时代监所教育改造的发展要求，监所“孝”文化矫正教育已被赋予新的内涵，矫正教育形式不断得到创新与发展。矫正对象在浓厚的“孝”文化氛围中，进一步增进“孝”的认识，弘扬“孝”的精神，筑牢“孝”的观念，走出“孝”的误区，提升“孝”的修养。

1. 营造“孝”文化氛围，弘扬“孝”的精神

在监所“孝”文化矫正教育中，营造“孝”文化氛围，已成为“孝”文化矫正教育一道靓丽风景。例如：一些监所建设有“仁、孝、忠、信、和、义”一区一品的文化监区；修建“孝”文化墙、“孝”文化走廊、“孝”文化广场；利用监所小报、宣传栏、广播站、电子屏等文化宣传阵地，开展丰富多样的“孝”文化宣传。将“孝”文化矫正教育内涵外化于形、内化于心，潜移默化影响矫正对象对“孝”的价值认同，弘扬孝道精神，遵守“孝”的准则，形成“孝”的风尚，让矫正对象乐在其中、悟在其中、行在其中。

---

① 《孟子·梁惠王上》。

2. 开设“孝”文化讲堂，筑牢“孝”的观念

开设“孝”文化矫正教育大讲堂，是“孝”文化矫正教育的重要形式。道不辩不明，理不讲不清，不少矫正对象因为迷失孝道，才容易导致违法犯罪，要想让他们重归正道，重做新人，就需要从“孝”的教育入手，使其懂得“何为孝、为何孝、怎样孝？”养成“尽责担当、尊老爱幼、明礼诚信、与人为善”的道德品质，筑牢“老吾老，以及人之老”的大孝观念，从灵魂深处断除恶念，回归良知。

如某监狱开设“孝”文化矫正教育大讲堂，针对矫正对象孝道观缺失问题，自编《解悟弟子规》《百善孝为先》等传统“孝”文化教材，在全省戒毒、监狱、社区矫正等场所推广，让不少矫正对象“知孝、悟孝，守孝、行孝”。某监狱一名罪犯在参加“孝”文化大讲堂之后，当场跪地向老母亲忏悔，主动放弃了多年来要报复法官的念头。

3. 举办“孝”文化活动，增进“孝”的认识

实践证明，监所适时开展“孝”文化矫正教育活动，能有效促进矫正对象设身处地，换位思考，增强亲情感、唤起同情心，树立爱的责任，加速自我改造。如某省司法厅监狱管理局针对一些服刑人员孩子成为事实孤儿特殊情况，联合社会力量，坚持开展“情暖高墙·关爱孩子”帮扶教育活动，每年让不少矫正对象感受亲情，感受关爱，感受责任；一些监所利用“特殊节日”举办“孝”文化矫正教育专题活动，让矫正对象与亲人团聚，身临其境感受亲情、感悟真爱、回归责任和孝心。一些矫正对象通过“孝”文化活动，认识到自己犯罪是最大的不孝，给家人造成了莫大伤害，从此不再向家里要零花钱，反而将自己劳动改造的报酬积攒下来，寄给家里补贴生活。

4. 开展“孝”文化咨询，走出“孝”的困惑

一些矫正对象面对漫长刑期感到悲观绝望，面对挫折一蹶不振，甚至有的在刑满释放时还存在“新生恐惧症”。他们要么感觉愧对家人，想远走他乡逃避责任；要么担心恶习难改，做不好又会犯罪；要么觉得不适应时代，会被社会抛弃。凡此种种，归根结底，都属于不知怎么尽责、不知怎么尽孝的问题。那么，开展“孝”文化咨询，就能够有效帮助矫正对象正确认识身上责任，明辨“孝”的因果，掌握改命方法，走出“孝”的迷茫，用爱心和责任重新拥抱新生。例如，某监狱创建服刑人员“传统文化心路访谈室”，10 年来，通过咨询、访谈等形式，先后帮助 3000 多名矫正对象走出“孝”的误区，成功挽回 80 多个濒临破碎的家庭，不少矫正对象在“孝”文化中觉悟，在“孝行”当中救赎灵魂，奔向新生。

5. 诵读国学经典，提升“孝”的修养

《弟子规》作为儒家启蒙教育经典，是一套系统性、全面性、可操作性较强的“孝”文化道德规范，通篇 1080 个字，以“孝”为核心，涵括了“孝、悌、谨、信、爱众、亲

仁、学文”等七个方面，讲述了 113 件做人做事的行为规范，其道德思想符合现代社会价值观要求，更符合矫正对象实际需要。目前，很多矫正场所将诵读、落实《弟子规》作为矫正对象“孝”文化教育养成重要一环。这种持之以恒、长期熏习、潜移默化，知行合一的“孝”文化矫正教育方法，已成为一种“孝”文化行为养成有效途径。

（二）“孝”文化在矫正教育中的运用应注意的问题

“孝”文化矫正教育的宗旨，是让孝道之根鲜活，让道德之树繁茂，把责任、敬畏、感恩的种子种进矫正对象的心田，让他们真实感受爱的能量、爱的责任、爱的神圣、爱的担当，从灵魂深处自觉成为有道德、有作为、守规矩的社会新人。在“孝”文化矫正教育实践与探索之中，应注意几个问题。

1. 应以诚动人

我国古代《学记》中提道：“安其学而亲其师，乐其友而信其道。”其反映了良好的师生关系对于学生的重要影响。那么，在“孝”文化矫正教育中，矫正者只有具备“真诚、平等、友爱、尊重、严慈”的人格魅力和高尚情操，才能够感染、感化矫正对象心灵，拉近彼此之间心理距离，引起情感共鸣，进而使矫正对象认同、接纳正确的世界观、人生观、价值观。

矫正对象贾某，虽然因抢劫犯罪被判刑 15 年，但在服刑期间一直不认罪，他认为自己是弱势群体，是社会贫富不均才导致自己去抢劫。加上自己案情性质恶劣，总认为监狱干警不会原谅自己，对干警的教育存在严重抵触心理。通过一对一“孝”文化矫正教育，贾某出乎意料，发现干警并没有像自己想象得那样，而是处处对自己尊重、关爱，由此，产生一种被接纳、被关怀的亲切感，进而对干警产生一种信任。后来在干警“孝”文化教育启发之下，他认识到了自己的犯罪行为给家人、给社会造成的严重危害，逐步从错误观念和自卑阴影中走了出来，明白幸福不是从别人手中夺回来，而要靠自己去创造。从此，他鼓起勇气，坚定信念，积极改造。

2. 要以情感人

陶行知先生提出“爱满天下”的教育理念，强调爱是教育的基础，是教育的灵魂。高尔基曾说：“只有爱孩子的人，他才可以教育孩子。”爱应当建立在一种信任、一种尊重、一种鞭策、一种激励、一种触及灵魂、动人心魄的情感之上。矫正者发自内心的关爱所流露出来的真情实感，最能够触动矫正对象心灵，激发其自我肯定意识，使其转化为一种自信、向上、进取的动力，从而达到矫正教育的目的。

矫正对象孙某是一名孤儿，因从小被人利用干了不少坏事，曾经两次犯罪判刑，前后服刑 11 年。他在刑满释放之前，一直认为自己的青春都葬送在高墙里面，对政府和社会充满怨恨，打算出狱之后继续破罐破摔。但是，通过“孝”文化矫正教育，他认识了虽然父母亲都已不在世上，但还是要“事死者，如事生”，毕竟父母给了自己生命，希望自己平安幸福。与此同时，干警多管齐下给予关爱，帮他提前找好工作，让他出狱之后遇到困惑时继续打电话咨询。通过爱心启发和爱心行动，孙某感到了干警的真情实意，消除了后顾之忧，同时也放下了怨恨心理。他说：“过去认为出狱之后反正‘一人吃饱，全家不饿’，做什么事情可以不考虑后果，甚至连杀人的心都有。现在觉得自己并不孤单，因为有干警的爱，有父母的爱，今后必须踏踏实实做事，规规矩矩做人。”

3. 应以文化人

中国传统“孝”文化凝结着中国人的伦理情感，生命智慧，人生哲理，其核心价值在于帮助人们明白事理，幸福生活。对于矫正对象，他们往往在违背孝道失败之后，却不知道失败的根源在哪里？那么，针对矫正对象思想行为，运用“孝”文化教诲，能够帮助他们启发智慧，认识孝道，剖析根源，知道敬畏，改变观念，纠正陋习，回归真我，真正实现以文化人的作用。

矫正对象邓某，17 岁参军，22 岁退伍，26 岁创业，这 10 年都是顺风顺水。可是，当他创业成功之后，思想开始放松警惕，追求奢靡生活，吃喝嫖赌样样沾边，最终他因为赌博败光了家里面所有积蓄。当走投无路时，战友帮他安排到一家酒店担任副总经理，为此，他也打算从此收心重新起步。但“天有不测风云”，不久，他父亲因为突发肠癌急需大量救治费用，情急之下他利用职务之便挪用公款 28 万元，最终落得被判刑 2 年的结局。可是邓某在服刑期间，并没意识到犯罪的深层根源，而认为挪用公款给父亲治病是尽孝，坐 2 年监狱值得。通过“孝”文化矫正教育，他幡然醒悟，虽然他是为父亲治病挪用公款，但他“博弈好欲酒，不顾父母之养”即为不孝，更何况他因为挪用公款犯罪，让父母因他感到耻辱，而且进了监狱之后就无法再侍奉父母，更是不孝。

4. 要以理服人

《孝经》中说：“陈之德义，而民兴行。”如果向人们陈述道德、义礼，人们就会去遵照执行。为什么会遵照执行呢？因为人们明白了其中的道理，渴望去遵循，不敢去违背。对于“孝”文化矫正对象来说，他们大多因为不懂孝道，缺乏真正道义，人生路才容易出偏而痛苦。运用“孝”文化矫正教育，就可以把“孝”的道理讲透，把“爱人者，人恒爱之，敬人者，人恒敬之”①，“害人终害己”的真理讲透，让矫正对象心悦诚服敬畏孝道，遵守孝道，自觉将孝道化成一种内在的行为修养。

---

① 《孟子·离娄章句下》。

5. 要以案警人

《围炉夜话》中讲:“百善孝为先,万恶淫为源。常存仁孝心,则天下凡不可为者,皆不忍为……”在中国几千年的“孝”文化发展变迁之中,人们把事亲行孝的道德规范,扩展为具有社会普遍意义的行为准则,成为实现家庭和睦、社会安定、民族团结的基本要素。

矫正对象往往因为漠视孝道、无视法律、缺乏敬畏而吞食苦果。因此,应注意运用典型案例进行警示,促使矫正对象从中明白是与非,善与恶,树立敬畏之心,增强责任意识,发挥“以案促教、以案促改”的警示作用。

如某监狱在“孝”文化矫正教育中,运用大量矫正对象真诚忏悔视频,以及回归社会后成功典型案例,制作成系列“矫正教育短片”进行案例矫正教育,受到矫正对象普遍欢迎,收到意想不到矫正教育效果。比如,前面讲到不少矫正对象,为什么通过一次“孝”文化矫正教育大讲堂就有了悔悟,并且放下了埋藏心里多年的罪恶念头呢?其中,一个重要原因,就是受到“孝”文化矫正教育大讲堂中几十个真实案例启发,让他们联系自己实际,见证“不孝”就会招致灾难,“孝”就能够改变命运的真理,从而自觉选择弃恶从善,弃暗投明。

第三节 案例实操

实操案例

矫正对象廖某,出生于武术世家,曾2次犯罪2次被判刑,廖某曾在法庭上扬言,“等出狱之后要找法官算账”。廖某的儿子在他服刑7年时间里,更是3次犯罪、3次服刑还染上毒品。廖母已经86岁高龄,仍孤苦一人等待儿子回来养老送终,但廖某却认为自己还算是个孝子,自己曾经3次离婚、3次娶妻都因为容不得妻子对自己母亲不好。就在监狱举办的一次“孝”文化矫正教育大讲堂上,廖某忽然有了悔悟,觉得自己的犯罪就是最大的不孝。于是,他遥对老母亲磕头忏悔,主动放弃了埋藏7年之久的报复念头。

廖某的思想变化引起监狱民警高度关注,随后对廖某进行了进一步“孝”文化矫正教育,期间有了新收获。原来,廖某儿子因涉嫌犯罪,在看守所关押期间被两名犯罪嫌疑人打伤。廖某前妻想借此造势给政府施压,让儿子从看守所放出来。当廖某得知这一情况后,认为这一切都是自己的错,主动向前妻忏悔并劝阻了前妻错误的想法。

为巩固矫正教育成果，监狱民警又联合当地政府成功化解廖某前妻与廖母之间的过结，廖某回家之后与前妻顺利复婚。廖某每天孝敬年迈的母亲，照顾养伤的儿子，还在山里养了几百只羊。看到父亲回家后由过去的“恶人”变成现在的“善人”，廖某的儿子既高兴又愧疚，也决心服从判决，痛改前非，重新做人。

一、矫正对象廖某“孝”文化矫正教育案例实操过程

从这个案例中可以看到，矫正对象廖某在经历两次犯罪服刑和7年改造之后，还想出狱后报复法官。是监狱“孝”文化矫正教育，让他有了悔悟，并彻底放弃了报复念头，最终重新成为有用的社会新人。那么，在此期间廖某存在已久的报复念头，究竟受到怎样的“孝”文化影响而被打消？监狱民警又是如何运用“孝”文化对其进行矫正教育的呢？在廖某“孝”文化矫正教育成功案例中，有哪些经验值得总结与借鉴？本节主要通过对廖某“孝”文化矫正教育实操过程进行讲解。

（一）分析情况，确定矫正教育的重点与方向

在传统文化矫正教育中，根据矫正对象观念缺失情况，选择不同类别传统文化对其进行针对、补充教育，称为矫正教育方向。比如，根据孝道观缺失情况，选择“孝”文化矫正教育方向。只有方向对头了，道路才会近，如何确保矫正方向正确？分析问题，寻找根源才是关键。

1. 分析问题

犯罪就是最大的不孝。廖某两次被判刑、服刑，却认为自己是个孝子，这明显是一种孝道观缺失表现。孔子讲：“父母唯其疾之忧。”①廖某两次被判刑，86岁老母亲苦等他十多年，这种让母亲担忧的行为已经违背了孝道；《弟子规》又讲：“恩欲报，怨欲忘，抱怨短，报恩长。”如果廖某还惦记着去报复别人，自然还会失去报恩机会，这又怎么算得上孝敬父母呢？廖某3次结婚，3次离婚，都认为妻子对自己母亲不好，是否存在“愚孝”？“养不教，父之过”，父亲没有做好榜样，儿子才会几次犯罪服刑，失去做父亲的责任更是一种不孝行为。

2. 寻找根源

能够看出的问题往往只是表象，而本质才是问题形成的关键。在矫正教育中，只有找到问题根本，才能为“对症施策”提供正确依据，达到标本兼治功效。

干警针对廖某表现出来的问题，分别找到了内在本质根源，为“重点矫正，精准

① 《论语·为政》。

施策”打下了良好基础。比如，廖某曾两次犯罪、两次服刑，殃及老母亲，其根本在于“不孝”；廖某曾经3次离婚、3次娶妻，没有尽到做丈夫、做父亲的责任，其根本在于“愚孝”；廖某想出狱后报复法官，可能再次失去给老母亲养老送终的机会，其根本在于“不懂孝”；廖某儿子在他服刑期间，3次犯罪、3次服刑，又被犯罪嫌疑人打伤，是廖某自己没有做好榜样，没有尽到做父亲的责任，其根本在于“大不孝”。

3. 选择方向

通过对廖某以上问题分析，干警能够断定，廖某形成这些问题的主要根源是“孝”方面出了问题，要想化解这些问题困惑，用孝道观念进行矫正教育是重点，因此，选择“孝”文化矫正教育更为合适。

（二）了解矫正对象的个性特点，进行针对性地教育矫正

这里讲的矫正教育方法，主要是指“孝”文化个别矫正教育方法。个别矫正教育最大特点之一就是针对性强，针对不同矫正对象个性特点，选择不同矫正教育方法。“方法”好比“频道”，只有“频道”对了，信息才能畅通，同样，恰当的矫正教育方法，才能收到良好的矫正教育效果。在对廖某的矫正教育中，民警根据廖某自尊心强，争强好胜，敢作敢为，性格直率，行为鲁莽，文化知识较低，但悟性较高的个性特点，主要运用了以下个别矫正教育方法。

1. 趁热打铁。这是一种趁势发力、乘胜追击的矫正教育方法。在本案例中，干警从廖某接受“孝”文化集中矫正教育后，思想有了悔悟，认识到自己犯罪是大不孝，遥对老母亲磕头忏悔，并放弃埋藏7年之久罪恶念头的情况中，一方面看到廖某的可喜变化，另一方面也看到像这样的矫正教育还不足以让廖某思想巩固，还要防止出现反复，因此必须趁热打铁，配合个别矫正教育，才能深入了解其思想变化情况，帮助梳理问题，增强认识，回归正道。通过干警及时跟进教育，果然又了解到廖某儿子因再次犯罪，被同监舍犯罪嫌疑人打伤，前妻想借此“闹访”，廖某正一筹莫展的新情况，这为进一步做好廖某矫正教育找到新突破。

2. 正面鼓励。这是一种通过正面肯定来鼓励矫正对象认识自我、相信自我，坚定信念，重振信心，激发动力的矫正教育方法。在这个案例中，干警根据廖某自尊心强的特点，首先肯定廖某觉悟性高，有悔过决心和行动，敢于说出并放下心里不好念头；进而表示相信这是发自廖某内心的忏悔，相信他一定能够做到。通过这样的肯定，让廖某有一种被认可、被信任、被接纳的感觉，从而更加坚定他改恶向善的信念。

3. 鼓励内省。这是一种反躬自省，促进自我觉悟、自我改造的矫正教育方法。

在本案例中，干警根据廖某悟性好的特点，运用“行有不得，反求诸己”[①]的传统文化，引导廖某针对自己遭遇，从自身寻找根源。最终廖某认识到，自己几次离婚都是“愚孝”造成的结果；儿子几次犯罪也都是自己没有做好榜样导致；老母亲无人照顾，日夜牵挂，都是因为自己犯罪而酿成；自己两次犯罪判刑，都是违背了道德和法律的原因。通过内省，廖某终于明白要想改变这些境遇，首先必须改变自己，从而进一步增强廖某自我改造的信念。

4. 树立目标。这是一种“破旧立新”的矫正教育方法。去掉一个旧想法，就必须树立一种新目标，这样思想才会有一种新寄托、新希望、新支撑。在廖某的矫正教育中，干警根据廖某主动放弃错误念头的情况，决定帮助他树立一种新生活目标。在干警启发引导下，廖某终于有了新想法：想和原配妻子复婚；想及时孝敬老母亲；想儿子伤势早日康复；想打儿子的犯罪嫌疑人能够得到公正处理；还想回家后创业，等等。这些新目标越具体，就越容易努力实现，就越有改好的希望。

5. 积极支持。这是一种帮助矫正对象解决实际问题，促使其实现美好目标，早日回归正道的矫正教育方法。在矫正教育过程中，虽然矫正对象已经觉悟，但要实现美好目标还有一定困难，如果不能实现目标，就很可能无功而返，丧失信念，半途而废。相反，尽力帮助矫正对象实现心中目标，就能够让其尝到甜头，加强改恶向善，重新做人的信念。在本案例中，干警为帮助廖某实现上述目标，争取监狱和廖某所在地政府相关部门的大力支持，走访不少关键人物，虽然历经一些艰难，但最终还是帮助廖某实现了心中愿望。由此，廖某更加坚定了回归正道，重新做人的信念，真正成为合格社会新人。

（三）确定各阶段的矫正教育任务

任何一种矫正教育都不是一蹴而就的事情，而是需要让矫正对象从“知道、悟到”，到“做到、得到”的蜕变过程。这就需要矫正者根据矫正对象实际情况，规划矫正教育目标，分阶段落实矫正教育任务，争取良好矫正教育效果。在对廖某的矫正教育中，干警根据廖某实际情况，规划并完成了各个阶段的矫正教育目标任务。

阶段目标任务一：根据廖某在接受“孝”文化集中矫正教育之后，有了醒悟并主动放弃报复念头，有了愧疚心的情况，制定的第一个目标任务是：趁热打铁，启动“个别矫正教育”方案，扩大和巩固矫正教育成果。

阶段目标任务二：根据廖某想和前妻复婚，想孝敬老母亲的愿望，制定的第二个目标任务是：联合当地政府部门，共同化解廖某前妻与婆婆、前妻与廖某之间的

① 《孟子·离娄章句上》。

怨结，为前妻和廖某复婚创造条件。

阶段目标任务三：根据廖某希望儿子伤势得到康复，打儿子的犯罪嫌疑人得到公正处理的愿望，制定的第三个目标任务是：联合当地政府部门及时救治廖某儿子，及时处理犯罪嫌疑人，让廖某吃下定心丸，更加相信政府。

阶段目标任务四：根据廖某想回家创业，但顾忌之前在当地名声不好，缺乏群众基础，制定的第四个目标任务是：陪同廖某到当地政府部门"负荆请罪"，利用复婚机会向老百姓"赔礼道歉"，赢得政府和群众支持，实现顺利创业。

通过以上各阶段目标任务的制定和圆满完成，廖某从思想上进一步认识了什么是孝、为什么要孝、怎样尽孝？最终用实际行动改变了命运，让当地百姓刮目相看。

（四）充分利用传统文化矫正教育资源

从廖某遭遇的一连串问题来看，不难发现，其主要症结还是在于廖某"不懂孝、不尽孝"才酿成的苦果。廖某在接受"孝"文化矫正教育之后，有了悔悟，主动放下了报复的念头。这充分表明，要想让廖某彻底摆脱困境，重获幸福人生，就需要用"孝"文化知识帮助深入剖析，深挖根源，纠正观念，真正回归正道。在对廖某的矫正教育中，干警根据廖某存在的问题症结，分别运用了相应的"孝"文化知识进行矫正教育。

问题症结一：廖某出生于武术世家，过去凭借一身武艺干了不少坏事，导致两次犯罪、两次服刑，为此让老母亲担忧、苦等了他十多年。廖某的这些行为既违背了法律，也违背了武德，更违背了孝道。

"孝"文化运用一：孟子说的五种不孝行为，其中"好勇斗狠，危及父母"①属于不孝。学武艺只是一种传承，必要时只能用在敌人或歹徒身上，否则就会伤及无辜殃及自己和家人，这样就是不孝。孟子说："仁者爱人……爱人者，人恒爱之；敬人者，人恒敬之"②，有仁爱心的人总会去爱别人，因为他懂得"爱出爱返"的规律，相反，伤害别人就会伤害自己。

问题症结二：廖某曾经3次离婚、3次娶妻的原因，都是认为妻子对自己母亲不好，最终导致没有一个完整的家，妻儿也跟着他一起遭受连累，而廖某从没反躬自问，3个妻子都有问题，难道自己没有一点责任？这种把婚姻家庭当儿戏的行为，竟然还认为自己是在行孝。

① 《孟子·离娄章句下》。

② 《孟子·离娄章句下》。

“孝”文化运用二:孟子说:“行有不得,反求诸己”①,凡事不如自己的愿望,都应当先从自己身上查找原因。荀子说:作为丈夫的要做到“致和而不流,致临而有辨”。② 如果在妻子面前蛮横不讲道理,处理事情简单粗暴,就不符合“为夫之道”就会导致家庭不和谐,让父母妻儿遭受连累,这样的行为就是“愚孝”。

问题症结三:当廖某再次被判刑之后,认为法官量刑太重,于是产生出狱后报复法官的想法,在服刑 7 年时间里他从未放弃这个念头,从没有考虑过家里面还有一位 86 岁的老母亲在苦等他回来养老送终,这种只想报仇,不去报恩的行为属于大不孝。

“孝”文化运用三:《弟子规》讲:“恩欲报,怨欲忘;抱怨短,报恩长。”只有忘却怨恨,牢记恩德,才是做人的道理。再说犯罪判刑并不是法官个人行为,不存在私人怨结。如果不念母亲养育之恩,还想去报复法官,就必定会再次受到法律惩罚,就可能失去孝敬母亲机会,导致更多痛苦,也必将留下“不孝子”恶名。

问题症结四:廖某儿子在他服刑 7 年期间里,3 次犯罪、3 次服刑,如今又因涉嫌犯罪被抓,在看守所期间被犯罪嫌疑人打伤,被民警及时制止并得到及时救治。面对儿子的遭遇,廖某从未想过是自己没给孩子作出榜样,没有教育好儿子,这是自己的失责,也是一种大不孝行为。

“孝”文化运用四:“有其父,必有其子”,“上梁不正,下梁歪”,“养不教,父之过”等这些传统教诲,都强调了为人父母“身教重于言教”的作用,也告诫为人父母如果不教育好自己的孩子,将来就可能毁掉孩子的一生,最终成为一大遗憾。

通过对以上问题症结的了解和相应“孝”文化资源的运用,廖某对“孝”有了全新的认识,对痛苦根源有清醒的了解,感到自己的犯罪服刑完全是咎由自取,他不再怨恨政府和他人,从根本上消除了罪恶念头。同时也为自己不孝行为给家庭、社会带来的伤害感到愧疚,对走出困惑有了方向感,对未来前途更加充满希望。

二、矫正对象廖某“孝”文化矫正教育案例分析讲评

对于任何一次成功或失败,都值得回顾与总结,有总结才能有提升。从廖某埋藏 7 年之久的报复念头,因为一次“孝”文化集中矫正教育猛然醒悟,并彻底放下,转念向善;到干警不断跟进,运用“孝”文化矫正教育,帮他彻底走出困惑,重新回归爱心和责任,回归家庭和社会。这不得不说是一个比较典型的“孝”文化矫正教育成功案例。那么,在整个“孝”文化矫正教育过程之中,它必然包含一些成功可取之

① 《孟子·离娄上》。
② 《荀子·君道》。

处,同时也有一些需要提升的地方,了解这些成功与不足,将更加有利于提升传统文化矫正教育的实际能力。

(一)矫正教育成功之处

1. 集中矫正扎实奏效。检验传统文化矫正教育效果如何的重要标准,是被矫正对象是否入脑入心,从中觉悟,向好改变。在对廖某的集中矫正教育中,从廖某埋藏7年之久的报复念头,通过一次“孝”文化矫正教育大讲堂有了悔悟,并当场跪地忏悔,不计前嫌的举动足以看出,这不是一堂简单的“孝”文化矫正教育课,而是一场触及思想灵魂,帮助回归孝道,回归良知的“孝”文化矫正教育工程。能够达到这样的效果,前提只有充分准备,用心投入,才能有这样的共鸣、共情、共识。

2. 个别矫正跟进及时。集中矫正教育好比一场“群体免疫”,而个别矫正教育才是“精准施治”。虽然两者目标一致,但个别矫正教育针对性更强、力度更大、收效更好。在对廖某的矫正教育中,干警根据廖某在集中矫正教育中有了醒悟的良好势头,趁热打铁,迅速跟进,及时调整矫正策略,进一步施行个别矫正教育。在个别矫正教育中,干警又了解到许多新情况,解决不少新问题,更好地促进廖某彻底改恶向善,回归正道。

3. 问题原因拿捏准确。暴露出来的问题往往只是表象,而形成问题的原因才是根本,抓住根本,才能有效解决问题。在对廖某的矫正教育中,干警梳理廖某遭遇的一连串问题,通过逐一分析,分别找到了这些问题存在的主要根源。比如,廖某曾两次犯罪、两次服刑,殃及老母亲的根源在于“不懂孝”;廖某曾经3次娶妻、3次离婚,根源在于“愚孝”;廖某想出狱之后报复法官,可能丧失给老母亲养老送终机会,根源在于“不知孝”;廖某儿子在他服刑7年期间,3次犯罪、3次服刑,又被犯罪嫌疑人打伤,根源在于自己没有承担好父亲的责任,属于“大不孝”。通过对以上问题根源剖析,为精准矫正提供了正确方向。

4. 矫正方法针对性强。个别矫正教育是针对矫正对象个性特点,采用不同矫正策略“量身定做”的矫正教育。在运用这个方法时,了解矫正对象特点,匹配个别矫正方法是关键。在对廖某的矫正教育中,干警掌握并根据廖某的个性特点,选择了趁热打铁法、正面鼓励法、反观自我法、树立目标法、积极支持法等策略,在廖某个别矫正教育中发挥了十分有效的作用。

5. 过程处理落实到位。矫正教育的过程,实际上是一个新、旧观念相互博弈的过程。任何一种观念都不可能凭空产生,也不可能凭空改变,而是需要在事物当中不断“感知、形成、固化”的结果。因此,做好每一个矫正教育过程,都将对矫正教育效果产生积极影响。比如,在对廖某的矫正教育中,干警根据廖某实际情况,规划并完成了“个别矫正教育;联合当地政府部门协调廖某与前妻关系;配合当地政府部门及时救治廖某儿子、处理犯罪嫌疑人;带廖某到当地政府司法所‘负荆请罪’并向老百姓赔礼道歉”等,随着这些阶段任务逐步完成,廖某的思想观念也不断变化、不断提升,同时也在用实际行动改变自己、改变家庭、改变命运。

6. 文化运用言近旨远。将深奥的东西简单化,将简单的东西生活化,将生活的东西习惯化,这是传统文化矫正教育运用的较高境界。传统文化博大精深,许多文言文往往言词简短,意义深远,矫正对象一般难以理解透彻,这就需要在针对问题用好文化的同时,联系实际扼要讲解,让矫正对象容易理解,容易记住,容易做到。比如,在对廖某的矫正教育中,干警针对廖某曾经凭借一身武艺干了不少坏事,导致两次犯罪、两次服刑,让老母亲担忧苦等的问题,运用了孟子说的“五种不孝行为”,指出“好勇斗狠”既违背法律,也违背武德,更违背孝道。解释练拳习武只是一种传承,必要时只能用在敌人或者歹徒身上,否则就会伤及无辜,殃及自己和家人。同时教给他化解问题的方法,要按照《弟子规》讲的“事诸父,如事父;事诸兄,如事兄;凡是人,皆须爱”去做人做事。解释孟子讲的“敬人者,人恒敬之;爱人者,人恒爱之”的道理。通过对这些“孝”文化知识的运用和启发,让廖某明白了爱别人是一种大孝,爱别人就是爱自己,爱的规律是“爱出者爱返”。由此,廖某更加坚定了对“孝”的信念。

7. 联动矫正效果明显。“冰冻三尺,非一日之寒”,许多问题根源都来自社会生活矛盾积累。那么,“融冰三尺,也非一己之力”,这就需要社会共同关注和参与。在对廖某的矫正教育中,干警针对廖某“愚孝”导致离婚,以及前妻“婆媳不和”的情况,联合当地政府相关部门,两次到廖某前妻和母亲家做调和工作,终于化解了婆媳之间多年的结怨。同时配合当地政府及时救治受伤儿子,处理打伤儿子的犯罪嫌疑人。通过联合矫正教育,让廖某感受到了温暖,改变了观念,回归了责任,回归了家庭,成为合格的社会新人。

8. 后续帮扶成效巩固。传统文化矫正教育“一直在路上”,这符合矫正教育的规律。传统文化矫正教育是一个多领域、多层次、多阶段,“体验 + 感悟”的认知过程。实践证明“扶上马,送一程”后续帮扶式矫正教育,对于矫正对象化解困惑,扎牢基础,增强信念,防止反复具有重要的促进作用。为帮助廖某在回归社会之后家庭重归于好,就业稳定,以身作则教育好儿子,在廖某刑满释放之后,干警送廖某回家,协助廖某成功复婚,陪廖某到医院教育儿子,并到当地司法所“负荆请罪”。通过这一系列后续帮扶行动,廖某思想行为发生了改变,当地百姓对廖某印象也在转变,由此,廖某对新生活更加充满信心。

（二）矫正教育不足之处

廖某埋藏7年之久的报复念头，理应多少都会出现一些异常表现，却一直都没被人察觉。当廖某接受了“孝”文化集中矫正教育之后，他才有了悔悟，并主动放弃了报复法官念头。从这两种情况来看，假如廖某早点接受传统文化矫正教育，或者已接受传统文化矫正教育，但矫正教育更深入、更有效的话，那么，也许他会早一天觉悟，对家庭、社会也少一些危害。由此可见，监所传统文化矫正教育在推广力度和运用质量上都还有待加强，这主要体现在三个方面：一是传统文化矫正教育程度还有待深入、普及；二是传统文化矫正教育模式还有待完善；三是传统文化矫正教育水平还有待提升。

思考题

“孝”是中华民族的优良传统和美德，中国人强调做人做事要“首重孝道”。“孝”是先从侍奉父母开始，进而扩展为对国家社会尽忠，最终才能建功立业，实现自己的人生价值。“孝”既是一种道德规范，也是被人们普遍认同的社会准则，它对促进家庭和睦，社会稳定，实现人类命运共同体都有着十分重要的价值。对于矫正对象来说，“犯罪就是最大的不孝”，因为他们的犯罪行为不仅违背了法律，同时也违背了道德。孔子说：“夫孝德之本”，道德的根本在于孝，犯罪意味着缺失了孝的修养。那么，运用“孝”文化矫正教育，就能够帮助矫正对象做到“知孝、悟孝、行孝”，进而从“孝”的根本上提升道德修养，增强责任观念，树立敬畏意识，真正弃恶从善，重做新人。

近年来，某监狱创新“文化靓监”发展思路，探索法律、道德、孝道之间内在关系，针对矫正对象犯罪根源，将传统“孝”文化植入教育改造中。自编《百善孝为先》《解悟弟子规》等优秀传统“孝”文化矫正教育教材；创建“孝”文化矫正教育大讲堂；开设“传统文化心路访谈室”，探索出一套“孝”文化矫正教育模式。10年来，“孝”文化矫正教育在全国监所、社区矫正机构，为矫正对象成功消除不少思想困惑，化解不少心理问题，帮助矫正对象走出“孝”的困惑，重新树立正确的世界观、人生观、价值观，拥有了新的幸福人生。由此，某监狱传统文化矫正教育也成为全国监所矫正教育的一张靓丽名片。

请根据上述文字内容，思考解析：

1.“孝”文化在监所“教育改造”中的作用。

2. 结合新时期监所教育改造工作要求，探索“孝”文化矫正教育的新途径。

第三章 “义”文化与矫正

案例

刘某,男,生于1981年12月,汉族,小学文化,2010年6月因犯抢劫罪被判有期徒刑6年。服刑期间,刘某情绪特别容易激动,常常因生活琐事与其他服刑人员发生矛盾,并依仗身强力壮经常欺负其他服刑人员。刘某的性格阴冷,监内服刑人员将其称为“冷面杀手”。梳理刘某人生经历:读小学时,因违反校规,不接受老师的教育,愤而退学。刘某辍学后结交了一些社会闲散人员,热衷于所谓的“江湖义气”,凭自己身材比同龄人高大的优势,到处惹是生非。违法犯罪后潜逃外省达两年之久,后因同案犯杨某交代其隐匿地址才被抓获归案。刘某在监内多次扬言:“以前,我对他们这么好,他们还是出卖了我,现在还有谁值得信任?”刘某感觉受到了朋友“背叛”。平时以自我为中心,约束能力差。做任何事情,从不考虑后果,不分对与错,通常是用暴力方式来解决矛盾,有时为一句话或一件小事而大动肝火,情绪极易被激惹。同时,刘某怨恨亲人,缺乏感恩之心。总是认为家人对其不关心,既不来看望他,也不寄钱寄物,经常在同犯面前扬言:家里的人全都死光了,没有任何亲人了。

刘某在人际交往方面存在错误的认知,这在矫正对象群体中具有一定的代表性,刘某的矫正教育方案应如何制订呢?

第一节 传统文化语境下的“义”文化

“义”作为儒家“五常”中的一个重要元素,与“仁”“礼”“智”“信”一起贯穿于中国传统文化发展中,共同构成中国传统价值体系的核心因素。孔子曾将“仁义礼”组成一个系统,曰:“仁者,人(爱人)也,亲亲为大;义者,宜也,尊贤为大;亲亲之杀,尊贤之等,礼所生也。”(《礼记·中庸》)“仁”与“义”并举,强调的是“爱人”与

"尊贤"。随着社会的演进与发展,"义"文化的内涵和价值意蕴也愈加丰富,自古以来中华民族关于"义"的文化解读就包含多种层面,无论是文人士大夫围绕"君子喻于义,小人喻于利"而展开的论争,还是"重利轻义""江湖义气"等关于社会道德的审视与批判,都贯穿于历史长河的多重文化表象中。在新时代的背景下,"义"文化也随着传统文化现代化的转化,被赋予了新的内涵,产生了创新性的发展。

一、"义"的词源分析与概念界定

"义"文化的内涵解读,源自对"义"的词源分析,而对"义"的精神阐释也应当以"义"的概念界定为前提。

从词源角度分析,"义"是"義"的简体。"義"的甲骨文和金文有""""""等多种写法,"義"按照六书分类属于会意字,上半部从"羊",代表祭牲,下半部从"我","我"的字形代表兵器,也可表示仪仗,或指高举的旗帜。"義"的小篆、隶书、楷书等字体均延续了其在甲骨文及金文中的基本字形,意指为了我信仰的旗帜而不惜牺牲。"義"从"羊"部,在上古时代,"羊"是用于祭祀的重要物品,祭礼的牺牲,牛、羊、豕(猪)俱用叫作太牢,如果只用羊、豕(猪)二牲则称为少牢,太牢级别高于少牢,但是羊为两者均需必备的牺牲。《左传·襄公二十二年》中即有"祭以特羊,殷以少牢"的记载。"羊"在古代文化中也往往包含着幸福、吉祥、美好等意蕴,"義""美",皆从"羊"就是最好的例证。可见"义"从造字之始即被赋予了美好品德及思想观念的意蕴。

"义"的本义及引申义非常丰富,从古至今,从观念出发而论及不同层面加以概括梳理,则集中反映在正义观、情义观、义利观三个方面。

二、"正义观"的内涵和价值意蕴

从学科分类和文化体系来看,"正义"属于伦理学和政治学的基本范畴。通常指人们按一定道德标准所应当做的事,也指一种道德评价,有"公正"的含义。在我国传统文化中,"正义"乃至其所带来的观念,即"正义观"具有典型的价值意蕴。"正"在《说文解字》中被解释为"是也。从止,一以止"。徐锴注:"守一以止也。"后引申为"不偏斜""合于法则""合于道理""改去偏差或错误"等多种含义。

"正义"一词,在我国最早见于《荀子》:"不学问,无正义,以富利为隆,是俗人者也。"正义观念应当萌芽于原始社会,在物质匮乏的环境中,人们普遍具有平等的观念,随着私有财产和阶级的出现,正义观遂成为儒家所倡导的重要观念之一。

周文王卧病之时,请姜太公与太子姬发共同前来,托付国家社稷,周公问姜太公“先圣之道，其所止，其所起，可得闻乎？”向其询问如何延续国祚传之子孙，姜太公所答被称为“起止之道”，其中有言“义胜欲则昌，欲胜义则亡”（《六韬·明传》），讲的就是“正义”的道理。如果正义胜过私欲，国家就能够昌盛；反之，如果私欲胜过正义，国家就会走向衰亡。姜太公所言可以适用于君王，鞭策太子姬发（后来的周武王）继续秉持治国之道，以正义战胜私欲，使国家强盛；同样也适用于普通人，作为每个人立足天地之间的处世之道。

“正义”的对立面是“不义”，“不义之财”与“不义之乐”是要被圣人及君子摒弃的。“孔颜之乐”指孔子与颜回的师生之乐，孔子在教导弟子时提到，“饭疏食饮水，曲肱而枕之，乐亦在其中矣。不义而富且贵，于我如浮云”（《论语·述而》）。这种“吃着粗粮，喝着白水，弯着胳膊当枕头”而体会到的乐趣，不仅是苦中作乐，也恰好能够体现出孔子的处世之道。在圣人眼中，用不正当的手段得来的富贵，就像是天上的浮云一般，是空余镜像，瞬间可灭的，不如挥挥手与之作别。

“正义”有时也意味着道德评价标准，自古“忠孝节义”是对大义之士的重要评判准则。三国时期，徐庶母亲的事迹被称为大义之举。徐庶本是刘备的军师，他帮助刘备击败曹军，曹操为了得到徐庶，采用了狡诈之法。他先将徐母迎到许昌，然后模仿徐母笔迹写信给徐庶，迫使徐庶投奔了曹操，徐母见到徐庶后愤然自尽。《三国演义》中，对于徐母见到徐庶赶至许昌的反应写得细致入微，感人至深。

“徐母勃然大怒，拍案骂曰：‘辱子飘荡江湖数年，吾以为汝学业有进，何其反不如初也！汝既读书，须知忠孝不能两全。岂不识曹操欺君罔上之贼？刘玄德仁义布于四海，况又汉室之胄，汝既事之，得其主矣，今凭一纸伪书，更不详察，遂弃明投暗，自取恶名，真愚夫也！吾有何面目与汝相见！汝玷辱祖宗，空生于天地间耳！’骂得徐庶拜伏于地，不敢仰视，母自转入屏风后去了。少顷，家人出报曰：‘老夫人自缢于梁间。’徐庶慌入救时，母气已绝。后人有《徐母赞》曰：‘贤哉徐母，流芳千古：守节无亏，于家有补；教子多方，处身自苦；气若丘山，义出肺腑；赞美豫州，毁触魏武；不畏鼎镬，不惧刀斧；唯恐后嗣，玷辱先祖。伏剑同流，断机堪伍；生得其名，死得其所：贤哉徐母，流芳千古！’”①

可见徐母是一个明智、贤达、刚烈的母亲，也有后人感喟：“子想母时方寸乱，母绝子时义当先”，“义”字当先，乃为后世典范。

除此之外，正义观的内涵里还包含着对诚信的要求。人言为信。信表达了人们对美好品德的赞美和传承，也是中国传统道德的重要组成部分。“与朋友交，言而

① （明）罗贯中：《三国演义》，人民文学出版社2019年版，第308、309页。

有信”(《论语·学而》),言语真实,取信于人,是人生行为的重要准则。“言必行,行必果”(《论语·子路》),要信守诺言,讲求掷地有声,约定好的事情,不负人不食言,不要轻易许下诺言,“轻诺必寡信”。2019 年颁布的《新时代公民道德建设实施纲要》,再次强调诚信是社会和谐的基石和重要特征。要继承发扬中华民族重信守诺的传统美德。在二十四字的社会主义核心价值观中“诚信”是基本内容,是公民个人层面的价值准则。诚信从个人角度来说是生存的根本,对家庭来说构成完整和谐的基础,对整个社会和国家来说有着不可忽视的影响。

三、“情义观”的内涵和价值意蕴

“情义”属于社会关系的范畴,可以理解为人情与义理,即亲属、朋友等社会关系之间应有的感情。无论处在哪个社会阶段,只要有人与人之间的情感交往,“情义”就会自然存在。“情义”连用,早期多用于表达男女之间的感情,《孔雀东南飞》是一首感人至深的长篇叙事诗,也是我国古代乐府诗发展史上的高峰之作,其中就有“今日违情义,恐此事非奇”的诗句,表达了对于“情义”的尊重与坚守,指出违背人情与义理之事,是不合适的。

“情义”很多时候也代表友情或恩情感情深厚。宋代大文豪苏轼谪居黄州的时候,曾经收到过一封来自杭州的书信和一些礼物,如茶叶、荔枝干等。收到这些礼物的苏轼非常感动,提笔写下了《杭州故人信至齐安》一诗,诗中有“故人情义重,说我必西向”的句子,苏轼曾和朋友陈师仲谈及这首诗,认为自己对杭州并没有太大的恩情,但是杭州人民仍对他念念不忘,让他感慨万分。苏轼曾两次在杭州为官。第一次到杭州任通判时,政绩较平,但是也曾写下“欲把西湖比西子,淡妆浓抹总相宜”等传神之笔,所以杭州百姓很爱戴他,“故人情义重”就是他与杭州人民情义深厚的见证。所以,当苏轼迎来第二次出任杭州的机会时,他修缮城门和粮仓、疏浚盐道,做了很多真正为百姓着想的政绩工程,最为著名的功绩就是治理西湖,清理淤泥,修筑堤坝,形成了生态治理和环境治理的双赢,这既源于苏轼的为民之心,也得益于杭州百姓与苏轼之间的深厚情谊,称得上是泽被后世的“民生工程”。

人非草木,孰能无情?“情义”对中国人特别重要,它是中国文化的底色。情义观代表亲属、朋友之间应有的感情。有情有义,是人之本性,重情义是中华民族的优良传统,也是我们现实生活中人与人之间联系的润滑剂。从传统文化继承发展的情义观,强调要忠诚老实、诚恳待人,要砥砺品德、刚正无私,要光明磊落、坦坦荡荡,确保亲情、友情、爱情高尚恒久,使之有益于自己,有益于亲人、友人、所爱之人,铸就守望相助,天下同心的人间大爱。

四、“义利观”的内涵和价值意蕴

谈及“义利观”,“义”与“利”往往相伴相生,义利之辨从未停歇。一方面,在国家层面和社会管理中,经常有士人围绕“义利”展开论争,力求寻得治世良方,力求达到义利平衡乃至双赢。另一方面,作为社会个体,如何看待“江湖义气”“重义轻利”,既关乎个人自处之道,也反映了人际交往之间的态度,在某种层面上也能体现个人的价值观念。如何理解和引导“义利之辨”是传统文化与现代教育相结合的重要内容。

“义利观”从先秦开始,就为各思想家所重视。孔子提出很多关于“义利”的论述,“君子喻于义,小人喻于利”(《论语·里仁》),“不义而富且贵,于我如浮云”(《论语·述而》),“见利思义”(《论语·宪问》),“见得思义”(《论语·季氏》)。孟子也提出和孔子相近的主张,“生,亦我所欲也。义,亦我所欲也。二者不可得兼,舍生而取义者也”(《孟子·告子上》)。荀子对“义利”的阐述更加深刻,认为“先义而后利者荣,先利而后义者辱”(《荀子·荣辱》),提出“以义制利”(《荀子·正论》),都体现了儒家学派所秉持的“重义轻利”“先义后利”的观点。

“义利观”的辩证焦点在于道德原则和物质利益的关系。“义”可以理解为合乎正义和公益的或公正合宜的道理或举动。“利”可以看作是物质利益。儒家主张“见利思义”,不是要一味地反对“利”,而是强调利益当前时,首先应该思考其是否符合道义,符合道义则可取,反之则不然,也就是孔子所倡导的“义然后取,人不厌其取”(《论语·宪问》)。同时,如何看待“利”也非常重要。真正的利,是建立在道义基础上的,需要双方寻求合作共赢,符合大家的整体利益,“利者,义之和也”(《易传·乾文言》),强调了要得到利益,就要讲求与道义统一的道理。欧阳修著名的政论文《朋党论》,开篇就提出“大凡君子与君子以同道为朋,小人与小人以同利为朋,此自然之理也”,从道义和利益两个方面来区分君子与小人,观点透辟,直接点明了社会群体分类的基本标准。

“义利观”也经常体现于“见义勇为”的行为及赏罚上。当前社会热议的话题之一就是见到老人跌倒是否应该上前扶一把,一些负面的报道让许多人从价值判断上对此类事件产生了困惑。在中国古代社会,“见义勇为”是被积极提倡并且以法律来保护的,目的就是引导大家以“义”为先,当有人需要帮助,就要救人于危困之间,而不能见义不为,甚至见利相争。子曰:“见义不为,无勇也”(《论语·为政》),孔子认为见义勇为是美德,如果看到应该挺身而出的事情,却选择袖手旁观,则是怯懦而缺乏勇气的表现。三国时期的吴国奠基人孙坚,是汉末群雄之一,军事家孙武的后裔，也是孙权、孙策之父。孙坚年轻的时候，在一次乘船外出的旅途中遇到袭击商旅的海盗正在岸边分赃，他挺身而出，单枪匹马与海盗周旋，靠智慧和勇气一举剿灭海盗，在当时传为美谈。孙坚也因为见义勇为的义举被任命为代理校尉，到军中任职。古代社会对见义勇为不仅有物质奖励，还授予官职，鼓励大家挺身而出击杀贼寇。对于见义不为的行为，从秦朝到清朝，大多从法律的角度进行处罚，多数施以杖刑甚至徒刑。赏罚分明的做法对于"见义勇为""以义为先"的观念形成了正向引导。

"义利观"内涵丰富，对后世也产生了极其深远的影响。我们应当取其精华，去其糟粕，形成正确的认识和态度，让传统的义利观在现代社会重放光彩。2013 年 3 月，习近平总书记访非期间，首次提出"正确义利观"。同年 10 月，在中华人民共和国成立以来的首次周边外交工作座谈会上，习近平强调，要找到利益的共同点和交汇点，坚持正确义利观，有原则、讲情谊、讲道义，多向发展中国家提供力所能及的帮助。2013 年 9 月，外交部部长王毅在《人民日报》发表《坚持正确义利观 积极发挥负责任大国作用》一文时引述了习近平对"正确义利观"的重要阐述："义，反映的是我们的一个理念，共产党人、社会主义国家的理念。这个世界上一部分人过得很好，一部分人过得很不好，不是个好现象。真正的快乐幸福是大家共同快乐、共同幸福。我们希望全世界共同发展，特别是希望广大发展中国家加快发展。利，就是要恪守互利共赢原则，不搞我赢你输，要实现双赢。我们有义务对贫穷的国家给予力所能及的帮助，有时甚至要重义轻利、舍利取义，绝不能惟利是图、斤斤计较。"①正确的义利观是我国处理对外关系的核心价值理念，也是中国特色社会主义伦理文化的价值导向和价值目标，标志着崛起的中国以什么样的价值观念规范自己和对待别人的精神风貌和道德文化。

第二节　矫正语境下的"义"文化

"义"是诚信的根基，当人们公平待人、诚信待人时，社会和经济才会实现正义。在矫正教育语境下，将"义"的思想和行为界定为正义、信义、仁义、情义和义利。

本节主要阐释"义"文化在矫正教育中的价值，通过明确在矫正对象中倡导什么样的义文化，列举矫正对象典型的不义行为，分析不义行为产生的原因，进而提

① 《中国外交的一面旗帜：正确义利观》，载人民网，http://m.people.cn/n4/2016/0811/c3296-7378647.html。

出矫正不义行为应该坚持的原则以及采取的针对性矫正方法。

一、“义”文化在教育矫正中的作用

思想一般也称观念，是客观存在反映在人的意识中经过思维活动而产生的结果，是人类一切行为的基础。行为是指受思想支配而表现出来的外表活动，思想是行为的基础，矫正对象错误的“义”文化思想，通过行为表现出来，矫正思想首先通过规范行为引起思想的转变。“行动的一切动力，都一定要通过他的头脑，一定要转变为他的愿望的动机，才能使他行动起来。”①“外部世界对人的影响表现在人的头脑中，反映在人的头脑中，成为感觉、思想、动机、意志。”②工作实践中，需要充分运用当前社会条件、工作条件、监所环境、警察文化素养等，对矫正对象施加影响，作用于其大脑，促使其感觉、思想、动机、意志得到转变。

在矫正语境中谈“义”文化，必须牢牢把握其针对性和目的性。矫正对象的特定性，决定了“义”文化影响的指向性，针对矫正对象这个特殊群体特征和个人年龄、文化程度、性格特点、违法犯罪性质等客观条件，分析原因，矫正失义行为，改变错误的“义”文化思想观念。实践工作中，需要研究矫正对象错误的“义”文化观念和行为表现，追根溯源分析固化错误观念的原因，坚持因材施教，制定针对性矫正教育措施，通过“义”文化的阐释及传播促使矫正对象改变并养成符合社会主义核心价值观的“义”文化观念，符合社会公序良俗的思想观念，符合新时代要求的思想观念。

二、矫正对象“义”文化缺失的表现

在抗击新冠肺炎疫情的行动中，那些最美的“逆行者”，是舍个人小利成就国家大义的典范，从钟南山院士到广大医务工作者，他们都是心怀大义之人，还有前几年出现的“最美女孩”刁娜、“雷锋传人”郭明义等正面典型。但受社会利益分化、社会价值多元化冲击，也出现了“小悦悦事件”，“彭宇案”之后出现了“老人摔倒应不应该扶”等关于“应不应该见义勇为”的疑惑之声；长江大学三名大学生为了抢救两名落水儿童而献身后，出现了“见义勇为值不值”，即“见义勇为时是否要权衡利益得失”的争论之声；在一些地方建立见义勇为基金时，出现了“应不应该对见义勇为者进行物质奖励”的质疑之声。究其原因是很多人内心之“小我”不断膨胀，逐渐模糊了公私边界。尽管一再警示“苟非吾之所有，虽一毫而莫取”，却总有人心存侥

---

① 《马克思恩格斯选集》(第4卷)，人民出版社1972年版，第247页。

② 《马克思恩格斯选集》(第4卷)，人民出版社1972年版，第228页。

幸、背弃公义，触碰红线。矫正对象曾经是被社会边缘化人群，不义的思想行为在他们身上表现尤为明显，具体表现为对于义利问题、江湖义气等认识的不确定或者模棱两可，对个人的行为不能作出正确的评价和预判，从而导致道德实践中的困惑，这也是导致违法犯罪的根源之一。矫正教育工作中，要针对矫正对象的困惑进行正确理论指导、正确舆论引导，增强道德判断力。要旗帜鲜明地指出，在社会主义社会，是非、善恶、美丑绝对不能混淆，倡导什么、抵制什么，坚持什么、反对什么，必须旗帜鲜明。总结矫正对象身上不义的典型表现，主要有以下几个方面：

（一）正义观的缺失

正义观念萌生于原始人的平等观，形成于私有财产出现后的社会。前文谈到，"正义"一词在中国最早见于《荀子》："不学问，无正义，以富利为隆，是俗人者也。"整体看来大多数的观点认为公平即是正义，用一句话说就是"同样的人同样对待"。给缺乏正义或者不正义的行为下个定义的话，凡阻碍人类社会进步与发展、损害公共利益和他人正当权益的行为都是缺乏正义的行为。矫正对象缺乏正义的突出表现为行为不正，将自己的不满，发泄到做错事的人身上，从而获得"正义"，满足了自己的"正义感"，或者只顾自己不顾他人和社会，以不正当的手段获得利益，如考试作弊、逃票乘车、制造贩卖假冒伪劣商品等。

矫正对象正义观的缺失，主要体现在不能心怀仁义上。"仁"是儒家的重要伦理范畴，对于不仁，孔子认为，花言巧语、巧舌如簧的人少有仁义之心。前文讲过三国时期徐庶母亲的大义之举，同样在历史演义小说《三国演义》中，对不仁义的情况也多有表现，最集中的体现就是心狠残忍、亏待、滥杀下僚，典型的如吕布、张飞；暗算他人为心胸狭隘者的不仁义之举，如周瑜的"既生瑜，何生亮"；诬告他人乃不仁义的小人所为，如袁绍手下反复无常的郭图和逢纪等人。在现代社会，矫正对象的不仁义表现更多地体现在损人利己或是损人损己上，有些矫正对象为了自身利益可以做任何事情，为了地盘、码头、金钱，可以不择手段，没有仁义之心，会走向偏误之路。

矫正对象正义观的缺失，同时也体现在缺乏应有的诚信上。2018 年春节前，全国 27 个省（自治区、直辖市），311 所监狱批准 999 名罪犯回家与家人团聚。结果这将近一千名的罪犯在规定时间前，百分之百返回监狱，没有一例意外事故发生。离监探亲体现着信任，检验的也是矫正对象的诚信。很多矫正对象缺乏诚信，甚至就是因为诚信的丧失而走上了违法犯罪的道路。现代社会对公民的"诚信"要求越来越高，如果被列为"失信被执行人"的老赖，将被限制乘坐高铁和飞机；老赖名单同步芝麻信用，甚至网购受限，不得高消费。失去了诚信，老赖将寸步难行。因此，培育矫正对象的诚信品质具有重大的现实意义,是矫正教育的基本着力点。诚信必须作为矫正对象个人生活和生存最基本的道德要求。

(二)情义观的缺失

情义是亲属、朋友之间应有的感情,有情有义,这是人性里本应该有的。《孔雀东南飞》有诗云:“今日违情义,恐此事非奇。”碧野在《山城灯火》中写道:“这是一个在危难中援助过我的人,他的情义,使我难忘。”矫正对象不重情义往往表现为近乎自私,心中只有自己,没有其他人,或者说在他心中任何人都可以舍弃。

(三)义利观的缺失

前文分析了义利观的内涵和价值意蕴。义利观的核心问题是怎样正确处理道德和利益之间的关系,涉及如何对待各种利益和自身利益之间的关系,也包括自身对待义利问题的态度和价值取向问题。在中国传统文化中,无论庙堂江湖,都存在义利之辨。在现代社会,义利观更实实在在深入我们的生活之中,成为新时代应遵循的“处世准则”,利可以被提及,但是要以义为先。很多矫正对象在价值选择上,优先提及的是利而非义,缺乏正确的价值判断标准,忽视社会基本准则,会付出惨重的代价。

义利观还体现在社会关系的处置中。有些矫正对象为人处世首要标准是“江湖义气”。“江湖义气”在我国古代社会本身具有一定的积极意义,行走江湖之间,以“义”为先,是很多侠士的共同选择。但是历经社会变迁,在现代社会出现了畸变。一部分人在社会交往中形成了去道德化,不以行为规范、价值取向为准,甚至不以法律为基础的狭隘义利观。矫正对象中存在的江湖义气主要指与我国传统文化和法律规范相背离,以个人英雄主义为中心,积极追求行为无价值和结果无价值的思想品质、行为标准和价值标准,也就是常说的“哥们义气”,大家互相吹捧、互相利用,通过烧香拜关二爷,结拜义兄弟、干姐妹拉近关系,“称兄道弟”,合伙进行违法犯罪活动。

三、不义思想行为产生原因

不义思想行为的产生,不外乎客观原因和主观原因,客观上受社会环境、中国传统文化中糟粕文化、西方价值观和家庭教育影响,主观上受个人自身成长因素影响。

(一)社会环境因素

环境改变人,社会环境在人的成长过程中具有不可替代的重要作用和特殊功能。“近朱者赤、近墨者黑”,接近好人可以使人受到好的熏陶,接近坏人可以使人受到坏的影响,“故曰与善人居,如入芝兰之室,久而不闻其香,即与之化矣。与不善人居,如入鲍鱼之肆,久而不闻其臭,亦与之化矣。[①]”“昔孟母,择邻处”,中国亚圣孟子的母亲,为了使孟子拥有一个真正好的教育环境,煞费苦心,曾两迁三地,说明了环境对人的影响十分重要。矫正对象在社会化的过程中,受功利主义、实用主义、拜金主义、享乐主义、极端个人主义的影响,其思想观念、价值取向、生活方式、道德标准等都发生着深刻的变化,是导致不义思想行为产生重要原因。因此,进一步加强构建社会主义和谐社会,推进社会主义精神文明建设,净化社会风气,为矫正不义的思想行为,进行“再社会化”形成良好的土壤十分关键。

(二)对中国传统文化的误读

中国传统文化中以儒家、道家文化作为重要代表,早期的儒家思想主张见利思义,是正确的思想,而且“孔子提倡‘义重于利’,孟子提出‘舍生取义’的命题,并没有否定物质利益的作用”,孔孟的这种义利思想对人的正确的义利观念的形成有一定积极影响,但是需要较稳定的社会环境。宋代程朱理学“存天理、灭人欲”观点,在一定程度上压制个人的利益诉求。“空讲气节,不及实际”。[②] 让大家羞于谈“利”,实则心里还想着利,这是一种自欺欺人、虚伪的做法。正是由于对这种模糊义利关系认识不清,矫正对象逐渐形成了不义的思想,也是导致其违法犯罪的重要原因。因此,在当前传统文化热的大背景下,如何辩证地、科学地看待传统文化,坚持用辩证的观点,取其精华、去其糟粕,教育引导,弘扬优秀传统文化,是在矫正教育工作的重要内容。

(三)西方价值观影响因素

邓小平同志指出:“打开窗户,新鲜空气会进来,苍蝇也会飞进来。”改革开放打开国门,在合作、交流与互相学习的同时,西方社会一些不良思潮趁机进入影响到很多人。如洛克的激进利己主义、18世纪法国百科全书派极端利己主义、边沁的功利主义以及20世纪杜威的新个人主义,把追求个人利益作为出发点和落脚点。个人主义既不利于社会和谐和发展,也不利于个人的发展。在极端个人主义、拜金主义、功利主义价值观等观念的影响,必然形成错误的观念,产生错误的行为。在西方不良思潮影响下,矫正对象往往是“易感人群”,因此必须时刻警惕,防止功利主义、个人主义、拜金主义等资产阶级人生观乘虚而入,教育引导矫正对象明辨是非,树立正确的“义”文化观。

---

① 《孔子家语·六本》卷四。

② 张奇伟:《儒家“义利之辨”的实质和现实意义》,载《求索》1996年第3期。

（四）家庭教育因素

近年来家庭教育中流行这样一句话，家庭是复印机，父母是原件，孩子是复印件。父母是孩子的第一任老师，父母的观念、态度等都可能会影响孩子的一生。家庭与违法犯罪的关系，有的学者从心理学的角度提出了犯罪家庭因素。犯罪家庭因素是指影响个体犯罪心理形成的社会环境因素之一。主要有：

1. 越轨家庭。家庭成员中有不道德的和违法犯罪行为。

2. 缺陷家庭。家庭结构有缺陷，包括父母双亡、父母离异、父母分居、继父或继母、无儿无女家庭。

3. 家庭内部或家庭与邻里之间人际关系不良。

4. 教养方式不当。溺爱、纵容、包庇、护短、歧视、虐待、教育方式简单粗暴、管教过严、放任不管、期待不当及长辈之间对晚辈要求不一致等，均不利于子女健康成长。

5. 家庭中有精神障碍者。

上述因素并非必然导致个体犯罪，但与个体犯罪有密切联系。① 根据有关研究，违法青少年的家庭氛围表现为高矛盾、高控制性，低亲密性、低情感表达和低知识性的特点。② 矫正对象的家庭教育是形成不义思想行为的重要原因。

（五）个人自身成长因素

事物的发展是有规律的，毛泽东指出，外因是变化的条件，内因是变化的根据，外因通过内因而起作用。鸡蛋因得适当的温度而变化为小鸡，但温度不能使石头变为鸡子，因为二者的根据是不同的。矫正对象产生不义思想行为，进而违法犯罪，个人原因起决定性因素。个人自身素质不高，认知能力不足是主要因素。一般情况下，很多人因社会阅历、社会经验还不够，在个人成长的关键阶段认识不足，缺乏实践，特别是儿童向成年过渡的时期，虽然在生理、心理上发育很快，但还未成熟，处在半幼稚半成熟状态，在人生的关键阶段，受到不良的教育和影响，对于一些义利问题的分析较为模糊，误入歧途，甚至走上违法犯罪道路。因此，加强“义”文化教育对于矫正对象伦理观念、道德意识的成熟有重要的意义。

四、不义思想行为矫正原则

矫正原则是矫正教育中应坚持的准则，在矫正不义思想行为过程中，应该坚持个性化、传承性和创新性的原则。

---

① 林崇德等主编：《心理学大辞典》，上海教育出版社2003年版，第305页。

② 金凤仙：《青少年违法与家庭环境、教养方式、人格的关联性》，皖南医学院2015年硕士学位论文。

(一)个性化原则

个性化原则实质就是因材施教。著名教育家朱熹曾说过:“圣贤施教,各因其材,小以小成,大以大成,无弃人也。”因材施教,是一条很传统的教育原则,同时也是一条十分重要的教育方法。它是学校教育中一条重要的原则,在特殊教育中同样适用。矫正不义思想行为必须从矫正对象的实际出发,根据个体的不同情况和特点,实现个性化的矫正措施。个性化原则的基本要求是要搞好调查研究,认识和掌握矫正对象的情况和特点,这也是个性化原则的前提。全面分析每名矫正对象的个性特征,从矫正对象的实际情况、个别差异出发,有的放矢地进行有差别的教育,使每个矫正对象都能扬长避短,获得最佳矫正。

(二)传承性原则

传承性原则主要从教育内容来说,传统文化中“义”核心价值理念,对当今社会仍有积极的借鉴作用。尽管不同社会、不同时代“义”的具体内容有所不同,但不同社会、不同时代的“义”也有其共性和延续性。传承性的基本要求是:一方面要赋予“义”以新的具体内容,如社会公平、公正、公益等;另一方面要重新唤起矫正“义”的自觉和信念,也就是要树立道德正义感和道德原则立场。随着人类交往日益密切频繁,人类在道德原则上也会有越来越多的共识,那些被人类普遍认为是“适宜”的道德原则,就是“天下之公义”。这些道理,在运用于矫正对象时同样适用。

(三)创新性原则

创新性是从教育方法而言的,创新性原则是指矫正教育应当具有高度的创造性。创新的本质是突破传统、突破常规。就矫正教育工作而言,创新原则,主要概括为三个途径,即优化矫正教育平台、完善矫正教育方法、增加矫正教育实践。优化平台可以从网络平台着手,应结合网络时代发展的特点,利用互联网平台,把教育思想理念融入“义”文化教育中。通过网络平台便捷地传递思想教育观念,让矫正对象随时随地了解有关知识。完善教育方法,要改变干警“灌输式”的教育方法,加强互动交流学习,发挥矫正对象学习的主动性。要增加教育实践,实践是认识真理,检验真理的唯一方法。矫正对象通过实践学习,能够全面认识“义”文化的重要性,进而培养责任认识。

五、矫正对象不义思想行为常用矫正方法

教育方法是不义思想矫正过程中必须重点考虑的问题。提升矫正效果就必然要求改善教育的方法,提高科学性和针对性,在科学化、多样化的教育过程中,可以采取讲授法、案例法和启发式教学法等多种方法。

(一)讲授法

讲授法一直是重要的教学方法,因矫正对象绝大多数是学习的“困难户”,因而在监管场所被干警广泛采用,故自有它特有的科学性和合理性。矫正教育是现代各国普遍实行的做法,也是我国作为教育改造的重要手段。联合国《囚犯待遇最低限度标准规则》第 66 条第 1 款规定:“为此目的,应该照顾到犯人社会背景和犯罪经过、身心能力和习性、个人脾气、刑期长短、出狱后展望,而按照每一个囚犯的个人需要,使用一切恰当办法,其中包括教育、职业指导和训练、社会个案调查、就业指导、体能训练和道德性格的加强,在可能进行宗教照顾的国家也可包括这种照顾。”[①]我国《监狱法》第 7 条明确规定:“罪犯必须严格遵守法律、法规和监规纪律,服从管理,接受教育,参加劳动。”这是罪犯教育强制性的法理依据。对矫正对象的教育,显然是带有法律强制性的,工作中必须发挥带有强制性教育的积极作用,系统讲解有关义文化的基础知识,各种主要观点,讲解中国传统文化中的义利观、西方义利观和社会主义义利观,重点介绍社会主义核心价值观,通过这些不同义利观的对比讲解,让矫正对象了解各种特点,从而使他们明辨是非,形成明确而且正确的义的思想行为。

(二)案例法

案例法被广泛地运用于很多学科课程的教育过程中,案例法是“义”文化教育中一种很好的教学方法,有利于增加教育内容的针对性和现实性,让矫正对象将理论与实践相结合,提高兴趣,保持注意力,从而切实提高学习效果。案例法的主要特色如下:一是鼓励矫正对象独立思考。前文所述讲授法只告诉人怎么去做,特别是理论性的讲解往往不实用,且非常乏味无趣,在一定程度上损害了学习的积极性和学习效果。案例法最重要的是让矫正对象自己去思考、去创造,使枯燥乏味变得生动活泼,也进一步促进矫正对象人际交流能力的提高。二是引导矫正对象由注重知识变为注重能力。案例法注重实际能力的培养,引导矫正对象将基础文化知识转化为能力。三是重视双向交流。讲授法重点是干警讲、矫正对象听,听没听、听懂多少,很难及时了解,而且学到的都是死知识。案例法是引导矫正对象主动学习,经过缜密思考,提出解决问题的方案,通过这一步来提高能力。同时矫正对象的学习效果反过来引发干警思考,根据不同矫正对象的不同理解补充新的内容,进一步完善促进教育效果。

---

① 徐景峰主编:《联合国预防犯罪和刑事司法领域活动与文献纵览》,法律出版社 1992 年版,第 238 页。

(三)启发式教育法

启发式教育法在大量教育实践中被证明是一种非常好的方法。主要优点在于能够充分调动矫正对象学习的积极性,引导矫正对象主动思考,培养学习兴趣,提高自我思考和学习能力,提高对于正确"义"文化的判断力,从而积极主动地学习和掌握正确的义的思想行为。

第三节　案例实操

不义思想行为的影响,往往导致暴力事件发生,近年来频频发生校园暴力事件,主要是由一些青少年学生的不义思想行为造成的,他们特别讲求江湖义气,法治观念淡薄,自控能力差,是非不分。很多违法犯罪人员受不义思想行为的影响,违法犯罪锒铛入狱。为进一步明确矫正教育过程,下面简要介绍矫正教育实操案例。矫正教育案例来源于司法行政(法律服务)案例库,在使用案例的过程中,根据本节内容,矫正措施重点谈不义思想行为的矫正,其他内容略有删减。

一、典型案例

(一)基本情况

刘某,男,生于1981年12月,汉族,小学文化,2010年6月因犯抢劫罪被判处有期徒刑6年。服刑期间,刘某情绪特别容易激动,常常因生活琐事与其他服刑人员发生矛盾,并依仗身强力壮经常欺负其他服刑人员。刘某的性格阴冷,监内服刑人员将其称为"冷面杀手"。分析梳理刘某人生经历,读小学时,因违反校规,不接受老师的教育,愤而退学。刘某辍学后结交了一些"不三不四"的社会闲散人员,热衷于所谓的"江湖义气",凭自己身材比同龄人高大的优势,到处惹是生非。违法犯罪后潜逃外省达两年之久,后因同案犯杨某交代其隐匿地址才被抓获归案。刘某在监内多次扬言:"我对他们这么好,他们还是出卖了我,现在还有谁值得信任?"刘某感觉受到了朋友"背叛",他平时以自我为中心,约束能力差。做任何事情,从不考虑后果,不分对与错,通常是用暴力方式来解决矛盾,有时为一句话或一件小事而大动肝火,情绪极易被激惹。同时刘某怨恨亲人,缺乏感恩之心。总是认为家人对其不关心,既不来看望他,也不寄钱寄物,经常在同犯面前扬言:"家里的人全都死光了,没有任何亲人了。"

(二)矫正教育实施

针对刘某的现实表现、性格特征及原因剖析,干警从融通亲情、包夹控管、改善人际关系等层面多管齐下，持之以恒，逐渐改变刘某的系列认知障碍，营造良好服刑环境，彻底矫正刘某遇事易冲动的性格特征。针对其“讲义气”的情况，矫正如下：

首先，对其进行“义”文化的辨析，让刘某明白什么才叫真正的“义”。干警针对很多矫正对象在人际交往过程中存在的对江湖义气误读的情况，入监教育时着重讲解“义”文化的相关内容。矫正对象口中的江湖义气的核心是“兄弟”，这里的“兄弟”并不是指有血缘的那种，而是指那些志趣（臭味）相投的朋友，指不顾原则地一味讲求为朋友两肋插刀，如“你是我大哥，你说什么做什么都对，我誓死跟随”，有的人甚至不惜违法犯罪。这并不是真正意义上的“义”，真正的“义”是“大义”“正义”“信义”，讲义气不能违背法律，不能违背大义，不能侵犯国家、社会和其他公民的合法权利。不讲原则的江湖义气，往往都别有用心、带有肮脏目的，是个人违法犯罪的根源。

在日常学习和劳动中，注意让刘某融入正常的集体之中。在一次劳动中，根据这项劳动的特点，要求两人一组，自由组合劳动搭档。刘某看见许多服刑人员很快就结成了劳动对子，心想自己的劳动技能差，平时又没有要好的同犯，表情显得十分尴尬和难堪，这时，同组劳动技能强、乐于助人的陈某来到刘某面前说：“刘某，我们两人一起干。”刘某听后感到很意外，一句话也没说，拿起工具就开始劳动。这一天，刘某坚持劳动一直没有休息，在下午收工时，刘某因劳动质量好，完成的数量多第一次受到了干警的表扬。后来，每逢节假日罪犯休息，都有目的地设计些需要配合才能参加的项目，如两人绑腿跑、背人跑、衔杯接水等趣味性游戏，活动开始前总是有意安排好服刑人员主动与刘某搭档，让刘某从中感受到他人的友情与“江湖义气”之间的差别。在服刑人员的积极舆论和良好氛围的熏陶下，刘某切实感受到了集体的温暖，一段时间后，刘某与其他服刑人员开始有语言交流了，脸上的笑容也明显增多了，逐步走出了“冷面”的情绪。

其次，强化养成，滋长敬畏之心。针对刘某自我约束能力差的缺点，在真正唤起积极情感的同时，加大对刘某的控制力度。为使刘某对监规纪律产生畏惧感，专门安排了两名服刑人员对刘某进行包夹，随时提醒刘某的过激言行，慢慢扼制了刘某喜欢动手的恶习，言传身教。干警还隔三岔五找其个别谈话。“个谈”时采取拉家常、讲人生、谈哲理等方法，从法律、传统文化的角度耐心、细致地指出其自身存在的问题（如法律观念极其淡薄、冲动、自私等），诱其自责、导以感化、促其恢复良知、使其清醒悔罪、明白悔改、改恶从善。也不断从他身上发现和捕捉人性的闪光点，鼓励其面对错误、敢于承担错误、勇于反思错误，激发其改过向善的强烈愿望和动机，达到促使其安心服教、积极矫治的目的。

最后，加强心理疏导。为改善刘某的人际关系，多次邀请监狱服刑指导中心的老师对其进行心理辅导。通过咨询活动改善了刘某的认知结构，提高了认知水平，并从中学到了一些如何更有效地处理情绪问题的好方法。为了稳定刘某的情绪，培养其耐性，专门从书店购买了描摹字帖。自从刘某开始练字后，逐步改变了情绪容易失控的弱点，字也一天比一天写得好了。刑满前，刘某拿出入监时写的个人自传，无比感激地说："如果没有你们的关心、教育，我绝不会有今天这么好的改造结果。"

（三）教育改造成效

4 年来，干警日复一日，年复一年地关注他、引导他、帮助他、激励他，收到了较好的效果。直到刑满释放，刘某的人际关系逐渐改善，劳动变得积极，遇事不再冲动。

二、制订矫正教育方案注意事项

结合上述案例，一般矫正教育方案包括矫正对象的基本情况、自身特点及症结分析、教育措施、实施步骤、阶段效果评估和最终效果评估。

制订矫正教育方案首先必须充分了解矫正对象的全面情况。在了解矫正对象情况方面，监管场所都有很多成熟的经验做法，如监狱干警"四知道"，有的监狱戒毒所叫"五知道"，无论是"四知道"还是"五知道"，最终目的是全面掌握矫正对象的全面情况，分析违法犯罪行为的成因，为后续教育矫正打下坚实的基础。

其次，找到矫正教育的切入点。本案例中，刘某对江湖义气的错误认知，就是本案例的一个切入点。因此，先进行中国传统文化教育，让刘某了解"义"的真正含义，然后从矫正对象喜欢的金庸武侠小说入手，分析中国传统的伦理道德对"旁门左道""江湖人士"的影响，分析"义"正面的价值和反面的价值。

最后，坚持"一把钥匙开一把锁""一人一策""一人一案"的原则，开展针对性的教育。针对不义思想行为，要全面了解矫正对象的人生经历，分析形成错误思想观念的原因，制定针对性的矫正措施。当然，矫正教育方案，不可能一蹴而就，要根据矫正对象不断变化的情况，进行适当调整教育矫正的方法。

三、如何加强矫正教育效果评估

加强和改进矫正对象教育，要注意做好矫正对象教育效果的评价工作。教育评价是保证教育效果的重要环节，是进一步加强矫正对象教育的重要条件。矫正对象“义”文化教育的评价应该采取多种形式进行。

第一,可以采取理论考试的形式。理论考试是一种传统的考核方式,被广泛地运用于各种知识学习效果的考核中,理论考试的优点在于能够考核矫正对象对于基本理论知识的掌握是否扎实,初步实现对基本知识的掌握和理解,为以后身体力行打下坚实的基础。例如,有关“义”的内容,虽然入监教育时学习,但如果没有考试检验学习效果,“义”文化的学习可能就流于形式。

第二,可以采取个别谈话的方式。个别谈话的优点是采取干警直接问答的方式,能够直观地了解矫正对象掌握情况,并从其面部表情、动作等观察其内心,是否真正意识到问题所在。

第三,可以采取小组讨论的方式。矫正对象往往都编有学习小组,其优点是矫正对象在相互交流的过程中,对不明确的问题进行讨论,对基本知识进行归纳总结,能够起到相互促进,相互补充的效果,是教育矫正效果的再提升的重要方式。

第四,可以采取演讲、写体会等的方式。这种方式的优点有助于帮助矫正对象主动理解有关内容,从而形成深刻记忆,切实指导自己的行为,为自己行为的合理性和正确性奠定良好的基础。

总之,矫正对象矫正教育的评价应该通过多种方式进行,采取科学而且灵活的考核评价方式,既可在轻松的氛围中,也可采取规范的考试考核,真正地了解矫正对象的知识把握和接受程度,更加有利于干警不断改进矫正教育效果。科学的评价方法应该作为矫正对象“义”文化教育过程中的一个重要环节,教育研究的重点去抓落实,通过更加科学而有效的评价方式和方法提高教育的质量和效果。

—— 思考题 ——

根据下列材料,以“义”为切入点制订一份矫正教育方案。

程某某,男,1988 年 3 月出生,汉族,初中文化,因吸毒成瘾于 2016 年 1 月被决定强制隔离戒毒两年。程某生长在农村家庭,两岁时父亲去世,母亲改嫁,对其关注很少。从小就由年迈的奶奶抚养长大,奶奶对其向来百依百顺。初中上了一学期就辍学在家,整日游手好闲,不务正业,16 岁外出打工,混迹于地下赌场、KTV 等娱乐涉黑场所,成为一个看场子的小头目,带了一帮小弟在社会上混,经常打架斗殴,受社会负面影响较深,喜欢四处认老乡、“兄弟”,拉帮结派,恃强凌弱,形成了不满意就用拳头解决问题的不良习性。该戒毒人员性格冲动、易怒、自私,从谈话中了解到家庭责任感淡薄,更缺乏社会责任感。因此,涉黑后,自己“小弟”多,为人仗义,身体素质较好,逐步形成了一定“势力”,形成了虚荣心强、爱面子的心理,当与他人发生争执时,维护所谓“老大”面子和争强好胜的心理引发违纪行为。

第四章 “信”文化与矫正

案例

符某，男，1968年5月出生，汉族，小学文化程度。因犯故意伤害罪被人民法院依法判处无期徒刑。2006年7月调入M监狱服刑。符某属于“三假”罪犯，按狱政部门要求，设立为危险犯。符某入监一周即出现双下肢水肿不能行走，后又出现右上肢不能运动，自诉曾有“脑震荡后遗症”和“脊骨断裂后畸形”病史，不能劳动，生活、起居均由他犯照料。符某曾多次在监狱医院诊疗，并于2015年1月送省司法医院住院诊疗一月，诊断为“极性坐骨神经痛”。出院后，符某仍不能行走，白天双下肢及右上肢皆不能运动，一切活动及生活皆需别人帮助，但夜间入睡可以翻身，手脚活动自如。

对符某这样的缺乏诚信的“三假”罪犯，教育矫治的切入点是什么？

第一节 传统文化语境下的“信”文化

“信”作为传统的人生观及价值取向是处理个人与他人关系的基本准则与规范，承载着深厚的文化内涵和丰富的价值意蕴。从古到今，人们对“信”的认识、对“信”的提倡、对“信”的崇拜，一直植根于中华民族生生不息、世代繁衍的思想文化沃土中，成为任何一个时代最基本的公共生活规则和道德规范。“信”文化包含两项重要内容：一是指真诚、诚实，即“诚”；二是指信守承诺，即“信”。“诚信”即以真诚之心，行信义之事。

一、“诚”“信”的词源分析与概念界定

(一)“诚”的词源分析

“诚”是个形声字,《说文解字》:“诚,信也。从言,成声。”①宋代理学家朱熹认为:“诚者,真实无妄之谓。”②“诚”的本义是诚实,不欺骗。在古人看来,“诚”首先是自然之道,自然之诚。如《中庸》:“诚者,物之终始,不诚无物。”昼夜交替,四季轮回,潮汐涨落,春生夏长,秋收冬藏,自然界的万事万物都恪守着自然规律,固守着“诚”的本性。孟子又说:“诚者,天之道也。思诚者,人之道也。”③诚是自然的本性,因此作为人来讲要效法天道,追求诚信,这是做人的道理、规律。这样一来,“诚”就从天道扩展到人道,成为人们追求和修习的重要道德规范。古人认为,“诚”这种道德修养有两种情况:一种是先天具备的,另一种是后天习得的。“自诚明,谓之性。自明诚,谓之教。”④生而知之的人,由于德行诚笃而明晓道理,这叫作自然的本性。学而知之和困而知之的人,从明晓道理而生发诚心,这是教育的结果。总之,无论是天生具有的诚实秉性,还是后天学习得来的诚实之道,“诚”都是古人非常重视的内在道德修养。

(二)“信”的词源分析

“信”是一个会意字,《说文解字》:“信,诚也。从人言。”⑤南唐徐锴在《说文解字系传》中继承了许慎的观点,继而解释说:“君子先行其言,然后从之。”又说:“鹦猩能言不离禽兽,言而不信,非为人也。”⑥可见,“信”是人类文明社会的标志,其本义是言行一致,遵守承诺。老子说:“与善仁,言善信。”⑦意即说话要恪守信用。孔子还把“言必信,行必果”⑧、“敬事而信”作为规范弟子言行的基本要求⑨。《左传·僖公二十五年》记载说:“信,国之宝也,民之所庇也。”这是说“信”是立国的根本,是老百姓得以生存的基础。《贞观政要》中唐代名相魏徵说:“德礼诚信,国之大纲”,把“信”作为治国之纲来加以强调。由此可见,“信”是人立足于社会,国家长治久安

---

① (汉)许慎撰、(清)段玉裁注:《说文解字注》,上海古籍出版社1988年版,第92页。
② 《朱子语类·中庸》。
③ 《孟子·离娄上》。
④ 《中庸》第二十一章。
⑤ (汉)许慎撰、(清)段玉裁注:《说文解字注》,上海古籍出版社1988年版,第92页。
⑥ 《说文解字系传·通论上》。
⑦ 《道德经》第八章。
⑧ 《论语·子路》。
⑨ 《论语·学而》。

的重要法则。

(三)"诚""信"连用及概念界定

从上述分析可以看出,"诚"即诚实诚恳,指真诚的内在道德品质;"信"即言行一致,指内诚的外化。"诚"更多地指"内诚于心","信"则侧重于"外信于人"。"诚"是个人追求的高尚道德,"信"是社会存在的必要规则。"诚"与"信"作为伦理规范和道德标准,起初是分开使用的。最先将"诚"与"信"连在一起使用是在《逸周书》中:"成年不尝,信诚匡助,以辅殖财。""父子之间观其孝慈,兄弟之间观其和友,君臣之间观其忠惠,乡党之间观其信诚。"这里的"信诚"实际上表达的是"诚信"的意思,即诚实不欺,讲求信用,强调人与人之间应该真诚相待。

在古人看来,需先做到"诚",方能达到"信","内诚于心"才能"外信于人"。首先内心诚,其次外表诚,然后逐步发展形成德行,最终改变人的气质。因此,"诚"与"信"的组合,就形成了一个内外兼备,具有丰富内涵的词汇。千百年来,"诚信"被中华民族视为个人的行为规范和道德修养,在基本字义的基础上形成了独具特色并具有丰富内涵的诚信观。

二、"信"文化的内涵

"信"是儒家为人之道的中心思想,几个世纪以来"信"文化在历史发展长河中不断演变,逐渐内化为中华民族血脉之中的文明因子,并成为人们为人处世的基本道德信条之一和衡量社会风气的重要道德范畴之一。其内涵主要包括以下几个方面:

(一)诚意正心(不自欺)

诚信首先就是端正内心,让自己的意念诚实专一,不欺骗自己。《大学》中说:"所谓诚其意者,毋自欺也。如恶恶臭,如好好色,此之谓自谦。"所谓使自己的意念诚实,是说不要自己欺骗自己。就像闻到恶臭心里就实实在在地讨厌,看到美色心里就实实在在地喜欢一样,一切都发自内心的真实,这样心里才能坦坦荡荡,心安理得。由此可见,诚信是源于内心的,是敢于面对自我,不作伪、不美化、不自卑,保持诚心实意。《中庸》上说:"诚者,自成也。"只有真诚地面对自己,才能在心底埋下诚信的种子。人活于世要正视自己的内心本性,真情实意对待自己,勇于选择,勇于承担,坚持独立的人格,才是诚信做人的态度。只有对内不自欺,忠实于自己真实不妄的本性,才能做出外在的"诚信"行为。否则自欺欺人,于人于己都会带来很多的痛苦。孟子说:"反身而诚,乐莫大焉。"①扪心自问,自己是诚实无欺的,没有什么比

---

① 《孟子·尽心上》。

这更快乐了。只有做到真诚无伪，才可使内心无愧，坦然宁静。

（二）言而有信（不欺人）

诚信的外在表现即是遵守诺言，把“不自欺”延伸发展到“不欺他人、不欺社会、不欺国家”上，也就是与他人交往时言必诚、行必信。古人说：“人所以立，信、知、勇也。”[①]人靠信用、智慧、勇敢而立足于社会，其中讲信用是居于首位的，足见其重要性。孔子说：“人而无信，不知其可也。大车无輗，小车无軏，其何以行之哉?”一个人如果不讲信用，就像大车的横木两头没有活键，小车的横木两头少了关扣一样，怎么能行驶呢？信誉就是人行走于世最基础的保障，只有靠信誉，才能让人生这辆车动起来，无论经历怎样的风险、坎坷，都颠扑不破。没有信用，就缺少了安身立命最根本的条件，就无法在社会立足。

（三）慎独自律

诚信的最高境界就是慎独。“君子戒慎乎其所不睹，恐惧乎其所不闻。莫见乎隐，莫显乎微，故君子慎其独也。”[②]君子对于自己的行为，在没人看见的地方也要敬畏谨慎，在没人听到的地方也要恐惧警惕。从最隐蔽、最细微的言行上就能看出一个人的品质，所以，君子要学会慎独。一个人在公共场合不做坏事比较容易，而在独处时也能不做违反道德准则的事，则需要有很高的修养。所以慎独是衡量一个人道德水准的试金石。

关于“慎独”，我国历史上有不少美谈，最典型的就是杨震暮夜却金的故事。有人曾以十斤黄金向杨震行贿，并说：“暮夜无人知。”杨震严词拒绝了这份厚礼，回答说：“天知、地知、你知、我知，何谓无人知?”行贿者惭愧而走。[③] 这个历史故事体现了“慎独”的真实含义，为我们树立了“慎独”的典范。慎独首先要有“诚意”，在各种物欲的诱惑面前，靠“心”把持住自己，吾心有主不为所动。其次要“慎始”，做任何事从开头就要十分谨慎。最后要“慎终”，“慎终如始，则无败事”[④]。总之，慎独自律要求人们在独处时和没有人监督时，也能够自觉遵守道德准则和道德规范。

三、“信”文化的精神实质与价值意蕴

“信”文化在历史发展的长河中不断积淀和发展，不仅是中国优秀传统文化推崇的价值观之一，还是党的十八大报告中二十四字社会主义核心价值观的重要内

① 《左传·成公十七年》。
② 《中庸章句》第一章。
③ 《后汉书·杨震传》。
④ 《道德经》第六十四章。

容之一。可以说,在现代社会中“信”的重要性更加突出。人无信,不能立足;上无信,国本动摇;社会无信,民心难安。“信”既是一种世界观,又是一种社会价值观和道德观,无论对于社会还是个人,都具有重要的意义和作用。为培育和践行诚信价值观,需要在对传统“信”文化内涵深刻认识的基础上,对传统“信”文化加以继承与弘扬。

(一)对国家、社会而言,“信”是立国之本

国家的主体是人民,中国自古就有“民惟邦本,本固邦宁”“得民心者得天下,失民心者失天下”的明训,这些话至今仍然是至理名言。“诚信”就是取信于民、团结人民的人文精神和道德信念。孔子说:“民无信不立。”[①]《吕氏春秋·贵信》称:“君臣不信,则百姓诽谤,社稷不守;处官不信,则少不畏长,贵贱相轻;赏罚不信,则民易犯法,不可使令。”只有政府守信,赏罚分明,人民才能信赖政府,遵纪守法。荀子说:“古者禹汤本义务信而天下大治,桀纣弃义背信而天下大乱。故为人上者,必将慎礼义、务忠信然后可,此君人者之大本也。”[②]对于从政者来说,取信于民是最为重要的。

政府诚信是社会诚信的基石和灵魂,政府诚信建设是构建和谐社会的重要组成部分。2016 年国务院印发了《关于加强政务诚信建设的指导意见》为加强政务诚信建设,充分发挥政府在社会信用体系建设中的表率作用,进一步提升政府公信力,推进国家治理体系和治理能力现代化,提出了重要的指导意见。当前,各级政府都把加强政府诚信建设、提升政府诚信度作为提高政府行政能力的重要内容,并且作为政府管理创新的重要任务和紧迫任务。

(二)对于社会单位、社会事业而言,“信”是立业之基

《管子·乘马》篇曰:“非诚贾不得食于贾,非诚工不得食于工,非诚农不得食于农,非信士不得立于朝。”不是诚实的商人,不得依靠经商为生;不是诚实的工匠,不得依靠做工为生;不是诚实的农民,不得以务农为生;不是诚信的士人,不能在朝中做官。文中连用四个“非诚”,强调了“诚信”的重要性。告诫各行各业的人要有敬业精神,诚信责己,诚信待人,只有诚信才能各食其力,各得其所。

“诚信”作为一项普遍适用的道德规范和行为准则,是建立行业之间、单位之间以及人与人之间互信、互惠、互利的道德杠杆。很难设想,一个不讲诚信、不守信用的单位或企业在现代法治社会能有长期立足之地。一项社会事业也只有依靠诚信

---

① 《论语·颜渊》。

② 《荀子·强国》。

立业，才能顺利发展。周敦颐在《周子全书》中讲：“诚五常之本，百行之源也。”诚信是百行之源，也是成事之本。习近平总书记在党的十九大报告中指出，推进诚信建设和志愿服务制度化，强化社会责任意识、规则意识、奉献意识。推进诚信建设，要不断采取各类措施推进社会信用体系建设。2020 年 7 月 21 日习近平总书记在企业家座谈会上指出：“要做诚信守法的表率，带动全社会道德素质和文明程度提升。”

（三）对于每个社会成员而言，“信”是立身之本，处世之道

人立于世间数十年，必须不断学习，以获得知识、增进知识。知识既是个人谋生的工具，也是个人为社会服务的工具。但是，要做一个真正对社会有所贡献的人，光靠“知识”工具是不够的，还必须有正确的价值观去指导，否则，知识也可能成为滋生罪恶的工具。“诚信”精神就是培养人的高尚道德情操、指引人们正确处理各种关系的重要道德准则。个人以诚立身，就会做到公正无私、不偏不倚，讲究信用，就能守法、受约、取信于人，就能妥善处理好人与人、个人与社会的关系。

综上所述，在现代社会中，“诚信”的原则和精神，是促进社会主义市场经济健康发展的道德基石。它不仅对促进社会稳定繁荣、导正社会风俗、医治社会精神疾病具有重要作用，而且对加强社会成员的个人道德涵养，提升全民族的文明素质，培养有知识、有作为、讲道德、守法纪的公民具有重要作用。它是立国、立业之本，也是个人安身立命的精神法宝。

第二节　矫正语境下的“信”文化

通过第一节对“信”文化的解读，我们知道“信”文化的本质就是诚信精神。

对于矫正对象来说，很多人往往缺乏诚信，自欺欺人，最终危害个人、家庭和社会。运用“信”文化教育矫正，能够从道德根本上促进矫正对象懂得诚实守信，回归爱心责任，明白善恶因果，提升道德修养，成为社会新人。

一、“信”文化在教育矫正中的作用

“信”作为中华民族传统美德的重要内容，历来被人们肯定、推广。其对矫正对象树立诚信理念，增强责任意识，树立敬畏观念，加强自身修养，懂得善恶因果，改掉身上恶习，化解心里怨结，消除安全隐患等方面都具有重要的促进作用。

（一）在政治信仰方面

从忠诚报效祖国、铭记社会主义核心价值观、坚定政治立场等角度出发，倡导

矫正教育对象在政治生活中以诚信为价值取向，坚定中国特色社会主义理想信念，勇担政治责任和历史使命，自觉践行政治信用。

王某，吉林省白城人，2006 年大学毕业后到大连，应聘到某公司担任业务员。由于工资不高，个人经济困难，于是王某便通过互联网发帖寻找兼职工作。网上的境外间谍情报机关人员以某投资咨询公司的名义将其招聘为信息员。受金钱诱惑，王某在明知对方是境外间谍情报机关人员的前提下，仍然一意孤行，接受对方任务和指令，积极为之效力。2009 年以来，先后多次以旅游的名义到我区某重要军事目标周边进行实地察看，秘密搜集该营区的地理位置和各种武器装备的型号、数量、位置等军事情报，通过电子邮件，加密传递给境外间谍情报机关，构成了间谍罪。法院一审判处王某有期徒刑 10 年，剥夺政治权利 3 年，并处罚金 5 万元。

王某间谍案说明，境内外敌对势力通过科技手段在求职、交友等网站上物色涉及我党政军和科技等要害部门背景的各类人员，以给付报酬、奖金等为诱饵，从要求提供一般信息入手，逐渐诱导其提供我国内部核心机密情报，在政治信仰的摇摆中，将物色对象"拉下水"。该案警示我们：时刻保持坚定的政治信仰，对国对党忠诚，遵纪守法，切不可为一己之利而心存侥幸，否则违法犯罪，后悔晚矣。

（二）在人际交往方面

从警官交往、同犯交往、亲情交往等角度出发，提倡矫正教育对象以诚实守信的人格素养作为人际交往的基础和前提，构建和谐人际关系。

矫正对象刘某，因为社会典型的"杀猪盘"电信诈骗被判刑入狱。在监狱服刑期间，因为与人相处不真诚，经常许诺同犯以"香烟"换"瓜子"，事后又不能兑现承诺，久而久之出现了刘某同寝室的同犯不理睬他，没人和刘某聊天、没人和刘某在一起散步、打篮球的情况。一段时间后，刘某性格变得孤僻、不合群，与警官谈话时躲躲闪闪、瞒骗忽悠，人际关系也难以为继，改造生活变得度日如年，十分难熬。警官找到刘某用"信"文化开展矫正教育，引导刘某认识到"人无信，无以立"，"诚信是做人最基本的道德准则"，只有讲诚信，相互信任，为人真诚，才能拥有和谐的人际关系。

（三）在矫正教育生活方面

从日常花销、饮食、行为规范等角度出发，要求矫正对象勤俭节约、不铺张浪费，自觉抵制过度消费给家人带来负担等不正之风，将诚信作为矫正生活中最基本的道德准则。

矫正对象高某，父母对他百般溺爱，万般满足。这样逐渐养成了他铺张浪费、过度消费的坏习气，以至于信用卡逾期、恶意拖欠 20 万元。最终被法院判为"信用卡诈骗罪”，锒铛入狱。入狱后也依然追求高消费，最终家庭致贫，父母关系破裂。

（四）在重新就业创业方面

从求职自荐、签订协议、踏实工作、履行义务等角度出发，号召矫正对象回归社会后，遵守诚实守信的道德规范，将诚信理念贯穿职业生涯始终。

矫正对象周某出狱后，写简历求职，因为担心社会对他有偏见和歧视，便在简历里隐瞒了自己服刑的经历，求职自荐面试闭口不提服刑经历，便与公司签订了协议。三个月后公安调查调档，公司人事得知了周某的犯罪记录，并以“不诚信”违约辞退了周某。父亲帮他贷款买了辆货车跑运输，可他觉得跑车辛苦，赌博来钱快，于是瞒着父亲将货车转让之后就去赌博，结果血本无归并欠下了 30 万元高利贷。当他走投无路时就去抢劫，结果又把自己送进了监狱。正是周某对社会、对家人的不诚信行为，一意孤行，最终导致家庭破裂。

二、矫正对象诚信观缺失的表现

对于一些矫正对象来说，因为缺失了诚信做人的道德观和价值观，导致一些错误观念下的畸形行为，产生了很多不良的后果，其中，最常见的表现有：

1. 在监狱服刑改造期间，为了减刑，让别人代写理论文章，以自己名字投稿发表，或者伪造重大检举揭发立功材料，骗取计分考核加分，以达到违规减刑的目的。矫正对象邓某被捕前系副厅级领导，入狱服刑后通过拉拢管教人员，让别人代写理论文章，以自己名字投稿发表，违规加分 3 分，一年累计 26 分，减刑 6 个月。在此期间又通过别人代写新型专利加分，骗取计分考核加分，获减 3 个月。最终巡回检查发现，邓某系违规减刑，撤销其加分减刑，邓某的行为系诚信观缺失的表现。

2. 在劳动改造中偷工减料，不认真、不细致，导致劳动工序返工的。劳动产品不合格，或者以次充好，虚报产值数量超产的都是没有信用的行为。矫正对象符某因为入狱服刑，参加劳动生产，负责加工三组鞋面流水线的粘接工序。因为想争取更多劳动报酬，便涂抹黄胶不均匀，甚至未完成工序，便装箱计劳动产值，经监狱企业质检判定为不合格。矫正对象符某的行为导致整条劳动生产线工序返工，符某也因此受到了扣 400 分、强化学习和严管的处罚。符某系典型的诚信观念缺失行为。

3. 虚假陈述、虚假信息、造成监狱或者司法所信息录入失真，或者不如实供述自己罪行，表面认罪服法，实际上心里没有认罪悔罪的行为，做“两面人”。矫正对象周某，曾是一个典型的“阳奉阴违”的改造对象，表面上靠拢政府，暗地里煽风点火，制造矛盾，让教改关系一度紧张。当他接受了“信”文化教育矫正之后，终于认识到了自己的“不诚信”行为，既伤害到了他人，也伤害了自己，有了愧疚和羞耻之心。

从此,他做到"非诚无为,非信无为",用诚信、真诚行动踏实改造,由此可见,"信"文化教育为缓和改造气氛,消除对立情绪发挥了积极作用。

4. 许诺不践诺的行为。矫正对象对于警官、同犯和家人往往不考虑实际情况,轻易许下诺言,许下诺言后却没有能力践行,或者主观意识不想践行诺言。矫正对象柳某,36岁,无业,未婚,家庭经济宽裕,父母娇生惯养,是典型的"啃老族",整天游手好闲。由于好逸恶劳,贪得无厌,最终他因从事贩卖假钞的犯罪活动,被判刑入狱。当他投入改造之后,遭遇了家庭变故,父母在一起车祸中双双丧生,家庭的曲折经历没有让柳某改过自新,踏实做人,柳某反而抱着"破罐子破摔"的心态,变本加厉。在监狱多次以给一包"芙蓉王"香烟的承诺,让其他罪犯帮忙代写文章奖分,事后没有兑现而引发多起矛盾。柳某在填写家庭信息时也想蒙骗过关,不如实填写。从柳某这些行为中可以看出,柳某的行为属于典型的"不诚信"行为,最终导致自己人际关系紧张,被调离原监区。

三、"信"文化在教育矫正中的运用

"信"文化教育矫正,是挽救育新,践行改造宗旨的重要途径。实践证明,运用"信"文化教育矫正,对帮助矫正对象培养诚信意识,断除心中恶念,消除对立情绪,摆脱心理困惑,化解社会矛盾,促进家庭和谐、事业成功都具有积极和重要的作用。

(一)增强诚信意识,培养诚信品格

诚信是做人之根本,一个人没有诚信,就难以在社会上立足。运用"信"文化教育矫正,就是要帮助矫正对象找回失去的诚信,培养其诚信意识,诚信做人做事的品格。

矫正对象杨某,在即将刑满释放时,银行突然找上门要求偿还拖欠信用卡尾款。杨某认为银行不依不饶,于是产生了想要报复银行的想法。通过"信"文化教育矫正,杨某终于认识到自己当初与银行签订了借款协议,"欠债还钱,天经地义",当杨某回家之后,便与银行协商分5年还清。有了前车之鉴,杨某便不敢懈怠,努力发挥一技之长,担任某大型酒店副总经理,5年后终于还清所有欠款。

人有敬畏,行有所止;诚信宽博,路行长远。对于一些矫正对象来说,他们曾因不懂得敬畏,才会目无法纪,危害社会,酿成苦果。运用"信"文化教育矫正,就是要让矫正对象明白契约精神,感受社会法度,从而树立敬畏之心、消除侥幸心理,构建法治社会。

矫正对象胡某,因为心存侥幸心理参与贩卖毒品,在监狱服刑10年。因为贩毒限制减刑,胡某眼看着同刑期的普通罪犯都得到了减刑,便写申诉材料伪造未犯罪

事实。经检察院求证，胡某贩毒事实清楚、证据确凿，法院量刑恰当，便驳回胡某的申诉。胡某认为政府对自己“赶尽杀绝”，加上自己年纪变大，没有希望，想出狱之后破罐破摔，报复社会。当胡某接受了“信”文化教育矫正之后，他终于明白所有社会契约、法治社会都要求行为人要对自己行为负责，承担后果。服刑期间，政府并没有放弃对他的挽救，是政府的诚信坦荡宽博胸怀，才让自己有了新生的希望。从此，胡某有了一颗敬畏之心，严格遵守规章制度，不钻法律空子。

（二）营造诚信氛围，减少矛盾对立

“言必行，行必果。”意思是说过的话就要去做，做了就要承担后果。在教育矫正中，改造与反改造历来是一对矛盾，想要减少矛盾对立，可以用“信文化”营造和谐改造环境，培养矫正对象诚信之心。

矫正对象刘某，因为对法院判决不满，入监后想方设法抗拒改造。刘某表面上靠拢政府，暗地里煽风点火，怂恿两名罪犯打架，两名罪犯也信以为真，大打出手，最终引发监狱地域性罪犯群体打架事件。监狱狱内侦查科以刘某“破坏监管秩序罪”立案侦查，发现正是由于刘某“讲假话”怂恿，才引发罪犯群体打架事件。刘某悔不该当初，终于认识到了自己的“不诚信”行为，既伤害到了他人，也伤害了自己，引发罪犯群体打架事件，破坏了监管秩序。

（三）摆脱心理阴影，正确面对挫折

在人生的道路上，都不可能一帆风顺，总会有沟沟坎坎，崎岖不平，曲折才是一道风景线，崎岖才使生命更顽强。然而，在困难和挫折面前，总会有一些人或留下伤痛，或悲观沉沦，或放弃责任，或半途而废。古人说：“信之实，事亲是也。”信的实质就是一份亲情，就是一种责任。运用“信”文化教育矫正，就能够让矫正对象重新认识亲情、认识责任，从而摆脱心理阴影，战胜困难和挫折。

矫正对象李某，曾因妻子有外遇，觉得妻子背叛了当初的誓言，便狠心将妻子毁容，构成了故意伤害罪，被判刑 6 年。在服刑期间，妻子对他的谅解让他心里更加愧疚，经常做梦梦到妻子被毁的容貌而惊醒痛苦。随着回家的时间越近，他越不敢面对妻子和家人，痛苦折磨，让他产生自杀念头。通过“信”文化教育矫正，李某终于明白，承担责任才是“信”，只有活着才能真正赎罪。从此，李某有了阳光的心态，“诚信”“责任”让他勇敢面对未来。

（四）修复亲情关系，促进家庭和睦

汉代王充《论衡·感虚篇》：“精诚所至，金石为开。”人的诚心所到，能感天动地，使金石为之开裂。对于一些矫正对象来说，他们在服刑之前缺乏责任，当服刑之后，又尽不到责任，疏远了家庭，既不利于矫正对象安心改造，也不利于家庭生活。

运用“信”文化教育矫正，能够让矫正对象立足亲情，反躬自省，回归责任，早日承担起家庭义务，所谓“精诚所至，金石为开”。

矫正对象吴某，6岁时，父母因车祸去世，吴某跟着爷爷、奶奶生活。因为缺少关爱，埋怨命运不公，吴某抱着“混混度日”的心态，经常以学校交学杂费为由，骗爷爷攒的养老金到游戏厅打游戏挥霍，时间久了被发现后，吴某直接回家偷钱，被爷爷发现制止，情急之下便杀害爷爷。判刑入狱后，家里亲戚都认为吴某忤逆，都当作吴某“死了”，与吴某断了联系。通过“信”文化教育矫正，吴某终于明白自己不应该利用家人的信任而肆意妄为，自己没有尽到应尽义务和家庭责任，才酿成了如今的苦果。6年来，吴某改过自新，积极改造，努力实现劳动超产，把自己每个月劳动报酬奖励积攒下来，寄回给家里奶奶做生活补贴。水滴石穿，吴某的真诚打动了奶奶，亲人终于又重新接纳了吴某，吴某切身体会到“精诚所至，金石为开”的实质内涵。

（五）有利于合作交流，促进事业成功

诚信是国与国之间、人与人之间相处的基本准则。特别是在社会主义法治国家，法律、规章制度需要每个人都诚信遵守，违法犯罪有犯罪记录，失信会上征信黑名单，社会对诚信越来越重视，诚信的重要性可见一斑。

矫正对象田某出监后想找工作，广投简历，因为有了“犯罪记录”污点，找工作处处碰壁。但田某没有灰心，还是继续寻找，最终田某到老家的养殖场做了管理员，试用期三个月，工作交接后，田某发现有一头牛因为长期俯卧没有被统计到，便主动告诉老板。老板看田某“诚实守信”便立马签订用人协议并奖励田某1000元。田某倍加珍惜这来之不易的机会，勤勤恳恳。五年下来靠着“诚信赢得回头客”，田某现在已经自主拥有2个肉牛养殖场，每年净收入超200万元，田某现在买了房买了车，日子一天比一天好。田某感叹：正是监狱后续的“信”文化教育矫正，让他认识“人无信，无以立”的做人道理，用诚信赢得了别人的信任，赢得了合作交流，赢得了事业成功。

第三节 案例实操

一、罪犯基本情况

符某，男，1968年5月出生，汉族，小学文化程度。因犯故意伤害罪被人民法院依法判处无期徒刑。2006年7月调入M监狱服刑。符某属于“三假”罪犯，按狱政部门要求，设立为危险犯。符某入监一周即出现双下肢水肿不能行走，后又出现右上肢不能运动,自诉曾有“脑震荡后遗症”和“脊骨断裂后畸形”病史,不能劳动,生活、起居均由他犯照料。曾多次在监狱医院诊疗,并于2015年1月送省司法医院住院诊疗一月,出现诊断“极性坐骨神经痛”,出院后符某不能行走,白天双下肢及右上肢皆不能运动,一切活动及生活皆需别人帮助,但夜间入睡可以翻身,手脚活动自如。

二、罪犯教育改造方案的制订和实施

(一)犯因分析

符某自幼在家无人看管,性格内向,做事易冲动,不计后果,且心理相对比较脆弱,抗压能力差。体格检查及神经系统检查中发现符某警惕性高,三肢瘫的症状不符合医学规律,不符合神经系统分布和正常解剖生理特点。在经过调查观察和详细体格检查后排除了神经系统疾病致瘫痪的可能,确诊为“伪瘫”。心理测验提示符某为神经质人格和有伪病倾向。心理检查发现符某存在较强保护机制,行为动作做作,立即实施了对符某的心理矫治。

(二)入监改造表现

符某自入监以来,在现实改造中积极参加劳动,并且能够超额完成劳动任务,个人内务卫生达标,但由于符某无法核实身份信息,按狱政部门要求,设立为危险犯,因此他出现一些情绪波动。

(三)心理测试结果和行为表现

针对符某的情况,心理健康指导中心及时对其进行了心理测试,心理测试结果显示:90项症状清单(SCL-90)大于160分,阳性项目数大于43项。

测试结果表示:符某有中度烦躁,轻度焦虑,符某的心理问题是由现实生活中的问题引发内心冲突,情绪反应没有泛化,能够维持正常生活,咨询师诊断为一般心理问题。

(四)教育矫治的优势及难点

1. 优势

(1)认罪服法态度较好,符某能够认识自己的罪行给被害人和自己带来的是不可挽回的后果,非常后悔,想赎罪改过。

(2)心理问题未泛化,能够接受干警的教育和心理疏导。

2. 难点

(1)“三假”罪犯,信文化缺失。

(2)文化水平较低,平时在改造生活中经常因为生活小事跟同犯发生矛盾。

(3)刑期长,改造的压力较大,转化难度较大。

(五)预期矫治目标

1. 阶段目标:建立起相互信任关系,让其能够将干警的教育及心理辅导听进去,缓解在现实改造中出现的不良情绪,矫正错误认知,引导正确服刑意识,自觉遵守各项监规纪律,使符某能够积极参加劳动并配合医生治疗。

2. 长远目标:帮助符某正确认识到诚信的重要性,同时鼓励符某多与改造表现好的同犯之间沟通,积极参加监区组织的文娱活动,打开自己的心扉,克服自己心理弱点,改善与同犯之间的关系;监区同时积极地与当地派出所联系,希望能够帮助符某寻找到亲属,解决符某的根本问题。

(六)教育矫治方案及实施情况

根据符某的具体情况,对其进行的教育转化分以下几个方面进行,具体如下:

1. 管控危机,消除隐患

符某确立为危险犯后,监区建立重点犯教育改造方案和心理矫治专档,确保时刻掌握符某的动向,严防其脱管失控。

2. 耐心交流、建立信任

第一次交谈中首先讲解解剖生理特点,然后一针见血地对其三肢瘫痪的症状进行分析,指出其三肢瘫不符合医学生理规律和装病问题的严重性及后果,并向其提出"下台阶"的方法,让其考虑。

次日的第二次交谈中符某承认了伪装瘫痪的行为,诉"我刑期长,害怕,想早点出去,听说真正不能走路就能保外就医了,所以我就不动了,干脆就装到底了",并对装瘫被揭穿顾虑重重。针对符某的问题,管教干警指出他装病的行为是缺乏诚信的表现,是不能被接受的,并指出诚信缺失的危害,要求符某必须正视刑期长和装病被揭穿这一现实,采取现实的态度和积极的行为方式来适应改造生活和改变刑期长这一事实。

第三次交谈时符某已能正常行走,并告知已在分监区承认了错误,但对后果有所担忧。管教干警继续给予其精神鼓励,帮助符某培养诚信意识,认识到其与同犯之间的矛盾和紧张关系与其缺乏诚信有一定的因果关系。交谈结束后,符某已具备了一定的抗挫折力,表示接受惩罚,吸取教训,踏实改造,争取通过正当途径提前出狱。

3. 人文关怀,精心施教

在矫治过程中注意对符某积极的改造表现和思想、行为倾向给予肯定和鼓励,监督符某遵守监规纪律和接受教育改造,规范其行为,培养其积极的情感。在重大的节假日期间，给予符某人文关怀，了解符某内心情绪，提升符某的改造信心，在此阶段内，多与符某交流，督促符某改造。

(1)采取积极治疗方法：每月通过教育谈话，了解其近期的思想动态。

(2)重塑生活信心：及时了解符某的服刑改造生活，鼓励符某多与人交流，保持好当前的平稳改造态度，通过思想教育转化，促进其进一步的安心服刑。

(3)帮助患者走出改造误区及病情误区：对符某提出教育改造上更高的要求，帮助符某提高文化水平，平日里有针对性地为其普及中国传统文化中有关诚信的名言、典故以及不诚信的危害的故事，为其下一步的改造打下良好基础。

(4)转化提高：对符某的前期教育改造进行小结、评估，加强对符某的思想以及心理教育引导。同时还要对症下药，巩固之前的治疗、教育、引导、转化成果，使符某切实感受到改造带来的好处，从而调动其改造的积极性，形成良性的循环，最终取得我们所期待的教育转化改造效果。

三、罪犯教育改造成效

经过三年左右的教育改造引导，符某有了明显的转变。符某的信心大大增强，情绪平稳，与同犯之间能够和睦相处。服从管理，认罪悔罪，遵守各项监规纪律，认真参加“三课”教育，积极参加劳动改造。2020 年 11 月，根据符某的现实改造表现，监狱撤销其危险犯。

通过这个案例，干警认识到，针对“三假”罪犯改造思想不稳定等问题的个别教育矫治是监狱教育改造工作中的一项重要难题，要对症下药。首先要遵循先疏后导的原则，运用尊重、热情、真诚、共情和积极关注等技术，让符某宣泄不良情绪，加强心理疏导，稳定罪犯的情绪；其次要找到罪犯的心理症结，取得信任，成功建立关系，找准切入点，转变罪犯的错误认知。

(一)教育矫正成功之处

1. 问题原因拿捏准确。暴露出来的问题往往只是事物的表象，形成问题的原因才是事物的根本，抓住事物的根本，才能有效解决问题。在对符某的教育矫正中，干警梳理符某遭遇的一连串问题，通过逐一分析，分别找到了这些问题存在的根源所在。比如，符某系“三假犯”，又为了逃避劳动“装病不出工”，是典型的不诚信行为。通过对以上这些问题根源的剖析，为下一阶段精准施教提供了准确方向。

2. 矫正方法针对适用。个别教育矫正是针对矫正对象的个性特点，采用不同矫正策略“量身定做”的教育矫正。运用这个方法，了解矫正对象特点，匹配个别矫正方法是关键。在对符某的教育矫正中，三次交谈能一针见血地指明符某问题所在，考虑到符某的顾虑，并给出解决问题的办法，让符某不仅认识到自身的问题，而且也看到了解决问题的希望。

3. 过程处理落实到位。教育矫正的过程，实际上是一个新、旧观念相互博弈的过程。任何一种观念都不可能凭空产生，也不可能凭空改变，而是需要在事物当中不断“感知、形成、固化”的过程。因此，做好每一个教育矫正过程，都必然会对教育矫正效果产生积极影响。

（二）教育矫正不足之处

符某埋藏已久的顾虑，多少都会出现一些异常表现，一直以来却都没有被人察觉。当符某在接受了“信”文化矫正之后，他才有了悔悟，与警官建立了信任，最终安心改造。从这两种情况对比来看，假如符某早点接受“信”文化教育矫正，或者接受“信”文化教育矫正更加深入、更加有效的话，那么矫教双方更容易建立信任关系，他也会早一天觉悟。由此可见，监所传统“信”文化教育矫正在推广程度和运用质量上都还有待完善，这主要体现在三个方面：一是传统“信”文化教育矫正程度有待深入、普及；二是传统“信”文化教育矫正模式有待完善；三是传统“信”文化矫正水平还有待提升。

思考题

“信”是做人之本也是中华民族的优良传统美德，中国人强调做人做事要“诚实守信”。“信”是先从做人“诚实守信”，最终才能“诚信达天下”建功立业，实现自己的人生价值。“信”既是一种道德规范，也是被人们普遍认同的社会准则，它对促进个人立足，社会稳定，实现人类命运共同体都具有十分重要的价值。对于矫正对象来说，很多是信用卡诈骗、合同诈骗等不诚信行为导致犯罪的，因为他们的犯罪行为不仅违背了法律，同时也违背了道德。古人说：“人无信无以立。”做人的根本在于诚信，犯罪就意味着缺失了诚信。那么，运用“信”文化教育矫正，就能够帮助矫正对象做到“诚实守信”，进而从“信”的根本上提升道德修养，增强责任观念，树立敬畏意识，真正弃恶从善，重新做人。

请根据上述文字内容，思考解析：

1.“信”文化教育矫正在教育改造中的矫正原理。

2. 结合新时期监所工作的新要求，探索“信”文化教育矫正的新途径。

第五章　“家”文化与矫正

案例

曹某，男，33岁，已婚，初中文化，家境一般。2008年开始吸食毒品，2018年因在社区戒毒期间复吸被公安机关送戒毒所强制隔离戒毒。曹某对家庭缺少责任感，没有给予家人应有的关心，没有承担起在家庭中应有的责任。曹某初中毕业后外出打工，与家人交流沟通少，自尊心较强，不想让别人知道自己的家庭情况，很少与他人谈及家庭，缺乏家庭概念。吸食毒品后，其父母多是埋怨、发牢骚和疏远，双方缺少良好沟通和交流，没有让其树立正确的价值观念和家庭观念。入所后，曹某对戒毒有消极抵触情绪，没有意识到自己吸毒是违法行为，吸毒给自身和家庭带来的伤害。

如果你是一名从事矫正教育工作的人民警察，你对曹某的矫正教育工作应该从什么地方切入呢？

第一节　传统文化语境下的“家”文化

“家”作为社会组织的基本元素、国家构成的最小单位，承载着深厚的文化内涵和丰富的价值意蕴。中华民族“家”文化与家国情怀在精神实质上具有诸多共通、融贯之处。一方面，中华民族“家”文化充分体现着“家是小国”“国是大家”的基本内涵，集中反映了身份认同观、族群归属感、集体责任心等精神实质，在培育个体社会成员的家国情怀过程中发挥着重要的作用；另一方面，家国情怀引导和规范着中华民族“家”文化的演进方向，使其在新的时代背景下得以创造性转化和创新性发展。

一、“家”“国”的词源分析与概念界定

家国情怀的内涵理解源自人们对“家”“国”的词源分析，而家国情怀的精神实

质阐释也应以“家”“国”的概念界定为前提。

从词源角度分析，“家”的甲骨文有“”“”“”等多种大同小异的写法，其上部和两边构型为侧视房屋的形状，下部为“猪”的象形字。“家”的金文、小篆、隶书、楷书均延续了其甲骨文的基本字形，意指屋内有“豕”（猪），则为家。在上古时代，猪的文化意蕴中非但不含任何贬义成分，反而有财富、幸福、吉祥乃至衡量勇敢程度的象征。在生产力极为落后的原始社会，经常遭受恶劣气候、食肉猛兽、致命疾病等多重袭击的人类不得不聚集在一起生活，共同围猎、捕获野兽或采集野果等食物，从而延续生命、繁衍后代。随着社会发展到一定阶段，当某些具有血亲关系的群体能够在房屋内驯养“猪”等畜物时，说明他们的生存境况相对稳定、殷实，有屋可住、有肉可食、有祖可祭，家便由此萌芽并逐步确立。由此可见，“家”的原初义是指居住在房屋里并有共同财富的血亲群体。

从西周开始，“家”有更为明确的亲缘维系的家庭、家人之意。东汉文字学家许慎在《说文解字》中将“家”的含义解释为“居也”，即具有婚姻关系的夫妇及其家人共同生活居住的地方、处所。春秋时期的“家”开始由“小”家庭逐步发展为“大”家族、族群，乃至延伸到卿大夫的采地食邑等。如《字汇》称：“大夫之邑曰家”，后人进一步解释为“古代诸侯的领地叫国，大夫的领地叫家”，所以“此家与国当为同义词”。[①] 随着民族的迁徙、融合以及中原文明的扩展，“家”的概念范畴中又衍生出“家乡”“家邦”等诸多语义。

“国”字出现得比“家”字稍晚一些，从西周末年开始，“國”字专门用以表示领土、疆域的意思，“边界”“边塞”“國境”等词语也随之应运而生。[②] 在南北朝的云冈石窟、太平天国时期的钱币上出现的“国”从囗从王，有“溥天之下，莫非王土”之意；在魏晋六朝时代的镜铭刻文中出现的“**囻**”从囗从民，有“国以民为本”之意，反映了孟子的“民贵君轻”思想，这与“国”形成了鲜明的对比。[③] 到了宋元时期，在话本、唱词等民间文学作品中出现了“国”的字形，如此从囗从玉的简化字表明所守卫的疆域地大物博、宝藏丰富。

1956年6月，我国推进第二批简化字共95个，其中正式改繁体字“國”为简化字“国”。自此，“国”字在我国被赋予了更为吉祥美好、繁荣昌盛、民富国强的寓意，饱含了人民对自己国家热爱、珍视之情以及诸国之间“化干戈为玉帛”的美好期盼。

---

① （汉）刘安等编著，赵宗乙译注：《淮南子译注》，黑龙江人民出版社2003年版，第682页。

② 李土生：《土生说字：千字文》，中央文献出版社2010年版，第111～112页。

③ 陈政：《字源谈趣》，广西人民出版社1986年版，第278页。

二、家国情怀的内涵理解

家国情怀是指一个人对自己的家庭、民族乃至国家的深情厚爱和真切关怀，主要包括对家庭利益、民族利益、国家利益的认同、维护和坚守，并为了达到家兴人旺、国泰民安的目标而表现出来的人生境界。通过“家”“国”的词源分析可以看出，两者的概念都包括一定范围的场所或地域、具有某种共同特征的群体。

其中，“家”的群体以亲缘维系或联姻关系为主，“国”的群体以地缘联系为主。同时，家庭、家族和国家在组织结构与权力配置方面存在某种程度的共通性、同一性，家是国的缩小、国是家的放大，或曰家是小国、国是大家，也就是所谓的“家国同构”。“家”与“国”在一句中连用的情况古已有之，并延续至今。例如，《墨子・尚同下》提及“治天下之国若治一家”；《管子・牧民》有云：“以家为家，以乡为乡，以国为国，以天下为天下”；明代思想家顾宪成在《东林书院门前对联》中写道：“风声雨声读书声，声声入耳；家事国事天下事，事事关心。”

当然，“家”与“国”合用为一词的情况也很常见。例如，《礼记・儒行》曰：“苟利国家，不求富贵。”

在历史发展的长河中，家庭、国家的出现不仅标志着人类社会逐步由蒙昧、野蛮走向文明、开化的状态，而且为家国情怀的培育、滋养提供了必要的精神家园。起初，“家”“国”的各自范畴有较为明显的区分。例如，卿大夫百乘之地为家，诸侯千乘之地为国。《孟子・离娄上》中就曾提到，“人有恒言，皆曰天下国家。天下之本在国，国之本在家，家之本在身”。汉代学者赵岐对此作注时称：“国谓诸侯之国，家谓卿大夫家也。”[①]后来，在以亲缘关系为纽带的宗法制影响下，“家”成为“国”的核心与缩影，“国”成为“家”的扩大与延伸，把家和国的命运紧密联系在一起，逐渐构筑了坚实的“家天下”“天下一家”文化根基。在“家”文化中的小家层面，父为子纲，家长尤其是父亲的地位至尊、权力最大，犹如一个家庭、家族里的严君。例如，《易・家人・象》曰：“家人有严君焉，父母之谓也。”孔颖达在《周易正义》中解释道：“父母一家之主，家人尊事，同于国有严君。”[②]《墨子・尚同》提道：“家君发宪布令其家”“又使家君总其家之义，以尚同于国君。”唐代文学家王勃在《滕王阁序》中谈道：“家君作宰，路出名区；童子何知，躬逢胜饯。”[③]在“家”文化中的大家层面，君为臣纲，君主的地位至尊、权力最大，犹如一个国家民众的父母。例如，《尚书・洪

---

① 夏征农、陈至立主编：《大辞海》（第 1 卷），上海辞书出版社 2015 年版，第 1227 页。

② （唐）孔颖达撰，余培德点校，周易注疏：《周易正义》（上），九州出版社 2004 年版，第 361 页。

③ 张培峰编注：《唐宋散文名篇选注》，时代文艺出版社 2017 年版，第 5 页。

范》曰:“天子作民父母,以为天下王。”东汉史学家班固对此的解释是:“谓‘君’为‘父母’,明仁爱德让,王道之本也。”[①]《太公六韬·文韬·国务》指出,“善为国者,驭民如父母之爱子,如兄之爱弟”。《白虎通·春秋》记载邹穆公的话:“夫君者,民之父母也。”[②]

古代“家”文化的家与国相互融通、父与君互为表里,进一步深化了父慈子孝、忠君报国的传统道德理念。正如《孝经·广扬名》引孔子所言:“君子之事亲孝,故忠可移于君;事兄悌,故顺可移于长;居家理,故治可移于官。”如今,尽管传统的宗法社会、父权观念、忠君思想等封建糟粕早已被涤荡无存,取而代之的是法治社会、民主观念、爱国思想,但同宗同族的情操、家国同构的精神、忠孝同义的内核依然在延续,而且其中蕴含的伦理道德规范不断发挥着维护社会秩序、构建和谐社会的积极作用。

三、家国情怀的精神实质与价值意蕴

2014 年 5 月 4 日,习近平总书记在北京大学师生座谈会上指出:“一个民族、一个国家,必须知道自己是谁,是从哪里来的,要到哪里去,想明白了、想对了,就要坚定不移朝着目标前进。”[③]一个民族、一个国家若想知道“自己是谁”“从哪里来”,就要深入了解本民族的文化基因、本国的历史根脉。从最新的考古学研究成果来看,目前中国境内绝大部分人的基因与五六千年前的黄河流域中游地区人群基因相近。考古学家还通过大量的考古文物和文献资料,再次力证了中华民族具有当今世界唯一延续五千多年从未中断的文明。所谓“从未中断的文明”是指作为同一个“国家”、同一类“国民”、同一片“国土”的不断裂式发展与进步。[④] 中国人的文化基因之所以能够永葆旺盛的生命力,与其厚植于国民心中的家国情怀有着极为密切的关系。具体而言,家国情怀中蕴含的文化认同观、族群归属感、集体责任心是中华民族文明从未中断的重要思想基础和精神来源。

(一)文化认同观,即个人对家庭、民族、国家等群体的文化内容及其特征的认可程度和接纳态度

从发生学的角度来看,凡是有相对稳定人群的地方就有文化,不同的人群共同体往往有不同的文化特色。认同则是个人与他人、群体在思想、道德、情感、心理、思

---

① 祁志祥:《国学人文导论》,商务印书馆 2013 年版,第 442 页。

② 徐超、王洲明译注:《贾谊文选译》(修订版),凤凰出版社 2011 年版,第 115 页。

③ 求是杂志社编:《治国理政新理念新思想新战略》,学习出版社 2018 年版,第 495 页。

④ 刘庆柱:《中华文明五千年不断裂特点的考古学阐释》,载《中国社会科学文摘》2019 年第 4 期。

维等诸多方面的趋同过程，也是群体成员在长期“自我—他者”互动中形成的价值观念和意识形态。就家国情怀而言，其文化认同产生与发展的基本路径是，由个人对某种文化现象或事物的理解、欣赏、包容和认同，逐渐扩展到一定范围群体文化的认同，在获得共识之后再延伸到较大乃至更大范围群体文化的认同，即由个体文化认同到家庭（家族）文化认同，再到国家文化认同乃至人类文化认同的演变历程。这在某种程度上也反映了儒家文化所倡导的修身、齐家、治国、平天下的人格价值实现顺序。在中国人看来，齐家、治国是最重要的人生理想，并在“家”文化的熏陶下把齐家的个人理想与治国的社会理想有机联系起来，从而演绎出以孝为基础、以忠为核心的政治伦理规范，形成了中华民族特有的家国情怀。《礼记·大学》中所说的“治国必先齐其家者，其家不可教而能教人者，无之”“一家仁，一国兴仁；一家让，一国兴让”“宜其家人，而后可以教国人”，均从不同角度阐释了“齐家”是“治国”的前提条件和重要环节。在齐家的层面，传统的家庭（家族）文化主要包括家风、家教、家训、家规等。无论中华家教集大成之作《弟子规》、孔氏家族第一部完整的族规《孔氏祖训箴规》，还是中国家训之祖《颜氏家训》、治家格言之作《袁氏世范》，抑或三国诸葛亮《诫子书》、北宋司马光的《居家杂仪》、南宋朱熹《朱子家训》、清代王夫之的《传家十四戒》、曾国藩的《教子家书》都在首推孝道的基础上认同儒家文化倡导的仁、义、礼、智、信，并以“中、正、和”的伦理道德思想潜移默化地影响和约束家族成员的言行，激励他们在各自的修身、齐家等方面继承和发扬祖辈的优良品德，促使“学而优者”在治国、平天下的人生之旅中一展身手。时至今日，我国把社会主义核心价值体系建设作为文化强国的首要任务，对传统“家”文化本着“取其精华，去其糟粕”的原则，大力倡导以尊老爱幼、男女平等、夫妻和睦、勤俭持家、邻里互助为主要内容的家庭美德，将国家、社会、个人层面的价值要求贯穿到新时代公民道德建设各方面，从而让中华文化基因更好植根于人们的价值观念和意识形态。

（二）族群归属感，即个人对自己所属家庭、民族、国家等群体的眷恋程度和依存状态

归属感通常无法在一对一的友谊关系中获得，只能在群体中才有机会去体认、感念，与群体其他成员在互动中产生情感共鸣。它作为个体对自己所在群体产生的归附、从属、参与的一种情感，是群体内聚力和生命力的重要来源。尽管归属感的形成是较为复杂的过程，但人在社会生活中需要一定的归属感，应主动置身其中并认识到自己是该群体的一分子。在家庭、朋友圈、工作单位、社团组织、居住社区、所属民族、国家等诸多群体中，家庭是最根本的眷恋之处，也是最温馨、安宁、舒适的依

存之所。如果追本溯源的话，家庭归属感是"家"文化在人类文明发展史中的初始印记。在上古时代，人们把房屋中有用于食物、祭祀和随葬的"豕"（猪）称为"家"，尤其是"以猪、狗祭祀祖先的正室"视为"家"，①反映了对祖先的敬重、尊崇和感念，昭示着后世子孙恋家情怀的充分抒发与爱国主义的持久保持。例如，在浩如烟海的古诗文作品中，有大量表达"想家""念家""思乡""爱国"等家国情怀的名篇佳作。唐代诗人李白在《与史郎中钦听黄鹤楼上吹笛》中用"一为迁客去长沙，西望长安不见家"暗指自己也像贾谊一样，尽管遭遇贬谪、政治失意等人生逆境，但依然饱含对家庭、国家的一腔深情与热爱；孟郊在《游子吟》中由于非常想念远在家乡的慈母，留下了"谁言寸草心，报得三春晖"的动人诗句；白居易在《邯郸冬至夜思家》中以质朴的语言表达了自己在冬至夜晚的思家之感，在《望驿台》中用"居人思客客思家"直抒自己的家庭归属感；元代散曲家马致远在《天净沙·秋思》中刻画了浪迹天涯的旅者对家乡的思念之情；明代政治家于谦曾把文天祥的画像挂在床前，少年时还撰文颂扬文天祥的"殉国亡身，舍生取义"，在《立春日感怀》中用"一寸丹心图报国，两行清泪为思亲"表达了自己"以国为家、为家卫国"的家国情怀。当历史的车轮驶入20世纪20年代，中国共产党在中华民族处于灾难深重的时刻、生死存亡的关头应运而生，随后经过近百年的革命风雨洗礼与考验，组建了9191.4万党员大军，领导14亿民众把爱家和爱党、爱国统一起来，凝聚起推动中华民族伟大复兴的磅礴力量。其中，焦裕禄、王进喜、雷锋、孔繁森、张海迪等一大批楷模都用行动诠释着"我是中国人民的儿子"、"我深情地爱着我的祖国和人民"以及"我荣幸地以中华民族一员的资格，而成为世界公民"②，他们身上所体现出来的许多道德品质，不仅属于他们个人的美德，还属于党组织、国家乃至中华民族的美德。

（三）集体责任心，即个人对家庭、社会和国家所负责任的认识、情感和信念，以及相应的遵守规范、承担责任和履行义务的自觉态度

集体责任涵盖的层次多、范畴广，不仅涉及家庭责任、社会责任、国家责任，而且包括法律责任、伦理责任、经济责任、政治责任、民生责任、安全责任、国防责任等。对于家庭而言，既应承担教育子女、赡养父母的责任，又应履行操持家务、维持生计、互相帮扶等义务。生活在社会中的每个人也应有自己应做的分内事情、应当完成的使命。责任心是家国情怀中最重要的支撑点，也是伦理道德的归结点。《论语·泰伯》记录了曾子的一段话："士不可以不弘毅，任重而道远。仁以为己任，不亦重

---

① 徐少锦、陈延斌：《中国家训史》，陕西人民出版社2003年版，第37页。

② 陈锡喜主编：《邓小平理论概论》，华东师范大学出版社1996年版，第22页。

乎?”意思是说:“读书人不可以不胸襟宽大、意志坚毅。把实现仁的理想当作自己的责任,难道还不重大吗?”在“大道既隐”“礼崩乐坏”的春秋后期,孔子及其弟子们怀着强烈的国家使命感和社会责任心,阐发了一系列涉及家庭责任、社会责任、国家责任的言论。其中,对家庭的责任曾被笼统地称为“孝”,对社会、国家的责任则相应地称为“忠”。在家国同构的观念下,尽孝于家、尽忠于国是文人志士的道德追求与人生理想。在家孝敬父母尊长,是为人的基本准则,也是奉国尽忠的知行基础、移孝于忠的前提保障。如同家与国的关系,孝是浓缩的忠,忠是放大的孝。常言道,“自古忠孝难两全”。当忠孝之间存在某种的冲突与矛盾时,具有家国情怀的人们往往舍小家为大家,在家庭责任与国家责任的两难抉择中义不容辞地选择后者。北宋政治家范仲淹在《岳阳楼记》中的“先天下之忧而忧,后天下之乐而乐”的名句更是表达了文人志士忧国忧民的情怀,鞭策和激励着一代又一代中国人前仆后继地“位卑未敢忘忧国”“天下兴亡,匹夫有责”“苟利国家生死以”“为中华之崛起”而不断奋发图强、开拓进取。

在中国古代社会,无论从尧、舜、禹到夏、商、周,还是从秦、汉、两晋、南北朝到唐、宋、元、明、清,上至君王将相,下到平民百姓,虽然身份地位不同,但都认同炎黄先祖、眷恋家园故土,而且该尽的孝道、该守的忠信几乎没有太大的差别。这种基于文化认同、族群归属、集体责任的家国情怀是“家”文化的优秀基因,使中国共产党在近代社会的紧要关头救人民于水火、拯国家于危亡,进而使多元向心的中华民族成为世界上唯一没有中断文明发展史的伟大民族。如今,家国情怀在社会主义制度中被赋予了新的时代内涵与鲜明特征,焕发着更为旺盛的生命力。

第二节 矫正语境下的“家”文化

家是最小国,国是千万家。家庭的前途命运同国家和民族的前途命运紧密相连。正所谓“一屋不扫何以扫天下”,家庭是社会最基本的单元,家好则国好,家兴则国兴。中华传统文化深蕴“修身、齐家、治国、平天下”的大道,在治国理政中,历来重视孝老尊亲,勤俭持家,兄友弟恭,父慈子孝,妻贤夫安,努力治学,读书达理,睦邻友好,明礼诚信等“家”文化教育。历朝历代不少文人志士在家庭第一所学校里扎牢了做人做事的道德根基,最终成为挑起国家大梁的有用之才。然而,对于一些矫正对象来说,正是因为缺失了传统“家”文化教育,才容易导致胸无大志,贪图享乐,缺乏责任,损人利己,危害国家,危及社会,殃及家庭的结果。尤其是一些矫正对象在服刑期间仍缺乏新生目标,缺乏改过动力,或表现得过且过,我行我素;或悲观绝望,放弃改造,或缺乏责任,累及家庭。如何让这些矫正对象重新树立起新生目标,重新回归家庭责任,重新成为有益于家庭、社会、国家的有用新人,就必须要从"家"文化的根本对标治本,弥补缺失,实现修身、齐家、治国的矫正目标。

本节主要讲解"家"文化在矫正教育中的相关运用,主要包括"家"文化在矫正教育中的作用;"家"文化矫正对象的特征;"家"文化矫正教育方法运用等内容。

一、"家"文化在矫正教育中的作用

习近平总书记在2015年春节团拜会上说,"促进家庭和睦……使千千万万个家庭成为国家发展、民族进步、社会和谐的重要基点"。"家"文化矫正教育的目的就是要廓清"家"文化的内涵和外延,帮助矫正对象找准存在的模糊认识,树牢家国观念,培养家庭和社会责任。"家"文化在教育矫正中具有十分重要的意义。

(一)有利于认识家庭责任,增强家国情怀

几千年来,中国社会"家"文化思想一直是维系社会秩序和国家凝聚力的精神力量,以孔子为代表的儒家学说,在家庭伦理方面,强调"天下是一家"的文化思想,对家的管理制度提供了信仰、思想、行为上的理论支持。比如,"三纲五常"的伦理道德理论和由此产生的家规、家教、家训等"家"文化,其核心无不强调了家庭责任和"天下兴亡,匹夫有责"的国家情怀。运用"家"文化矫正教育,就是要帮助矫正对象正确认识家庭责任,培育家国情怀,找回迷失的自我,发挥出新的人生价值。

矫正对象钟某,因为开设赌场罪被判刑4年,在服刑期间妻子离婚,留下了两个未成年的孩子交给他的单亲母亲抚养。当他在监狱受到"家"文化熏陶之后,彻底认识到自己的犯罪行为就是对家庭的失责,就是对国家的不忠。当他刑满释放之后,拒绝再犯罪,在广东荔湾靠卖小菜承担赡养一家4口的义务。2021年5月,当荔湾出现新冠疫情时,他关闭自己的摊位,主动去当义工,每天协助医务人员为当地百姓做核酸检测,虽然遭到家人的反对,但他说:"平时是荔湾百姓给了我生存的平台,当乡亲们有难时,我应该尽一份力去回报他们。"

(二)有利于培养家庭观念,化解家庭矛盾

在很多具有诗意的人眼里,家是一个情感的港湾、是一个灵魂的栖息地、是一个精神的乐园。然而,在一些矫正对象的心里,家只不过是一个供他们吃住的地方,是一个约束他们自由的地方。运用"家"文化矫正,不仅能够让矫正对象认识到家不仅是一个繁衍生息的地方,更是一个讲奉献的地方,是一个感恩的地方,从而增强他们的家庭责任观,化解家庭矛盾。

矫正对象卢某，因为贩卖毒品被判刑 3 年，在服刑之前，他每次吸毒之后就会殴打虐待妻子，导致妻子产生心理恐惧，女儿也出现了自闭症，夫妻离婚时，虽然房子和女儿都判归给妻子，但妻子还是做好了等卢某刑满释放就带着女儿离家的打算。当卢某在监狱接受了“家”文化矫正之后，对自己之前吸毒给家庭带来的严重伤害感到了深深愧疚，卢某在释放后不仅没有打扰前妻生活，反而安慰前妻“真正要离开家的是我”，卢某用自己的实际行动承担起了抚养女儿的义务。一年之后，前妻看到卢某向好改变，又重新接纳他回归了家庭。

（三）有利于承担家庭责任，戒掉身上恶习

清代王永彬的《围炉夜话》说“积善之家，必有余庆，积不善之家，必有余殃。”一些矫正对象往往因为沾染了恶习，不仅自己遭受了牢狱之灾，而且也让家人苦不堪言。通过“家”文化矫正，能够让矫正对象重新认识家庭责任，自觉改掉身上恶习，重新实现家庭幸福。

矫正对象夏某，因为好赌成性，两次犯罪服刑 10 年，妻子一个人带两个孩子还要照顾两个老人，每个月还要给夏某 300 元零花钱，一家人生活十分痛苦。当夏某通过“家”文化矫正之后，认识到是自己的毛病才让自己多次服刑，才让妻儿父母多次遭受痛苦。从此，他不参加打牌等与赌博有关的任何游戏，将每个月 300 元的零花钱控制消费在 150 元以内，后来，他一分钱也不要，反而把自己的劳动报酬寄回给家里补贴家人的生活。

（四）有利于赢得家庭信任，增强生活信心

《孝经》里面讲：“不爱其亲而爱他人者，谓之悖德；不敬其亲而敬他人者，谓之悖礼”。一些矫正对象，从小叛逆父母，叛逆家庭，长大后每次惹出了事情都是家里人拿钱出力帮他摆平，成了典型的“败家子”，让亲人失去希望，也让自己失去新生信心。通过“家”文化矫正，能够帮助他们认识到在服刑之后，真正对自己不离不弃的还是家里面的亲人，从而改变错误观念，树立新生信心，积极投入改造。

矫正对象殷某在服刑之前，父母在外地做生意，给他的零花钱多的时候有 2 万元，而殷某身边也多了一帮“兄弟”，走到哪里都有“小弟”前呼后拥，感觉很有面子。但是，当自己服刑之后，往日的“兄弟”都不见了，父母对他也失去了希望。通过“家”文化矫正之后，殷某彻底认识到了自己的悖德行为导致了如今的局面，他发誓一定要自食其力，再也不当“败家子”。他把银行卡里剩余的 5000 多元零花钱统统寄回家里，从此只用自己的劳动报酬消费。殷某回归了责任，家人也重新接纳了他。

（五）有利于发挥人生价值，消除不良影响

《孔氏祖训箴规》第 3 条规定：“为子孙者，勿嗜利忘义，出入衙门，有亏先德。”

一些矫正对象，正是触犯了族规家训，才导致身败名裂，难以立足的结局。通过"家"文化矫正，能够帮助矫正对象认识家规家训是血的教训换来的戒律，从而增强遵规守纪意识和重新做人的信念，用实际行动消除过去的不良社会影响。

矫正对象孙某，曾因多次盗窃3次服刑，而他80多岁的老母亲苦等了他10多年时间，自己在邻里乡亲之间也抬不起头。通过"家"文化矫正，孙某认识到自己见利忘义的行为，严重损害了孙家的家族、家规、家风。在刑满释放之后，他打工赚钱赡养老母亲，主动帮助身边有困难的人。2020年年初，当新冠肺炎疫情爆发"一罩难求"时，他为家乡捐赠口罩300个。2021年6月，当东莞出现新冠肺炎疫情时，他又主动当义务安全员，协助当地社区维护治安秩序，其间，他的见义勇为行为多次受到相关部门的称赞。

二、矫正对象"家国"观念缺失的表现

矫正对象"家国"观念的缺失，往往与其接受的家庭教育，生长的社会环境和自身的修养觉悟有关，错误的"家国"观念会导致一些倾向性的错误行为，了解这些错误观念之下的错误行为，对于运用"家"文化精准矫正能够起到积极的帮助作用。

（一）行为放纵，无所顾忌

《大学》中说："古之欲明明德于天下者，先治其国；欲治其国者，先齐其家；欲齐其家者，先修其身。"修身是中国人特有的自我完善、修行方式。对于一个缺失"家国"观念的人，其自身的修养是不够的，国是家的国，家是国的家，如果没有这种认知觉悟就不可能有家国责任，就不可能注重自身的修养，在为人处世当中明显的行为特征就是行为放纵，无所顾忌。

矫正对象向某，从小就失去了父母，被一个艺人收为义子，虽然艺人教了他一些手艺，也为他的婚姻大事费尽了财力心力，但很少教他做人的道理。向某在成家之后并不懂得感恩艺人，并不懂得珍惜家庭，而是经常打着艺人的牌子招摇撞骗，吃喝玩乐，惹出事情之后都让艺人为他埋单。最终，他的放纵行为招来了祸端，追债的人不仅砸了艺人的场子，向某也因为犯故意伤害罪被判刑入狱。

（二）自私自利，贪图享乐

诸葛亮在《诫子书》中强调："夫君子之行，静以修身，俭以养德。"意思是节俭有助于养成质朴勤劳的德操。对于一些矫正对象，往往由于家庭条件优越，加上父母的百般宠爱，促使其养成了一种自私骄奢的习气。

矫正对象汪某是一个独生子，父母在改革开放年代就"下海"开办了一家服装厂，虽然生意做得红火，却亏欠了对儿子的陪伴和教育，他们唯一能够满足儿子的

只有金钱。汪某有了钱也就有了一些玩伴,就不再想父母了,但是用金钱培养出来的孩子最终只懂自私骄奢,由于越玩越刺激,汪某最终陷入了毒魔的深渊不能自拔。

(三)消极抱怨,怨天尤人

《诗经》中《小雅·蓼莪》有一段话:“父兮生我,母兮鞠我,拊我蓄我,长我育我,顾我复我,出入腹我。欲报之德,昊天罔极。”意思是:“父母生我养我,拉扯我长大,呵护备至。我想好好报答,但父母的恩情如天一般,大而无穷,怎么报答得完呢!”然而,一些矫正对象非但没有这种感恩的情怀,反而以怨报德,怨天尤人。

矫正对象曹某出生于农村,虽然有大学文凭却不愿去拼搏,一心只想走捷径的他最终因为贩卖假钞罪被判刑10年。在服刑之前他埋怨父亲没有给他买房子,服刑之后,他又埋怨父亲没有把自己救出来,当父亲死后,他还在埋怨父亲没给自己留下一点财产。曹某虽然出生在贫困家庭,却没有“穷人的孩子早当家”的责任和担当。

(四)悲观厌世,得过且过

《孝经·开宗明义》里有一段话:“身体发肤,受之父母,不敢毁伤,孝之始也。”这句话的意思是:“凡是身上的一切,哪怕一根发丝、一点皮肤,都是父母赐予我们的。既然身体发肤都承受于父母,就应当体念父母对儿女的一片爱心,保全自己的身体,不敢稍有毁伤,这是遵从孝道的开始。”一些矫正对象虽然自身遭受了挫折,但父母亲人并没有放弃他,可是自己并不体念父母的恩情,对前途充满悲观,得过且过。

矫正对象贾某,43岁,因纵火罪被判处无期徒刑,服刑之后他感觉自己没有了前途希望,产生了轻生的念头,多次自杀未遂。贾某之所以会产生自杀的念头和行为,其根本还是缺失了家庭责任,心里只想到自己能够解脱,却没有想过自杀将会让亲人永远背负沉痛的枷锁,更没想过活着才能赎罪,活着才有希望。

三、“家”文化在矫正教育中的运用

在传统文化矫正实践中,“家”文化矫正只有渗透于生活方方面面,贯穿于思想和行为点点滴滴,才能够起到潜移默化的矫正作用。“家”文化矫正形式分为整体矫正和个体矫正,不同类型矫正都有符合自身特点的具体方法,掌握和运用这些类型和方法,对于把握矫正规律,提升矫正效果都能够起到有效地促进作用。

(一)“家”文化整体矫正的运用

“家”文化整体矫正,主要是指创造一种外在的“家”文化矫正环境,如时空环境、位置环境、内容环境等，通过“大家”环境影响，让矫正对象感受家庭、家规、家风等正能量，养成家国情怀，增强家庭责任，树立生活信心。

1. 传统节日式矫正。中国传统节日文化，对促进家庭和谐，提升家国情怀影响甚大。比如，春节是中华民族一年中最隆重、最盛大的传统节日。它的隆重与盛大不仅表现在丰富多彩的民俗活动，更表现在拥有深厚的节日文化内涵。每到年终岁尾，回家过节几乎是全体中华儿女的期盼和憧憬。利用春节文化能够激发矫正对象思家团圆的愿望，为新年做好新生规划；又如中秋节以月之圆兆人之团圆，寄托了中国古人思念故乡、思念亲人之情。因此中秋节能够激发矫正对象对“团圆美满、家和万事兴”美好生活的向往；还有每年农历九月初九的重阳节，是中国传统登高祈福，尊老敬老的节日，“独在异乡为异客，每逢佳节倍思亲”的思乡之情可以激发矫正对象对亲人的思念和尊老爱亲的“家国”情怀。

2. 环境融入式矫正。利用矫正对象寝室或床头环境营造“家”文化氛围，如“善林之家”“和谐之家”文化主题寝室，把集体寝室当成自己的“大家庭”，用“家”文化主题激励每个“家庭成员”之间和善相处，承担各自应尽的“家庭”义务，自觉维护好特殊“家庭”的和谐环境，在互帮互助，团结协作，尽职尽责中共同进步。还可以在床头营造“家”文化墙，在文化墙上面贴有家人的照片，写有家人对自己最希望的一句话，写有自己最感触的一句话，每当夜深人静或清晨醒来都能想念亲人，牢记教诲，激发思家、爱家、为家的家国情怀。

3. 经典专题式矫正。从古至今中国“家国”文化的经典教育内容数不胜数，比如建党、建军的历史故事，一些爱国英雄、道德模范的动人事迹等。讲好这些历史人物与故事，对增强“家国同体，爱家即爱国，爱国即爱家”的思想认同，对提升爱党、爱国、爱人民的家国情怀十分有益。再如，运用《三字经》和《弟子规》等传统文化经典对矫正对象进行中国传统文化教育，有助于矫正对象弘扬社会主义核心价值观，树立爱家爱国的社会责任感和使命感。

（二）“家”文化个别矫正的运用

“家”文化的个别矫正运用，主要是针对矫正对象个体所采用的“家”文化矫正方法，其中包括亲人之间的矫正，矫正对象自我矫正，矫正者施与的矫正等内容。通过与矫正对象之间的互动方式，促进矫正对象改变错误思想和行为，增强正确的家庭观念，培养坚定的家庭责任，树立博大的家国情怀，成为爱家爱国爱人民的合格公民。

1. 写家书，在交流中增进理解。家书是“家”文化的重要内容，尤其是相隔异地亲人情感交流的重要方式，一封家书寄托了多少亲人之间的相思、牵挂与期盼；增进了多少了解、理解和谅解;打消了多少猜忌、疑惑和不解;传递了多少嘱托、温度和力量。尤其是对于矫正对象,家书更能解读亲情的珍贵,更能坚定回家的步伐。

矫正对象顾某,40 岁时因犯故意伤害罪被判刑 15 年,当他接到判决时感到了绝望,提出和妻子离婚,想一死了之。但他没有想到,妻子的第一封信不是离婚协议,而是鼓励他的一段话“只要你安心改造,再苦再难我都会等你回家”。在随后的 11 年时间里,妻子每个月都会给顾某写一封信鼓励丈夫安心改造,而顾某也会回信向妻子汇报自己的改造情况。11 年时间,虽然有高墙阻隔,但家庭亲情没被隔断,“132 + 132”封家书给了他重生的希望,给了他回家的力量。

2. 学家训,在践行中增长见识。国有国法,家有家规。“家规、家训”是一个家族的处事原则,是一个家庭的精神风气,是一个家庭或者家族的道德准则和价值取向,时刻都在影响着一个家族、一个家庭的家风和个人品格。对于矫正对象,学习家规家训有利于了解祖辈的殷切期望,树立良好的做人风范,检省自身的缺陷不足,改掉身上的不良恶习。

矫正对象颜某,因犯诈骗罪被判刑 4 年,投入改造之后仍恶习难改,多次骗取同犯的生活物资被处罚。颜某的父亲是名退伍军人,向来乐善好施,深受乡亲们的尊重和爱戴,自从儿子犯了事之后,感觉脸上无光,有失颜家家风,也影响家族名声。颜父给儿子送了一本《颜氏家训》让他学习怎么做人。其中颜某对“巧伪不如拙诚”和“夜觉晓非,今悔昨失”的家训感触很大,巧妙虚伪不如守拙真诚,虚伪谎言骗得了一时,骗不了一世。改过的态度应该是早晨有过失,晚上就醒悟;昨天做错了事,今天就悔改,否则小错酿成大错,悔恨终生。受家训启发,颜某最终戒掉了恶习,走出了迷茫。

3. 担家责,在付出中承担义务。每个人在家里面都扮演着不同的角色,承担着不同的义务,既可能是儿女,也可能是夫妻,还可能是父母,只有尽到各自的责任才配做儿女、做夫妻、做父母。然而,对于一些矫正对象,曾经把家庭当成旅馆,当成享乐的地方,当成发泄的场所,最终导致家庭破裂,亲人痛苦,而承担起家庭责任,才是唯一挽回家庭的办法。

矫正对象江某,从小叛逆父母,14 岁就辍学了,19 岁时每天昼夜不分在外赌博。结了婚之后,还是想回家就回家,想不回就不回。就算有了几个钱,也不往家里面送,等钱花完了之后再回家,就算老婆生了孩子,还是老样子,最终他因犯赌博罪被判刑入狱。通过“家”文化矫正,江某认识到犯罪的根本原因是没有尽到为人子、为人夫、为人父的家庭责任,从此,他遵规守纪,积极劳动,提前回归了家庭。

4. 悔己过,在忏悔中改过自新。《弟子规》中说:“过能改,归于无。”一切犯罪行为都是危害国家、社会、家庭的行为。一切犯罪的人都必须为此付出代价，必须从思想上彻底认识犯罪危害，彻底悔改过错，努力成为国家、社会、家庭所接纳的新人。

矫正对象唐某从小是个孤儿，妻子不但没有嫌弃他没钱、没房子，反而嫁给了他，并且为他生了两个孩子。当唐某做生意有了钱时，只顾自己快活逍遥，却从来不给家里面一分钱用，是妻子一个人靠干农活将两个孩子养大。当唐某因拐卖妇女罪服刑之后，虽然心里面有了一些愧疚，但并不能换来妻子的原谅，唐某在即将刑满释放时不敢回家。在干警的帮助之下，唐某最终鼓起勇气向妻子深深忏悔，妻子才有条件地接纳他回家。

5. 爱孩子，在感恩中培育情怀。一些矫正对象，由于缺乏家庭责任，在服刑之前并没有为家庭做出什么贡献，家庭底子较薄，当犯罪服刑之后，家庭不仅失去了一个劳动力，反而增加了更多负担，尤其是孩子受到了不该受的连累。孩子既是家庭的后代，也是国家的未来，关爱这些特殊孩子成长，减少因犯罪给孩子造成的伤害，不仅是家庭的责任，更是整个社会的责任。关爱孩子成长，同时也能够让矫正对象感受社会大家庭的温暖，增强爱国、爱社会、爱家的信念，加速改造，早日成为社会新人。

2019 年 10 月 28 日，民革湖南省委、湖南省司法厅在长沙联合举行“法润三湘 · 民革同行”暨“情暖高墙 · 关爱孩子”志愿服务行活动。活动现场举行了省司法厅志愿者服务队授旗及向 20 名受助“事实孤儿”捐赠善款仪式，民革省直工委及 9 个地市委与 10 家监狱签约。截至 2019 年，省综治委、公安厅、教育厅等 14 个省直部门联合发文，形成了党委政府领导、综治部门牵头、司法行政主办、相关部门联动、社会协同配合等多部门联动的帮扶体系，共募集社会资金 5400 余万元，帮扶高墙外的“事实孤儿”8500 余人次，让不少矫正对象感受到了党和政府，社会爱心人士的深切关爱，极大地增添了他们爱国、爱社会、爱家庭的家国情怀。

6. 解矛盾，在和谐中增添希望。在“家”文化矫正实践中，家庭矛盾往往是导致矫正对象思想问题的原因之一，而帮助化解家庭矛盾则是“家”文化矫正的重要内容。

矫正对象马某，因为犯抢劫罪服刑 8 年，在临近释放时妻子突然向他提出了离婚，马某情绪变得低落，新生的希望一下子变得迷茫，心里已经做好了破罐破摔的打算。干警通过对其家庭走访，发现矛盾的焦点是妻子担心丈夫回家之后又重走老路。通过干警在马某夫妻之间的反复沟通，马某妻子终于同意给马某一年时间离婚考察期，马某又重新有了回家的希望。

7. 促互动，在温情中回归爱心。一些矫正对象往往因为缺乏爱，才不懂得爱，才不珍惜爱，才没有家庭责任、没有社会责任。在“家”文化矫正中，干警采取走出去，请进来的互动方式,能够让矫正对象感受家庭亲情、社会温情,在关爱当中回归爱心。

矫正对象蒋某判刑入狱时,妻子已身怀有孕,虽然妻子对蒋某不离不弃,把孩子生下来抚养到8岁,但她等来的却不是丈夫释放后第一时间家庭团聚,而是先和社会上的朋友玩一段时间再回家,妻子得知丈夫的想法之后,已经做好了离婚的准备。干警随即深入妻子家和社区走访,了解到8年里,妻子为尽家庭责任受尽了磨难,几次死里逃生,但她怕影响到丈夫改造从不吭声。干警将社区人员请到监狱对蒋某进行了现场帮教,当蒋某得知妻子的这些情况之后,有感动更有愧疚,蒋某在释放之后,第一时间回到了家庭,回归了家庭责任。

第三节 案例实操

矫正对象错误的家庭观念,往往导致家庭关系比较紧张。因此,矫正其错误的家庭观念,让矫正对象顺利回归社会,回归家庭对提高教育改造质量具有不可或缺的作用。本节以典型案例为例,简要介绍“家”文化在实操中的具体应用。本节矫正教育案例来源于司法行政(法律服务)案例库,在使用案例的过程中,根据本节内容,矫正过程为突出“家”文化的内容,与原案例有所不同。

一、戒毒人员曹某的基本情况

曹某,男,33岁,已婚,初中文化,家境一般。2008年开始吸食毒品,2018年因在社区戒毒期间复吸被公安机关送戒毒所强制隔离戒毒。曹某对家庭缺少责任感,没有给予家人应有的沟通和关心,没有承担起在家庭应有的责任。曹某初中毕业后外出打工,与家人交流沟通少,自尊心较强,不想让别人知道自己的家庭情况,很少与他人谈及家庭,缺乏家庭概念。吸食毒品后,其父母多是埋怨并发牢骚和疏远,缺少良好沟通和交流,没有让其树立正确的价值观念和家庭观念。入所后,曹某对戒毒有消极抵触情绪,没有意识到自己吸毒是违法行为,吸毒给自身和家庭带来的伤害。

二、教育矫正的实施过程

针对曹某的情况,干警制订了针对性的教育矫正方案,明确矫正目标:一是规范行为养成,改变其约束力差的性格特点,帮助其形成良好的行为习惯。二是进行传统文化教育，通过文化进行引导，使其意识到吸毒的危害，形成积极的戒治态度和正确的家庭观念。三是促成亲情帮戒，通过家庭走访，多进行书信和亲情电话沟通，让曹某的父母重新对他关爱。采取具体矫正措施如下：

（一）加强管理，让矫正对象认识到自己的性格缺点

针对曹某自我约束力差的特点，干警对其加强日常行为管理。在队列训练中，通过不断地发现问题，改正其在队列中的错误，提高自控能力。同时，针对曹某自尊心强的特点，在其取得成绩时或有所改进后，干警对其进行鼓励，增加改变自身弱点的信心。在日常的生活和习艺劳动中，及时发现其出现的错误并加以及时纠正，使其在行为上符合行为规范，认真参加各项戒治活动。

（二）进行中国传统“家”文化教育，促进矫正对象悔过认错

首先，“家”文化的教育从宿舍的装扮开始，戒毒人员宿舍里摆上花盆藤蔓等装饰，用“太阳谷”“幸福居”等温暖、雅致的名字命名，并布置了“家庭成员”心灵留言板以解答疑惑等。这些装扮给戒毒人员的日常生活带来家的温馨和勃勃的生机。

其次，在日常管理中，干警采用循序渐进的方法，对曹某进行传统文化教育。干警从姓氏入手，从传统文化的小故事入手，给曹某讲中国传统文化中“家”的内涵与地位，讲中国古人对家的重视，讲个人、家庭、社会与国家之间的关系。曹某之所以对戒毒有消极抵触情绪，不认为自己吸毒是违法行为，与其错误的观念有关。曹某认为自己吸毒一不偷，二不抢，没有对别人造成危害，所以一直对强制隔离戒毒有抵触情绪。“家”文化的教育主要是明确其对家庭应尽的责任与义务，使其认识到自己吸毒虽自以为不偷不抢，但同样给家庭和社会带来了危害。

最后，利用中国传统节日的契机进行“家”文化教育。每当传统节日来临之时，所里开展多种多样、丰富多彩的节日活动，如中华传统文化知识竞赛、经典诵读等系列活动。干警组织矫正对象向家人写家书、汇报信，用自己劳动报酬购买贺卡和粽子、月饼等节日食品送给亲人等，以进一步增强矫正对象“家”的意识。这些活动对曹某都产生了较为明显的效果，坚定曹某的戒治信心，为长久戒治奠定坚实的基础。

（三）进行家访，利用亲情帮戒

经过干警几个月的管理教育，曹某的思想发生了明显的改变，宿舍卫生做到井井有条，习艺劳动认真负责，从开始的消极懈怠到积极主动戒治，从开始对家庭情况不闻不问到后来的不断关心。干警利用业余时间到曹某家进行家访沟通，与其父母述说其最近一段时间以来积极变化。新春佳节到来，干警将曹某想对家里人说的心里话录成视频，播放给他的家人观看。在平时没有机会，羞于说出口的话，曹

某都在视频中向家人表达。曹某家人看到视频后感受到曹某到戒毒所后的积极变化,也慢慢开始谅解,并对他重拾信心。干警又将曹某家人对其的谅解和期盼录成视频,带回给他观看。经过干警的努力和曹某的改变,让亲情重回家庭,让责任再次回到曹某身上。

(四)利用同伴教育,重树信心

戒毒所邀请戒毒典型来所帮教,在解戒前组织欢送仪式送温暖,并真诚告知回归社会后需要注意的事项,强化戒除毒瘾的决心,并送上美好的祝福。同伴支持是矫正对象戒除毒瘾的强大动力。

三、教育矫正成效

通过干警几个月的教育矫治,曹某有很大的改变,自身约束力得到极大的提高,能遵守各项行为规范,服从管理,听从安排。戒治主动性不断提高,对毒品危害有更加深刻认识,能够主动积极地参与各项戒治活动,无论是日常教育活动,还是习艺劳动中,曹某都能做到认真对待,写出心得体会,对以后也有了明确的方向和目标。家庭关系得到改善,曹某的家人能够清楚地看到曹某的改变,对其充满信心;曹某也能够清楚地认识到之前的错误,做到关心家人的日常生活,向家人汇报近况以及思想动态,增强了悔罪意识、感恩意识。

四、实操点评

本案例的实操亮点是很好地利用了节日文化的契机,对矫正对象进行了“家”文化的教育。中国的传统节日都有自己的历史渊源和美丽传说,有着丰富的节日内涵,是中国传统文化中不可或缺的一部分,如春节是阖家团圆、祭祀祖先的节日;清明节是郊游踏青、慎终追远的节日,中秋节有着月圆人团圆的内涵等,表达了人们对美好生活的向往。每逢佳节倍思亲,节日也常常能唤起矫正对象思念家人的心,善于利用这个节点,则能更好地激发其积极改造的动力,因此从节日文化入手进行矫正教育显得尤为重要。在实践中,各监狱、戒毒所常以重大节日为契机组织矫正对象开展各类主题突出的文艺活动,对矫正对象进行爱国主义、集体主义和中华传统美德教育,充分发挥了节日文化的教育功能。

需要注意的是,包含传统节日文化在内的中国传统文化教育,都面临一个共同的问题就是矫正的效果与矫正工作者的传统文化素养息息相关。矫正对象大多厌恶填鸭式管教,排斥说教式的谈话。矫正工作者由于自身对传统文化的了解并不深入,在进行传统文化教育时往往会觉得心有余而力不足。以端午节为例,很多监所端午节必放映与《屈原》相关的影视剧,必讲端午节的来历,久而久之,不仅矫正对象不愿意听,就连管教干警也深感乏味。造成这种情况的根本原因就是对传统文化的挖掘陷入了形式化的窠臼。

矫正教育工作者可以带领矫正对象了解端午节日的文化内涵,端午节是传统节日中一个"爱国"的节日。爱国,这是任何时代,都必须坚守的民族精神,是它超过其他节庆的价值所在。端午节之所以被列入法定假日,不仅因为它是民俗的节日,更是英雄的祭日、民族的纪念日,这是我们民族的一种精神缅怀与集体追述。

又如,每年节假日到来时,社会上总会有"甜党""咸党"之分。双方都认为自己才是正统。端午节的粽子到底是甜粽子是正统,还是咸粽子是正统?事实上,传统中国人在原始的农业社会,蔗糖和蜂蜜的出现之前,甜代表着人们对美好生活的一种向往和欲望,被古人认为是和光明连在一起的两件最高贵的事情,是和美好幸福连在一起的最美好的词汇。所以,到现在我们还在说"甜美的生活"。因此,从甜咸粽子之争谁才是正统等问题入手可以激发矫正对象对美好生活的向往。引导矫正对象以感恩的心反思自己的人生之路,反思自己的所作所为给家人朋友带来的痛苦,重新审视生命的意义和价值;感恩干警的辛勤付出,感恩亲人的不离不弃,从而真正地忏悔自己的违法犯罪行为,坚定教育矫治的信念。这些都需要我们矫正工作者具备比较深厚的中国传统文化的素养,才能在教育矫正过程中游刃有余。

思考题

1. 根据下列材料,制订一份矫正教育方案

戒毒人员李某,44岁,广东清远人,小学文化,离异,育有一子,孩子目前由李某母亲照顾。李某曾在某大型酒楼从事厨工多年,2018年因结交损友吸毒成瘾,后被公安机关抓获送强戒后转入某强制隔离戒毒所。因患有糖尿病和胃病,体态肥胖,在康复巩固区戒治较短时间后,转入留医部接受治疗康复。李某入所初期表现积极,康复训练、习艺生产等方面均表现良好。但在留医期间,因家庭变故(母亲因病住院)、自身康复情况不理想等因素,李某性格变得急躁,情绪起伏大,不服从大队民警管理,并多次引发戒毒人员之间矛盾。经民警多次教育后仍不思悔改,态度恶劣。

李某进所之初表现尚好、服从管理,但转入留医部后态度大幅转变,戒治改造积极性变差。民警对李某使用症状自评量表(SCL-90)进行测试,阳性项目数目5项,分别为躯体化自评结果45分,自评结果人际关系敏感得分30分,敌对得分25分,偏执得分20分,抑郁得分35分。根据心理测试表的结果,结合李某日常的行为和民警的观察了解,李某主要存在以下几个问题:一是个人性格方面,李某较为内向、腼腆,不主动与人接触、话语较少,同时也

有较强的地域观念。二是有较严重的自卑心理,容不得戒毒人员之间的半点“玩笑话”,一旦他人提及其家庭情况或过往,就会情绪激动,与其他戒毒人员发生争吵和推搡。三是应激事件发生不懂处理。李某母亲因病住院令其非常担忧,儿子在家无人照顾令其不敢想象,心里常常感到对他们的愧疚,但又不敢拨打亲情电话,逃避现实,情绪长时间压抑。

2. 在深刻理解家国情怀内涵的基础上,针对矫正对象这个特殊群体,谈谈如何采取针对性措施,唤起矫正对象的家国情怀以促进矫正效果实现。

第六章 “和”文化与矫正

案例

蔡某,男,1982年4月生,海口市人,大专文化,自幼父母离世,吃百家饭长大,入狱前离婚,家庭不和谐,支离破碎。2006年至今,多次触犯《刑法》被判刑4次,曾因脱逃被加刑1年。2015年2月因诈骗罪被判处有期徒刑8年,2016年9月移押M监狱。

入监初,蔡某想博得干警好感,以便挑个“洋差”,曾有过帮助文盲罪犯代写书信和汇报材料,给经济困难罪犯物质帮助的行为,但未能得到干警的激励。蔡某专抓干警执法中的漏洞,后发展到与干警的严重对立,不和干警讲内心话,消极怠工,对抗管教,屡次违反《罪犯行为规范》的要求,与干警的敌对情绪愈加严重,成为一名顽危犯。

蔡某的人际关系相当紧张,与干警对立,与同犯之间也有诸多矛盾,蔡某的矫治工作应该如何展开呢?

第一节 传统文化语境下的“和”文化

在2008年北京奥运会开幕式的活字印刷术表演中,由近千块活字印刷字盘变换出不同字体的“和”字。2008名演员击缶而歌,吟诵着《论语》中的名言,“礼之用,和为贵”,也向世界传达了几千年来中国传统文化的重要思想。至今,“和”已成为中华文化的基本精神,成为中国人的核心价值追求和处世原则。

一、“和”字源学分析及意义

“和”字在汉字规范前对应几个字形:龢、咊、和。1955年《第一批异体字整理表》将“龢”与“咊”作为“和”异体字,以“和”为规范汉字。

“龢”甲骨文从“龠”，“禾”声。《说文·龠部》：“龢，调也。读与和同。”《吕氏春秋·孝行览》：“正六律，龢五声，杂八音，养耳之道也。”

“咊”《说文·口部》：“咊，相应也。”《玉篇·口部》训“咊”为“和”的古文。“和”是“咊”的后起字，本义表示声音的和谐，音 hè。

《汉语大字典》中“和”的最初意思是：声音相应；和谐地跟着唱或伴奏。包含以下几层含义：一是和谐、协调，如苏轼的《前赤壁赋》：“客有吹洞箫者，倚歌而和之。”读 hé。二是适中、恰到好处之意，如《易·乾》讲“保合大和乃利贞”。三是和顺、平和的意思，如《周礼·春官·大司乐》：“以乐德教国子：中、和、祗、庸、孝、友。”郑玄注：“和，刚柔适也。”四是和睦、融洽之意。《左传·隐公四年》：“臣隐以德和民，不闻以乱。”

由此可见，“和”的观念产生很早，最初指音调的和谐；而后引申为人际关系、伦理的和谐；随后逐步深化，上升至国家社会的和谐。如《管子》：“上下不和，令乃不行”。墨子讲“兼相爱，交相利”，“非攻”都包含着人民和谐，国家和平，社会稳定的意思。

二、“和”文化的内涵

传统文化中的“和”文化的内容非常丰富，至今影响着当代中国人的思想意识：自我修养方面强调“心平气和”“和颜悦色”；人际交往方面要求“和蔼可亲”“一团和气”，尤其讲究“和气生财”“家和万事兴”；而国家建设方面更是主张“天时不如地利，地利不如人和”“政通人和”等。

（一）天人合一的观念

中国传统文化根植于古老的农耕文明。中国属于典型的大陆性季风型气候，四季分明，周而复始。在生产力并不发达的古代，先民们要想获得丰收，更多时候需要的是风调雨顺，四季平安。《说文解字》中的“禾”是嘉谷，“二月始生，八月而孰，得时之中”，要冷暖适中、阴阳调和才能成熟收获。禾是天地万物和谐的产物。《诗经·豳风·七月》描述了西周农人一年到头辛勤劳作：桑蚕耕稼、狩猎祭祀。农务与时令相应和，虽然繁重辛苦，但是井然有序。诗歌写出了生活不易，却并不过分抱怨。“人寄身于生趣盎然的自然之中，遵循着天地的节奏，尽着自己的努力。”①这就是最朴素的“天人合一”观念。

《孟子·梁惠王上》：“不违农时，谷不可胜食也；数罟不入洿池，鱼鳖不可胜食

① 李山：《诗经析读》，中华书局 2018 年版，第 364 页。

也;斧斤以时入山林,材木不可胜用也。谷与鱼鳖不可胜食,材木不可胜用,是使民养生丧死无憾也。养生丧死无憾,王道之始也。"不违背农时,粮食就吃不完;密网不进入池沼,鱼鳖就吃不完;斧子按季节时令进入山林,木材就用不完。遵守农时,避免冲突,要求人与自然和顺,才能减少损失,实现共赢。这是古人对自然的敬畏,也是为保护自然和谐作出的努力。所以朱熹认为"山林川泽,与民共之,而有厉禁"就是"因天地自然之利,而撙节爱养之事也"。同时儒家的主张是为道德和政治服务的。孟子将其上升为治国之道。朱熹解释为"今皆有以资之,则人无所恨矣。王道以得民心为本,故以此为王道之始"。

与古希腊人将水、火等单一物质作为构成世界的基本不同,阴阳五行是中国先民们对宇宙世界的基本认识。一阴一阳,是天地运行之道;金木水火土,五行相生相克是构成世界的基础。其所呈现的是一种整体中的动态和谐。道家的老子提出"万物负阴而抱阳,冲气以为和"(《道德经》第四十二章),事物都有阴阳两个相反的方面,当阴阳相互作用,就达到了"和"。承认事物存在矛盾对立的两方面,双方或融合或平衡,只有相互制约又相互统一时才能发生变化,从而达到和谐。所以"和"是天地万物存在的基础。

老子认为"自然"是万物和人真实的本性。人最终效法的是自然。道家的无为不是不作为,而是不干扰、不妄为,顺应事物自身的发展规律,来推动事物的正常发展。不自我炫耀,不争名逐利,成就他人是自我成长,而不只是为了得到什么好处。事物要遵循规律发展,但也有自身的限度。人应该懂得自我满足,适可而止,保持平和的心态。

老子强调用"天人合一"的自然法则保持人间和谐,而庄子则把"天人合一"引向一种人生境界,向往精神上的和谐。"游心乎德之和"(《庄子・德充符》),"游"是动作也是心理,是一种自由且逍遥的状态,心灵可以自在游走于人生的安适和谐境界。"逍遥游"表达的就是不为外物所累,在天地间自由而畅快地感受万物,体悟自然本心。庄子的超脱在于使精神从世俗桎梏中解脱出来,是一种哲学上的升华。这一原则也构成了中国式审美观念。

道家的"天人合一"观念主张的是一种自然的客观性,而儒家把自然和人的品性道德联系在一起,强调了人的主观能动性。

德之四端是天赋予人的本性。本心犹如一块本来明净却蒙尘的玻璃。求索就是主动拂拭灰尘,玻璃自然能够重新再明亮起来。放弃就会使玻璃上灰尘越来越多。是否擦拭,能够做决定的是自己。儒家讲的方法是存心养性以事天,修身以立命。在追求利益的过程中,不为功名利禄所诱惑,保持平和的心态,坚持中和的原则,保存发扬本心,反省改正错误。

《大学》说:修身齐家治国平天下。把人性扩而充之是为了追求天道,用于人道。“为天地立心,为生民立命,为往圣继绝学,为万世开太平”(张载《横渠语录》),就是儒家“天人合一”精神的最终体现。

从科学层面到哲学层面,天人合一的观念实质是关于和谐统一的问题。自然的和谐共生,人对自然的敬畏以及把天道用于人道的自觉都转化为中国人为人处世的价值取向。

(二)贵和尚中的观念

贵和尚中是中国传统文化的基本精神之一。做事不走极端,保持人际关系和谐,主张维护群体利益,要求社会稳定和国家统一,是中国人普遍的思维方式和行为准则。

1. 贵和

古代中国以血缘家庭的社会组织形式脱离氏族部落,进入文明时代。由于这种形式适应当时的生产力发展,被长期保存下来,形成了中国式的人伦社会关系:君臣有义,父子有亲,长幼有序,男女有别,朋友有信。作为一个重视情感交流的国家,人与人的交往推崇以和为贵,追求和谐。

家庭和睦是社会稳定的重要因素之一,而夫妻和谐是其基础。在中国,婚姻不仅是夫妻二人之事,更关系到两个家庭甚至是家族。所以中国式的婚礼是“合二姓之好”(《礼记·昏义》)。《诗经》开篇就是歌颂婚姻的《周南·关雎》。夫妻之道,一阴一阳,效法天道而成人道——天地合而万物生。所以说:“家和万事兴。”婚姻幸福使兄弟和睦、带来家族兴旺,支撑社会安定。

俗话说“民以食为天”。《礼记·礼运》记载“夫礼之初,起于饮食”。中国人的欢聚宴饮不仅是为了满足口腹之欲,更多的是情感的交流和沟通。《仪礼》中有乡饮酒礼的记载。主客之间其乐融融、一团和气。步骤繁多的献礼体现着人与人之间的谦让、礼貌和尊敬。这种和谐强调的是尊重照顾群体中的每一个人,不忽视任何人。中国人形成了崇尚亲情、重视伦理的认知方式,其价值取向和处世原则就是“和”。

2. 尚中

怎样才能做到和谐呢?《论语·学而》中讲:“礼之用,和为贵。先王之道,斯为美,小大由之。”《论语》说出了礼乐文明的实质“礼之用,和为贵”。敬重却不合乎礼就会粗俗鄙陋,恭顺却不合乎礼会谄媚巧言,勇敢却不合乎礼就会违逆乱来。用礼来约束人们的行为,合理节制,才能“制中”,做到真正的“和”。

“中”是达到“和”的主要方法。中国古代的“贵和”思想,往往是和“尚中”联系在一起的。“喜怒哀乐之未发,谓之中;发而皆中节,谓之和。中也者,天下之大本也;和也者,天下之达道也。致中和,天地位焉,万物育焉。”(《中庸》)儒家认为要“持中”。“中”并不是机械地取其中点或者简单地一分为二,平均主义。朱熹解释说喜怒哀乐是情,“其未发,则性也,无所偏倚,故谓之中”。所以“中”是一种动态中的平衡,不偏不倚。“发皆中节,情之正也,无所乖戾,故谓之和。”当喜怒哀乐之情表现出来,并且不偏倚,不极端,符合“节”就可以“正”了。情正就不会悖谬抵触,就是“和”。“中”是根本,是人的内在要求,“节”是保持“和”的外在要求。“中节”就是内外协调,做到“其守不失”“无适不然”,达到中和状态,宇宙自然和人类社会便可各得其位,各自发展了。

孔子说“过犹不及”,其分寸就在于“中”。儒家认为正确的方法是适度,过分和不及都不能解决问题。抑制太过,引导不及,才能回归中道。处世如此,为人也有个适度的问题。狂者太过激进,不受拘束;狷者又太过拘谨,不能有所为。中行者介于两者之间,是行为能中者,最可“与之”,把任务事情都交付于他。人都有可能会大胆冒进或者止步不前,但总归要有一个度的标准,以此来判断下一步行事。这个“度”就是“中”。

尧、舜都是上古时期明智贤德的帝王。尧在禅让帝位时嘱咐舜:上天的命数落在你的身上,你要保持中正的立场。孔子赞扬舜能够执人言的两端,隐恶扬善,取中间合理的部分应用于人民。事物都有两端,两端都要了解把握,但最终却要用“中”的标准来解决问题。这就是“执两”而“用中”:全面把握事物的各个方面,妥善协调其中的矛盾,用最合适的方法使之保持和谐。

孔子说,“君子而时中”(《中庸》)。君子中庸是因为君子随时都遵守“中”。君子慎独,心中存有敬畏,保持克制自省,才能不忘中道。所以用“中”是没有特定时间和场合的,在行为处事的过程中要坚持不懈保持下去。

中华民族贵和尚中的观念强调整体的动态的和谐。这种和谐关系着每一个人,用礼义来规范和约束,并提倡同心合作,崇尚乐群奉献的精神。对于营造社会公正公平的良好氛围,促进社会的稳定发展具有重要的作用。

(三)和而不同的观念

西周末年的史伯已经认识到“和”与“同”是不一样的。“和实生物,同则不继。以他平他谓之和,故能丰长而物归之。若以同裨同,尽乃弃矣。故先王以土与金、木、水、火杂,以成百物。”(《国语·郑语》)

“和”承认个体具有性质、功能等方面的不同,允许事物存在个体特征。虽然整体中的个体可能存在矛盾对立，但尽力协调，避免冲突破坏，维持稳定平衡，以达到和谐。不同事物的融合统一，是利用事物的各自特点和差异性相互补充，取长补短，从而使整体发挥出更大的功用，甚至达到质变。老子讲：“道生一，一生二，二生三，三生万物。”（《道德经》第四十二章）

“同”是指相同的事物。如果只是相同事物的重复叠加，并不能发生质的变化，也就不会产生新的事物。张载认为“太和”是最高的和谐。“这种和谐不是排除矛盾、消弭差异的和谐，而是蕴涵着浮沉、升降、动静等对立面相互作用、相互消长、转化过程的和谐。”①君子可与周围保持和谐，但对具体问题有自己独特的见解，不必追求千篇一律；小人人云亦云，或能与周围意见一致，却不能真正融会贯通。“和”与“同”的不同之处在于“和”允许个体保留自己的特性，有独立性。君子可以做到“和而不同”的方法是求同存异，且在群体价值取向的前提下求大同存小异。

“君子和而不同，小人同而不和。”《论语·子路》子路好勇，问孔子什么是“强”？孔子说真正的强是和顺但不迁就，中立却不偏倚。君子虽然能和，且以和为贵，但要守住内心的道。坚持符合道义的和，不能毫无原则地为和而和。为了取悦周遭，改变自己正确的立场和意见，趋附迎合他人，是随波逐流之人。孔子痛斥：“乡原，德之贼也”（《论语·阳货》）。因为乡原是“阉然媚于世也者”（《孟子·尽心下》），厌恶这种人是怕他扰乱了德行。“和”要持道中正合理，不能没有原则，更不是圆滑世俗。

三、“和”文化的当代价值

“和”文化使中国人形成了“和”的思维方式、处世原则和人生境界。注重人与自然、人与群体和人与社会的和谐，要求尽力调和矛盾，避免没必要的冲突，合理满足各方面的利益以维持社会和谐稳定发展。

（一）“和”文化有助于塑造完善人格

“和”文化中关于天人合一、中庸之道等方面的内容，从精神上对人们的行为方式进行调节，完善人们良好的人格品行。“和”文化具备塑造和改造人们精神世界的功能，帮助人们实现道德价值。

（二）“和”文化有助于沟通群己关系

“和”文化中的贵和尚中、求同存异等方面的内容，从处事方法上给人们提出了建议。遵守礼仪，谦和友善地对待他人，正确处理矛盾冲突，具有规范和约束的力

① 张岱年、方克立主编：《中国文化概论》，北京师范大学出版社2004年版，第294页。

量，既有助于群己关系的改善和沟通，也是对自身交际能力的锻炼和培养。

（三）“和”文化有助于实现社会发展

“和”文化中的尊重自然、合群乐群等方面内容，为实现理想社会的蓝图提供了支持。和谐共进，以人为本，用相对温和的手段缓和社会矛盾，保持社会稳定。在和平宽和的社会氛围中，个体和群体更容易实现目标，达到“共赢”的结果，具有感染和激励作用，促进社会发展进步。“和”文化作为中国传统文化的重要组成部分，与社会主义核心价值观的目标要求相契合，值得我们深入研究，在新的语境下作出符合时代的新解读。

（四）“和”文化有助于展开矫正教育

矫正教育主要针对矫正对象，是比较特殊的人群。因此在展开矫正教育的过程中，我们要有针对性地利用“和”文化的内容来指导矫正对象的言行举止，完善其人格；帮助矫正对象树立正确的观念，改善其群己关系，特别是家庭关系和人际关系；引导矫正对象实现自我发展，为其重新融入社会，在社会上立足做好充分的准备。

第二节　矫正语境下的“和”文化

如第一节所言，“礼之用，和为贵”（《论语·学而》）。这是传统中国治国处世的价值标准。中国传统文化强调“和”是处理人与社会关系的根本原理，指出天下不安定的原因在于父子兄弟结怨仇，而有离散之心，所以“离散不能相和合”。

矫正教育是针对矫正对象进行的活动，它是针对特定的群体，因此，矫正教育语境中的“和”文化主要是人与人相处的一种智慧。从“中庸之道”到“兼爱非攻”，再到“己所不欲，勿施于人”，矫正教育语境中的“和”文化更侧重与人为善、换位思考的为人处世和美美与共、天下大同、求同存异的和谐价值观。

本节主要讲解“和”文化在教育矫正中的相关运用，其中，包括“和”文化在教育矫正中的价值；矫正对象“和”观念缺失的表现；“和”文化在教育矫正中的运用等内容。

一、“和”文化在教育矫正中的价值

（一）有利于强化矫正对象社会主义核心价值观

古代儒家思想体系中，无论是讲人类社会，还是讲客观世界，都是建构在“中”

“和”的基础之上。孙家正同志曾以北京故宫的核心建筑为例，说明它们集中反映了中国传统文化以和谐为核心的价值观。太和殿：天地祥瑞，喻人与自然和谐；中和殿：中庸平和，喻人世和谐；保和殿：心态和顺，身体安适，喻人的身心和谐。这就是中国传统文化以和谐为本的价值观。

几千年来，无论是修身、齐家，还是治国、邦交，中国人都奉行“和”的价值观——和蔼可亲，和颜悦色，和气致祥，和睦相处，和衷共济，和平共处，家和万事兴。由此可见，“和”文化完全融入了中国人的血液，而成为中国人的灵魂。和谐，是中国古人的一种社会理想，是植根于东方文化的一种独特价值追求。这也是“和谐”与富强、民主、文明一起成为社会主义核心价值观的原因。

矫正对象张某，由于聚众斗殴被判刑3年，在服刑期间，他认为自己是受到欺负的复仇行为，法院量刑过重，于是对政府心存抱怨，在改造期间也是与他人相处不和善。通过“和”文化教育矫正之后，他终于学会换位思考，认为“与人为善”是一种大智慧，“打架斗殴”解决不了问题和矛盾，要多沟通，通过合法途径解决问题。由此，他开始与人交往，用真诚换得别人的信任。人际关系好了，从此他有了信念，振作精神，出狱后学会与人积极合作，合办公司，公司越办越红火。矫正对象张某正是强化“和谐”的社会主义核心价值观，才有了后来的合作共赢。

（二）有利于完善矫正对象人格

“和”文化，从精神上对矫正对象的行为方式进行调节，完善其人格品行。特别是对于人格缺失、道德缺位的矫正对象，“和”文化具备塑造和改造矫正对象精神世界的功能，教人向善。根据这个原理，通过和文化教育矫正，就能够让矫正对象明白“和”的责任，知道“不和”的严重后果，从而增强“和”的敬畏意识，提升“和”的道德修养，知道有所为有所不为，完善矫正对象人格。

矫正对象刘某，自幼父母离世，跟着爷爷奶奶生活，因为中秋节看到同村一家人和睦美满，加之怨恨爷爷对他的严格管束，便在中秋节毒杀了自己爷爷，因未到刑事责任年龄免于死刑，被判入狱。当他刑满释放之后，又认为社会不能接纳他，抱怨社会不公平，再次产生仇视社会心态，要到学校找人“同归于尽”报复社会。是监狱的后续“和”文化教育矫正，让他认识“爱人者，人恒爱之；敬人者，人恒敬之”的做人道理，完善自己缺失的人格，从此他放下了心中的“怨恨”，用爱心赢得了别人的爱，终于找到了一份合适工作，并结婚生子，有了美满的家庭。

（三）有利于矫正对象沟通群己关系

在矫正教育过程中，与人为善是指矫正对象在矫正教育中与其他矫正对象相处过程中，要学会换位思考，与他人和谐相处，不挑拨离间，不搬弄是非，求同存异，允许并接纳人与人之间存在差异，达到和谐共生。矫正教育工作者之间要精诚团结，发挥团队的力量，合作完成任务。和谐相处体现的是一种互惠互利，协同合作的关系。

矫正对象周某，从小是个孤儿，之前在孤儿院，靠吃百家饭长大，从未感受过父母的爱。当他懂事以后经常感到自卑，长大后常常抱怨命运不公，抱怨社会不平，性格变得简单暴躁，因此，他产生了持刀抢劫的念头，被判 8 年。当他投入改造之后，仍然仇视政府和警察，不服管教，打架闹事，在一次配餐时，因为怀疑配餐员故意少给，将配餐员打成轻伤，受到加刑处罚。经过监狱文化工作室“和”文化教育后，周某学会了换位思考，与人为善，与他人和谐相处，不挑拨离间，不搬弄是非，求同存异，允许并接纳人与人之间存在差异。某个月与加工组组员精诚团结，发挥团队的力量，实现劳动生产超产，受到了物质奖励和通报表扬。

（四）有利于矫正对象实现自身的价值

“和”文化是中华文化的血脉，有助于矫正对象实现自身的价值。当今社会是团结合作，共同发展的社会，团队合作、团队意识尤为重要，“和”文化有助于矫正对象更好地与人相处，实现自身的价值。此外，“和”文化也是核心价值观基本内容之一。“和谐”与富强、民主、文明一起成为社会主义核心价值观，也是我们在社会大环境下完善人格、实现自我发展和社会发展的必由之路。

矫正对象符某，曾是一个典型的阳奉阴违反改造对象，表面上靠拢政府，暗地里煽风点火，制造矛盾，让教改关系一度紧张。当他接受了“和”文化教育矫正之后，终于认识到了自己的“不和”行为，既伤害到了他人，也伤害了自己，有了愧疚之心。从此，他做到“和谐共生”，用真诚行动踏实改造，为缓和改造气氛，消除对立情绪发挥了积极作用。走出社会后，人格也进一步完善健全，制定了自己的目标和计划，实现自我发展和社会发展。当新冠肺炎疫情肆虐全国时，他积极主动参加社区“抗疫志愿者”组织，每天穿梭在“抗疫”第一线，奉献社会。

二、矫正对象“和”观念缺失的表现

“和”是中华传统文化的核心价值，在矫正教育中，尤其是对于矫正对象来说，他们“和”观念的缺失都具有一定的典型特征。

（一）打架斗殴，好勇斗狠

打架斗殴行为是监狱内最为常见的违规甚至违法行为，矫正对象冲动是导致不和谐的重要原因。

矫正对象蔡某，性格暴躁，打架斗殴，好勇斗狠，过去认为混社会可以出人头地，最开始他跟社会上“大哥”混，后来凭借不怕死名气，自己带了一帮“小弟”称霸一方。全国“扫黑除恶”专项行动开展后，蔡某被抓，判刑8年，入狱后，蔡某仍然恶习难改，经常在监内充当牢头狱霸，打架闹事，违规违纪，经常受到关禁闭、记过等处罚。从这个案例中可以看到，蔡某“好勇斗狠，无法无天，违规违纪”的“不和”行为，不仅没能让自己出人头地，反而招致了更多牢狱之灾，刑期8年没减一天刑。

（二）漠视亲情，家庭关系紧张

和谐家庭是以家庭成员的全面发展为基础，家庭成员之间、家庭与社会之间、家庭与自然之间相互和谐的家庭模式。服刑人员走上违法犯罪道路，与原生家庭环境有相当大的关系，其中有不少是单亲家庭，小时候又缺乏亲情关怀，甚至被虐待，导致漠视生命，仇视他人，进而报复社会，逐渐坠入违法犯罪的深渊。

矫正对象邓某，曾经在社会上打牌赌博，吃喝玩乐，挥金如土，把家庭败得一贫如洗，令亲人们都很失望。当他服刑之后，每次打亲情电话都是向家人要钱，给家庭增添沉重生活负担，为此，妻子向他提出离婚。通过“和”文化教育矫正，邓某终于换位思考，反省自己所作所为不仅没给家人带来幸福，反而让一家人遭受痛苦。终于明白是自己失去了爱心和责任，才酿成了如今的苦果。从此，他不再向家里要钱，而把自己每个月劳动的报酬积攒下来，寄回家里用作生活补贴。邓某的转变，重新赢得了一家人的尊重，也改变了妻子离婚的想法。

（三）自私自利，违规违纪

矫正对象违规违纪既是不和谐的行为，也是不可取的行为，更是其自私自利的一种表现。

矫正对象胡某，在监狱服刑17年，其间，遭遇失去双亲的痛苦，由此，他认为政府将自己大好时光葬送在高墙，让自己失去尽孝机会。加上自己年纪变大，没有希望，想出狱之后破罐破摔，报复社会。但当胡某接受了“和”文化教育矫正之后，终于明白所有痛苦的根源，都是自己种的恶因所致。而且，服刑期间，政府并没有放弃对他的倾心挽救，是政府的仁柔宽博胸怀，才让自己有了新生的希望。从此，胡某有了一颗感恩心和敬畏心，少了一颗嗔恨心，对新生活重新充满了希望。

三、“和”文化在教育矫正中的运用

（一）开设“和”文化讲堂，筑牢“和”的观念

开设“和文化教育矫正大讲堂”是和文化教育矫正的重要形式。“道不辩不明，理不讲不清”，不少矫正对象因为对“和”文化的认知出现问题，才导致违法犯罪，要想让他们重归正道，重做新人，就需要从“和”的教育入手，使其懂得“何为和、为何

和、怎样和”？养成“尽责担当、明礼诚信、与人为善”的道德品质，从灵魂深处断除恶念，回归良知。

如M监狱开设的“和”文化教育矫正大讲堂，针对矫正对象道德观缺失问题，自编传统文化教材，让不少矫正对象“与人友善”。某监狱一名罪犯在参加“和文化大讲堂”亲情会见后，主动交代并放弃了回家要杀害仇人一家的想法，一名因故意杀人罪被判死缓两年的罪犯，更是交代和放下了想杀害同监犯和警察的罪恶念头。

（二）举办“和”文化活动，增进“和”的认识

实践证明，监所适时开展“和”文化教育矫正活动，能有效促进矫正对象设身处地，换位思考，增强亲情感、唤起同情心，树立爱的责任，加速自我改造。某省监狱管理局设置“彩虹信箱”，开展“彩虹”帮扶教育活动，每年让不少矫正对象感受亲情，感受关爱，感受责任；一些监所利用亲情帮教和家访，举办“和”文化教育矫正专题活动，让矫正对象与亲人团聚，身临其境感受亲情、感悟真爱。一些矫正对象通过“和”文化活动，认识到自己的犯罪让家庭不和谐，甚至支离破碎，给家人造成了莫大伤害，从此不再向家里要零花钱，反而将自己劳动低报酬积攒下来，寄回给家里补贴生活。

（三）开展“和”文化咨询，走出“和”的困惑

和文化教育矫正的重要意义，还在于帮助矫正对象正确分辨“和”与“不和”，从“明辨”中走出“和”的困惑和误区，做到有所为有所不为。一些矫正对象面对漫长的刑期感到悲观绝望，面对挫折一蹶不振，甚至有的在刑满释放时还存在“新生恐惧”。他们要么感到愧对家人，想远走他乡逃避责任；要么担心恶习难改，弄不好又会犯罪；要么觉得不适应时代，会被社会所抛弃。凡此种种，归根结底，都属于不知怎么尽责的问题。开展“和”文化咨询，能够有效帮助矫正对象正确认识身上责任，明辨“和”的因果，掌握改命方法，走出“和”的迷茫，用爱心和责任重新拥抱新生。

某监狱创建服刑人员“传统文化心路访谈室”，通过咨询、访谈等形式，先后帮助了2000多名矫正对象走出“和”的误区，成功挽回70多个濒临破碎的家庭，不少矫正对象在“和”文化中觉悟，在“和行”当中救赎灵魂，奔向新生。

（四）开展内省矫治，走出“和”的困惑

内省矫治法与中华优秀传统文化中“吾日三省吾身”等思想异曲同工，不谋而合，充分发挥中华优秀传统文化在矫治过程中的作用。矫正对象都有过因违反监规纪律而被监狱依法作出处罚的经历甚至是被确立为监狱级“顽危犯”的经历，在刚刚开始授课时，矫正对象对新的授课形式有严重的抗拒心理。这个阶段，由民警

教师从中华优秀传统文化中的“和”入手，结合“别人为我做过什么”“我为别人做过什么”“我给别人添过什么麻烦”三个问题，由家庭和谐为切入点，向罪犯分享自己的人生经历和感悟。旨在引导罪犯反思自己与父母之间的关系和父母现在的状态，有的罪犯开始认识到自己愧对父母，自己身陷囹圄对父母造成了极大的伤害，在民警教师的鼓励下走上讲台，分享自身感悟。逐渐地，由“和”延伸到罪犯的社会责任和义务，达到了良好的效果。

经过几天的分享，罪犯张某受到鞭策，60 多年来从没有过上台讲话的经历，而在“和”内省矫治的课堂上，他听到其他罪犯真诚感人的分享，也鼓足勇气走上讲台，与大家分享自己的人生经历，分享的过程中，年逾 60 岁的张某潸然泪下，他因贩卖毒品罪被判处死刑缓期 2 年执行，从此身陷囹圄，无法与家人团聚，入狱服刑之初，张某深感命运不公，内心极度自卑，因为年纪较大，改造生活遥遥无期，感到自己的未来一片灰暗，甚至萌生混刑度日的想法。但是，今天听到大家的分享，反思自己的犯罪行为，认识到自己的错误，不再怨天尤人，在反思和分享的过程中，张某意识到自己对家人是无比思念的，但是自己一直在逃避，刻意忽视这个问题，而积极改造，争取早日刑满释放，与家人团聚则成为张某今后的改造动力。

“和”文化矫正教育中积极引导服刑人员适应社会、回归社会。通过开办临释服刑人员心理培训、人际关系处理、就业技能培训、就业推介会等方式积极引导服刑人员适应社会与社会和谐共生。

第三节 案例实操

一、案例介绍

蔡某，男，1982 年 4 月生，海口市人，大专文化，自幼父母离世，吃百家饭长大，入狱前离婚，家庭不和谐，支离破碎。2006 年至今，多次触犯《刑法》被判刑 4 次，曾因脱逃被加刑 1 年。2015 年 2 月因诈骗罪被判处有期徒刑 8 年，2016 年 9 月移押 M 监狱。

入监初，蔡某想博得干警好感，以便挑个“洋差”，曾有过帮助不识字的罪犯代写书信和汇报材料，给经济困难罪犯物质帮助的行为，但未能得到干警的激励。蔡某便专抓干警执法中的漏洞，后发展到与干警的严重对立，不和干警讲内心话，消极怠工，对抗管教，屡次违反《罪犯行为规范》的要求，与干警的敌对情绪愈加严重，成为一名顽危犯。监狱心理咨询中心和教育改造科主动配合顽危犯转化工作开展了对蔡某的心理转化和矫治。

二、矫正过程具体介绍

（一）对案例的分析

蔡某系典型的多进宫服刑人员，希望得到认可和关注，对于监区民警有敌对心理，进而引发消极怠工，对抗管教等一系列抗改行为，与同犯之间也有诸多矛盾。

问题症结一：蔡某自幼父母离世，吃百家饭长大，入狱前离婚，家庭不和谐，支离破碎，缺少亲情关爱，认为命运不公。

“和”文化运用一：孟子说：“行有不得，反求诸己”，凡事不如自己的愿望，都应当从自己身上查找原因。荀子说：要做到“致和而不流，致临而有辨”。如果蛮横不讲道理，处理事情简单粗暴的话，就不符合就会导致家庭不和谐，让家庭支离破碎。

问题症结二：蔡某入监因为没有得到积极回应，发展到与干警的严重对立，不和干警讲内心话，消极怠工、对抗管教，屡次违反《罪犯行为规范》的要求。

“和”文化运用二：《弟子规》讲：“恩欲报，怨欲忘；抱怨短，报恩长。”只有忘却怨恨，牢记恩德，才是做人的道理。再说监狱民警与罪犯不是对立的关系，基本不存在有私人怨结。如果消极怠工、对抗管教，屡次违反《罪犯行为规范》的要求，就必定会再次受到法律惩罚。

（二）矫正的过程

第一次心理会谈，蔡某抗拒、逆反心理明显、情绪激动，怨恨监区干警。针对蔡某的心理状态，为了稳定其情绪，采取了宣泄疗法，鼓励他把心中所谓的苦闷全部讲出来，然后给予了疏导，会谈结束时蔡某的心理已能与心理医生相容，表示相信心理医生。

第二次个别谈话，蔡某问：“我的情况不知你调查没有，你说都是我的错吗？我错在哪里？”针对蔡某的歪曲认知，干警劝导他学习《三字经》《弟子规》等传统经典，对照中国传统文化中如何与人相处的内容，引导他回忆入监以来的所作所为，自己哪些言行错了？该负什么责任？监区干警为什么给予处分？是不是干警在有意针对他？下次会谈交作业。

蔡某将监区作业分别投信到监狱长信箱和心理咨询信箱，自诉了入监以来的情况，信中怨恨、逆反、消极心理仍非常严重，为了有效地转化蔡某，干警对蔡某进行了全面调查和分析，针对其犯罪经历、心理特征和顽危行为的成因，制定了对蔡某的矫治转化对策，得到了监区、分监区的支持和密切的配合，也得到了刑罚处和监狱领导的支持，为其营造一个有利于转化的氛围。

干警与蔡某进行了第三次个别谈话，答复了来信中提出的问题，并指出他的四大问题，对此，蔡某表示认同。在认同基础上，再指出他认知上以偏概全和目前的处境主要是自己造成的结果。再引导他进行内省，让其回顾和检讨自己在适应狱内改造环境中存在的问题和不良态度，反省自己抗拒管教所造成的恶劣影响及对自己造成的后果和损失，回忆自己曾有过的幸福自由的生活，激发其靠拢干警，积极改造，争取奖励的信心。经过9次历时半年的心理治疗和个别谈话，在监区干警有别于以前的方法和有针对性的个别教育下，蔡某抗拒、逆反、怨恨心理得到了明显转化，能遵守监规监纪，积极改造，完成劳动和学习任务，内务卫生良好，并能及时制止一起他犯自伤自残事件。

两年来获监狱表扬3次，监狱记功3次，被评为监狱罪犯改造积极分子1次。

三、矫正案例的反思

（一）和而不同，求同存异

在矫正案例中，每名矫正对象的基本情况是不同的。因此，在矫正教育中，要全面掌握矫正对象的基本情况，做到对症下药、有的放矢，还要和而不同，求同存异，寻找共同点，“开放自我、我们都一样”。

（二）自省自新，纠正偏差

针对蔡某的歪曲认知，引导他进行内省。对照《三字经》《弟子规》等传统经典中如何为人处世、如何与人相处的内容，回忆入监以来的所作所为，自己哪些言行错了？该负什么责任？监区干警为什么给予处分？通过纠正认知偏差，引导矫正教育人员思想回归正轨。

（三）换位思考，理解万岁

在个别教育的过程中，干警不仅要引导蔡某学会换位思考，自身也要进行换位思考。假如这件事发生在我身上又会如何。站在对方角度考虑问题，往往更容易理解矫正对象行为动机和出发点，更容易“共情”，促成谈话教育效果的提高和谈话目的的达成。比如，矫正对象说话时不打断，学会倾听和表示认同，往往能达成“共识”。

四、教育矫正成功之处

（一）个别矫正跟进及时

在对蔡某的教育矫正中，干警根据蔡某在矫正中有了醒悟的良好势头，趁热打铁，迅速跟进，调整矫正策略，进一步施行个别教育矫正。在个别教育矫正中，干警又了解到了许多新情况，解决了不少新问题，更好地促进了蔡某彻底改恶向善，回归正道。

(二)问题原因拿捏准确

暴露出来的问题往往只是事物的表象，形成问题的原因才是事物的根本，抓住事物的根本，才能有效解决问题。在对蔡某的教育矫正当中，干警梳理蔡某遭遇的一连串问题，通过逐一分析，分别找到了这些问题存在的根源所在。如蔡某自幼父母离世，吃百家饭长大，入狱前离婚，家庭不和谐，支离破碎，缺少亲情关爱，认为命运不公。蔡某入监因为没有得到积极回应，发展到与干警的严重对立，不和干警讲内心话，消极怠工，对抗管教，屡次违反《罪犯行为规范》的要求。监狱干警与罪犯不是对立的关系，基本不存在有私人怨结。如果消极怠工，对抗管教，屡次违反《罪犯行为规范》的要求，就必定会再次受到法律惩罚。通过对以上这些问题根源的剖析，为下一阶段精准施教提供了准确方向。

(三)矫正方法针对适用

个别教育矫正是针对矫正对象的个性特点，采用不同矫正策略"量身定做"的教育矫正。在运用这个方法中，了解矫正对象特点，匹配个别矫正方法是关键。在对廖某的教育矫正中，干警掌握并根据廖某的个性特点，选择了宣泄疗法(和而不同，求同存异)、认知疗法(自省自新，纠正偏差)、共情疗法(换位思考，理解万岁)等策略，在蔡某的教育矫正中发挥了十分有效的作用。

(四)联动矫正效果明显

运用传统文化教育矫正不是监所才拥有的专利，而是全社会都具有的义务。"冰冻三尺，非一日之寒"，许多问题的根源都来自社会生活中的矛盾积累。那么，"融冰三尺，也非一己之力"，这就需要社会的共同关注和参与。在对蔡某的教育矫正中，干警针对蔡某犯罪所导致的离婚的情况，联合当地政府相关部门，两次到找蔡某前妻做调和工作，终于化解了之间夫妻多年的怨结。通过联合教育矫正，让蔡某感受了温暖，改变了观念，回归了责任，回归了家庭和谐。

五、教育矫正不足之处

蔡某的报复念头，理应会出现一些异常表现，却一直以来都没有被人察觉。当蔡某在接受了针对性的"和"文化矫正之后，他才有了悔悟，并主动和解。从这两种情况对比来看，假如蔡某早点接受传统文化教育矫正，或者已接受传统文化教育矫正，但教育矫正更加深入、更加有效的话，那么，他也许会早一天觉悟，对家庭、社会少一些危害。由此可见，监所传统文化教育矫正在推广程度和运用质量上都还有待完善,这主要体现在三个方面:一是传统文化教育矫正程度有待深入、普及;二是传统文化教育矫正内容有待完善;三是矫正教育工作者传统文化矫正水平还有待提升。

思考题

“和谐”是中华民族的优良传统和美德,是社会主义核心价值观的重要内容。“和”既是一种道德规范,也是被人们普遍认同的社会准则,它对促进家庭和睦,社会稳定,实现人类命运共同体都具有十分重要的价值。对于矫正对象来说,“犯罪就是有悖社会和谐”,因为他们的犯罪行为不仅违背了法律,同时也违背了道德。运用“和”文化教育矫正,就能够帮助矫正对象做到“和谐友善”,进而从“和”的根本上提升道德修养,增强责任观念,树立敬畏意识,真正弃恶从善,重做新人。

近年来,M监狱探索法律、道德之间的内在关系,针对矫正对象的犯罪根源,将传统“和”文化植入教育改造中。以“道德与法讲堂”为平台,探索利用“和”内省矫治法转化罪犯,引导罪犯变被动改造为主动转变,有效提升了改造效果,促使罪犯认识到曾经的错误认知,彻底摒弃再犯罪的想法。“和”文化教育矫正成功为矫正对象破解不少思想困惑,化解不少心理问题,帮助其重新树立正确的世界观、人生观、价值观,也促进了和谐家庭、和谐社会的发展。

请根据上述文字内容,思考解析:

1.“和”文化教育矫正在教育改造中的矫正价值。

2.结合新时期监所工作的新要求,探索“和”文化教育矫正的新途径。

主要参考文献

(一)

1.(汉)班固:《汉书》,中华书局1962年版。

2.(汉)许慎:《说文解字》,中华书局2004年版。

3.(汉)董仲舒:《春秋繁露》,台北,台湾商务印书馆1986年版。

4.(晋)杜预注、(唐)孔颖达疏:《春秋左氏传注疏》,台北,台湾商务印书馆1986年版。

5.(宋)楼玥:《攻媿集》,商务印书馆1919年版。

6.(宋)李焘:《续资治通鉴长编》,中华书局1995年版。

7.(宋)叶适:《叶适集》,中华书局1961年版。

8.(宋)谢深甫:《庆元条法事类》,台北,新文丰出版公司1976年版。

9.(宋)朱熹:《四书章句集注》,上海古籍出版社2006年版。

10.(元)脱脱:《宋史》,中华书局1977年版。

11.(明)申时行等:《明会典》,中华书局1989年版。

12.(明)罗贯中:《三国演义》,人民文学出版社2019年版。

13.(清)徐松辑:《宋会要辑稿》,中华书局1957年版。

14.(清)沈家本:《历代刑法考》,中华书局1985年版。

(二)

1.朱筱新、李军编著:《中国传统文化》,中国人民大学出版社2020年版。

2.陈书禄主编:《中国传统文化教程》,南京大学出版社2018年版。

3.冯希哲主编:《中国传统文化概要》,中国人民大学出版社2019年版。

4.田广林主编:《中国传统文化概论》,高等教育出版社2019年版。

5.潘万木、刘风华、程远志主编:《简明中国传统文化》,华中科技大学出版社2014年版。

6. 李锡海:《文化与犯罪研究》,中国人民公安大学出版社 2006 年版。

7. 严景耀:《中国的犯罪问题与社会变迁的关系》,北京大学出版社 1986 年版。

8. 辛科主编:《犯罪学》,法律出版社 2016 年版。

9. 董邦俊、王志祥主编:《犯罪学教程》,武汉大学出版社 2016 年版。

10. 王瑞山:《犯罪预防原理》,法律出版社 2019 年版。

11. 李春雷、靳高风主编:《犯罪预防学》,中国人民大学出版社 2016 年版。

12. 姚建龙等:《矫正学导论——监狱学的发展与矫正制度的重构》,北京大学出版社 2016 年版。

13. 张岱年、方克立主编:《中国文化概论》,北京师范大学出版社 2004 年版。

14. 郭建:《中国法文化漫笔》,东方出版中心 1999 年版。

15. 杨殿升、张金桑主编:《中国特色监狱制度研究》,法律出版社 1999 年版。

16. 怀效锋主编:《中国法制史》,中国政法大学出版社 2015 年版。

17. 李山:《西周礼乐文明的精神建构》,河北教育出版社 2014 年版。

18. 李山:《中国文化史》,北京师范大学出版社 2007 年版。

19. 中共中央马克思恩格斯列宁斯大林著作编译局编译:《马克思恩格斯选集》(第 4 卷),人民出版社 1972 年版。

20. 徐景峰主编:《联合国预防犯罪和刑事司法领域活动与文献纵览》,法律出版社 1992 年版。

21. 林崇德等主编:《心理学大辞典》,上海教育出版社 2003 年版。

22. 盛文林编著:《绵延不绝的文明——古中国文明》,北京工业大学出版社 2014 年版。

23. 蒋善国:《汉字学》,上海教育出版社 1987 年版。

24. 陈政:《字源谈趣》,广西人民出版社 1989 年版。

25. 夏征农、陈至立主编:《大辞海》(第 1 卷),上海辞书出版社 2015 年版。

26. 祁志祥:《国学人文导论》,商务印书馆 2013 年版。

27. 徐少锦、陈延斌:《中国家训史》,陕西人民出版社 2003 年版。

28. 牟宗三:《中国哲学的特质》,上海古籍出版社 1997 年版。

29. 汉语大字典编辑委员会编纂:《汉语大字典》,四川辞书出版社 2010 年版。

30. 白焕然:《传统文化与罪犯改造》,新华出版社 2003 年版。

31. 张弧:《物理论译注》,山东人民出版社 2018 年版。

32. 杨伯峻、杨逢彬:《论语译注》,岳麓书社 2016 年版。

33. 杨伯峻、杨逢彬:《孟子译注》,岳麓书社 2016 年版。

34. 王钧林:《孔丛子译注》,中华书局 2009 年版。
35. 张觉:《荀子译注》,上海古籍出版社 1995 年版。
36. 李春尧:《大学译注》,岳麓书社 2016 年版。
37. 王文锦:《礼记译解》,中华书局 2005 年版。
38. 喻岳衡:《增广贤文译注》,岳麓书社 2016 年版。
39. 黄朴民:《道德经译注》,岳麓书社 2016 年版。
40. 宋祚胤:《周易译注》,岳麓书社 2016 年版。
41. 张永雷、刘丛:《汉书译注》,中华书局 2016 年版。
42. 胡平生:《孝经译注》,中华书局 1996 年版。
43. 徐元诰:《国语集解》,中华书局 2002 年版。
44. 胡平生:《弟子规译注》,浙江人民美术出版社 2015 年版。
45. 张双棣:《吕氏春秋译注》,北京大学出版社 2011 年版。
46. 梁海明:《围炉夜话译注》,山西古籍出版社 1999 年版。
47. 王践:《三字经译注》,岳麓书社 2016 年版。
48. 喻岳衡:《弟子规译注》,岳麓书社 2016 年版。

(三)

1. 张奇伟:《儒家“义利之辨”的实质和现实意义》,载《求索》1996 年第 3 期。
2. 白奚:《“仁”字古文考辨》,载《中国哲学史》2000 年第 3 期。
3. 白奚:《“仁”与“相人偶”——对“仁”字的构形及其原初意义的再考察》,载《哲学研究》2003 年第 7 期。
4. 李丕洋、雷涛:《中国古代哲学中的和谐思想》,载《广西社会科学》2007 年第 6 期。
5. 段虎:《传统文化中的贵和尚中精神》,载《河南师范大学学报(哲学社会科学版)》2008 年第 2 期。
6. 张利:《古代中国矫正教育的理论与实践》,载《犯罪与改造研究》2008 年第 4 期。
7. 康怀远:《中国经典“和谐”哲学的人生价值观》,载《重庆工商大学学报(社会科学版)》2008 年第 10 期。
8. 贾来生、王文东:《论中国传统文化中的和谐思想》,载《天水师范学院学报》2009 年第 1 期。
9. 张晶:《监狱文化的省思》,载《犯罪与改造研究》2010 年第 2、3 期。

10. 姚建龙:《从监狱学到矫正学:一个初步的思考》,载《河南司法警官学院学报》2015 年第 1 期。

11. 金凤仙:《青少年违法与家庭环境、教养方式、人格的关联性》,皖南医学院 2015 年硕士学位论文。

12. 王菁菁:《孔子"仁"的思想及其对构建和谐社会的借鉴研究》,西安工程大学 2016 年硕士学位论文。

13. 王增福:《中华优秀传统文化的历史作用与时代价值》,载人民网,http://theory.people.com.cn/n1/2017/0724/c40531-29423463.html。

14. 山西省监狱局:《以文化人育新人——文化矫正在推进治本安全观中的实践与思考》,载司法部官网,http://www.moj.gov.cn/pub/sfbgw/jgsz/jgszzsdw/zsdwzgjygzxh/zgjygzxhxwdt/201710/t20171023_133324.html。

15. 王艳波:《儒家诚信思想及其当代价值研究》,北方工业大学 2018 年硕士学位论文。

16. 王昌乐:《孔子之"仁"的生成根基与实现进路——基于〈论语〉文本的研究》,上海师范大学 2019 年硕士学位论文。

17. 刘雨薇:《论诚信道德主体的培育——基于优良道德心理的建立》,陕西师范大学 2019 年硕士学位论文。

18. 黎保荣:《中国"人和"精神传统研究》,载《晋阳学刊》2020 年第 3 期。

19. 丁继惠:《孔子忠恕思想研究》,西北师范大学 2020 年硕士学位论文。

20. 胡晓鹤:《"和合"文化引领大学生人生发展的路径探析》,载《文化学刊》2020 年第 5 期。

21. 刘庆柱:《中华文明五千年不断裂特点的考古学阐释》,载《中国社会科学文摘》2020 年第 4 期。

(四)案例库

司法行政(法律服务)案例库:http://alk.12348.gov.cn/LawMultiSearch。

延伸阅读

山东省济东强制隔离戒毒所
优秀传统文化戒治的实践和思考

党的十八大以来,习近平同志对弘扬和继承中华优秀传统文化作出了一系列重要指示,2017 年 1 月中共中央办公厅、国务院办公厅印发了《关于实施中华优秀传统文化传承发展工程的意见》,从研究阐发、教育普及、保护传承、创新发展、传播交流等方面,对中华优秀传统文化传承发展作出了全面部署。针对戒毒人员这个特殊群体,运用中华优秀传统文化分析探讨其吸毒原因,从而进行道德、人格的修复和矫正,增强社会适应能力,促进再社会化,是强制隔离戒毒所(以下简称戒毒所)教育戒治的重要内容,对于创新戒毒模式、从精神层面探索一条祛除心瘾的戒毒新路有着十分重要的意义。

一、中华优秀传统文化戒治的价值分析

中华优秀传统文化是经过数千年不断丰富发展起来的民族文化和民族精神,既蕴含着丰富的人生哲理,又注重道德修养和价值体现,在中国人灵魂深处打下了深深的烙印。在当前大力弘扬传承优秀传统文化的形势下,戒毒工作中如何传承和弘扬优秀传统文化,应该有一个全新的定位和认识。

(一)戒毒人员群体需要价值分析

戒毒人员因长期吸食毒品,在身体与心理上对其产生了依赖性,在行为模式、思维方式和情绪反映方面,均显示出有悖于社会环境和道德的非正常状态。对于戒毒人员而言,要想从根本上矫正恶习,不能仅靠法律的威慑和惩戒,必须借助于传统文化中道德与良心的内在感化力量,发挥道德约束的自觉性与感召性,主动趋善避恶、崇德尚法。戒毒人员只有置身于抑恶扬善、积极正向的文化氛围中,才能更好地修正不良恶习、重塑灵魂,重新确立道德价值观念。因此,戒毒工作中引入优秀传统文化是顺应时代背景、推动戒毒场所文化建设的迫切需要,是建设平安和谐戒毒所、构建戒毒人员道德价值体系的基本要求,是提高教育戒治质量、降低复吸率的现实举措。

(二)优秀传统文化矫正价值分析

"心"结还需"心"药医,从根本上帮助戒毒人员戒除心瘾,优秀传统文化戒毒无疑是最佳“良方”。与其他教育戒治手段相比,优秀传统文化无论从教育目标和教育内容,还是教育形式与教育方法,均自成中华民族特色的规范体系,更贴近戒毒人员的实际,利于其接受和吸收。一是形式多样多姿易入眼。传统文化琴棋书画、诗词歌赋等表现形式,可以与戒毒人员自身的优势和兴趣爱好结合起来,激发学习热情。如《三字经》《弟子规》等文字表现形式简洁,韵律感极强,易于诵读理解。如戏曲、民乐、书法、国画等优秀传统文化艺术形式,上手简单,只要持之以恒,就会滴水石穿,在审美过程中获得愉悦、感受魅力。二是内容雅俗共赏易入耳。优秀传统文化注重内在人格的培养,诸多传统国学经典富含人生哲理,短小精悍,老少皆宜,无论文化程度高低,生活阅历多少,对故事的理解是一致的。历朝历代流传下来代表中华民族精神的故事,很容易让戒毒人员听得进,能理解。如尧舜禅让代表仁、千里走单骑代表义、孔融让梨代表礼、曾子杀彘代表信、曹冲称象代表智。小故事大智慧,戒毒人员乐意听、乐意学,明白故事所蕴含的道理。因此,在优秀传统文化的熏陶下,让戒毒人员具备完善独立的人格是文化戒治的重点。三是文化基因传承久远易入心。文化基因已经深入中国人的内心深处,通过优秀传统文化教育唤醒这个基因,促使完善人格,让戒毒人员面对人生各种境遇时有应对措施,面对毒品诱惑时能够不动于心,为今后的戒毒道路打下坚实基础。

(三)优秀传统文化影响途径分析

加强对戒毒人员优秀传统文化戒治,可以从以下途径施加影响。一是环境文化的熏陶。环境是文化的物质承载,良好的人文环境对戒毒人员有潜移默化的感染教化和熏陶启迪功能。在场所建筑、戒治环境中区分不同区域,融入优秀传统文化元素,营造古朴、典雅、安静的戒治环境,能有效引导戒毒人员养成积极向上向善的良好道德习惯。二是品牌文化的引领。品牌文化是一种价值内涵、一种道德品位、一种情感追求。戒毒所的品牌文化能有效发挥优秀传统文化的价值引领作用,促进戒毒人员形成正向的文化认同和情感观念,增强团队意识、责任意识和文化归属感。三是课堂文化的重塑。课堂教学是戒毒所开展优秀传统文化教育的最主要手段之一。将优秀传统文化教育纳入常规课堂化教学,开设专家讲堂、警察公开课、戒毒人员“微课堂”,采取示范讲解、主题讨论、经典诵读、故事案例等互动教学方法,增强课堂文化的新颖性和趣味性。四是同伴文化的影响。同伴教育是戒毒戒治的重要手段,同伴文化可以起到营造氛围、达成共识、互增动力和信心的目的。优秀传统文化戒毒中,发挥同伴影响,增强戒治信心,坚定保持操守信念具有不可或缺的作用。

二、山东省济东强制隔离戒毒所优秀传统文化戒治实践

山东戒毒系统很早就探索实践优秀传统文化戒毒,从 2015 年开始实施“国学·齐鲁文化入心工程”,分别以“礼”“善”“智”“德”“和”“信”“孝”“仁”为主题,打造了8个文化戒毒品牌,形成了“一所一品牌、一队一特色”的戒治格局。编写了《国学·齐鲁文化入心工程国学读本》系列丛书和《学习手册》,形成了“八本八册”国学教材体系。围绕戒毒人员生理脱毒、身心康复、回归适应“三期”不同的生理、心理特点,充实文化戒治内涵,将传统国学文化、饮食文化、养生文化、中医文化等融入其中,形成了特色鲜明、各有侧重的文化形态和“百花齐放”的文化戒毒品牌集成效应。根据山东省司法厅和省戒毒局的部署要求,山东省济东强制隔离戒毒所(以下简称省济东所)从2015年开展优秀传统文化戒毒,围绕“善”字着力打造“善·百脉涤心”文化戒治品牌。

(一)所情简介

省济东所坐落于有“小泉城”“千年古县”美誉,“千古第一才女”宋代女词人李清照故里——济南市章丘区,始建于2001年8月,原为“山东省第二劳动教养管理所”。2014年4月,正式更名为“山东省济东强制隔离戒毒所”。建所以来,场所连续17年持续安全稳定,实现“六无”所目标。

(二)“善·百脉涤心”文化戒治品牌内涵

“善·百脉涤心”文化戒治品牌,以“善”为核心内容,以“百脉”为地域特征,以国学齐鲁文化为指导,将“阳明心学”和济南市章丘区“百脉泉”地域文化有机融合,充分体现“大戒毒、大戒治”融合“善、孝、和”三位一体的戒毒工作体系。具体含义如下:

1.“善”是核心也是方向。弘扬“善”文化,使戒毒人员形成“行善积德、回馈社会”的价值取向。中华优秀传统文化中的“善”文化,是我们戒毒工作取之不尽用之不竭的精神养料。自先秦始,儒、释、道三大文化构成了中华传统文化的主体,“善”“仁”“德”三者融合,殊途同归,三位一体,铸造着中华民族的精神世界。“人性之善也,犹水之就下也。人无有不善,水无有不下。”“百善孝为先”“家和万事兴”,“善”文化同时融合“孝”文化、“和”文化,为此,构建与“善”“仁”“德”相呼应,融“善、孝、和”三位一体的“善”文化戒治品牌,既是中华优秀传统文化的继承发扬,也符合新形势下戒毒工作需要,对于维护场所安全、重塑戒毒人员核心价值、提高戒治质量有着无比深远的意义。

2.“百脉”是方法也是手段。省济东所驻地山东省济南市章丘区,百脉泉是章丘泉水之代表,北宋大文学家曾巩有“西则趵突为魁、东则百脉为冠”之美誉。“八方百脉自通流”“百泉俱合流,故谓之百脉水”,“百脉”既代表了济南地域“敦厚”“包容”“开拓”“创新”的善文化,也体现了戒毒工作“科学戒毒、综合戒治”的基本原则，通过医疗、体疗、食疗、心疗、文疗、工疗等“百脉”疗法，整合家庭、社会、有关职能部门三方资源，发挥警察队伍、社会专业人才队伍、家庭社工队伍三支力量，使戒毒工作由孤立、封闭、静止向开放、联系、发展战略性转变，形成“大戒毒、大戒治”“百脉”戒毒工作体系。

3.“涤心”是过程也是目标。发挥国学齐鲁文化“以文化人”的“内化”优势，将其贯穿于戒毒工作全过程，正本清源，消除毒品文化影响，重塑道德价值观，从而使戒毒人员洗涤心灵、重获新生。以“善”文化为主体，“阳明心学”为切入，以“知行合一”、“致良知”、“心即理”和“四句教”理论为源泉，同时发挥百脉“泉”文化的“入心、润心、净心”等教育戒治功能和作用，涵盖戒毒工作的脱毒、康复、巩固三个阶段，体现整体性、渐进性和兼容性，形成三位一体的“涤心”工程，从而最大限度减少毒品现实危害，为戒除毒瘾创造无限可能，并讲好省济东所“戒毒故事”。

（三）文化戒治模式

省济东所着力构建彰显济东特色的国学传统文化“善＋”六大模式，引领推进国学·齐鲁文化入心工程走向深入。

一是育“善”涤心，打造“品牌＋流程”模式。为强化“善·百脉涤心”文化戒治品牌认知，自行设计“善·百脉涤心”LOGO和文化标识，健全完善相匹配的教育戒治内容体系，通过深入浅出讲“善”事、情理交融营“善”境，融会贯通扬“善”行，不断提升戒毒人员道德素养和文明程度，使“向善、学善、扬善”成为共同的价值追求。强化“善·百脉涤心”文化戒治品牌在戒毒教育戒治中的实际运用，确立了“三层五段”国学文化教育戒治新流程，以王阳明先生人生修身四部曲“立志、勤学、改过、责善”为基础，针对戒毒人员法律意识淡薄，道德责任感缺失的现状，增添了“敬畏”，进而形成“立志、勤学、敬畏、改过、责善”五项个人修养的基本准则，贯穿于戒毒教育的五个逻辑过程，形成“百脉正心、百脉润心、百脉敬心、百脉涤心、百脉入心”五个教育戒治阶段，进行与之呼应的善文化“立善愿、植善念、培善力、知善恶、笃善行”人性转化的五项教育内容。三个层次的五个阶段相辅相成，层层递进，协调统一，每个阶段都对应着相应的教育方法和措施，以此不断巩固强化戒毒人员主动戒毒信念和意愿，最终达到知行合一的理想状态。

二是“善”品尽现，打造“特色＋亮点”模式。在“一所一主题一品牌一模式”的基础上，围绕品牌核心“善”文化，精心构建大队特色文化品牌，形成“一队一特色一理念一讲堂”的局面。八个大队围绕“善”文化，深入挖掘传统文化精髓，分别打造“尚律苑”“向善苑”“新和苑”“合家苑”“尚礼苑”“宁静苑”“明德苑”“仁孝苑”，形成以善养“律”、以善促“善”、以善讲“和”、以善持“家”、以善崇“礼”、以善致“静”、以善聚“德”、以善敬“孝”八个集成元素，并制定队规、队训、队标，形成“八味”特色文化品牌链，营造出“百花齐放”的戒治文化氛围。狠抓特色文化品牌在戒毒人员及班组上的落实，构建“一室一亮点一雅称一载体”班组特色文化，形成所、大队、班组三级系列文化品牌链。如四大队打造“家”文化品牌，倡导“爱所如家、祛瘾为家”，以“善”持“家”的戒治理念，“明德至善，修身齐家”为队训。新收大队，突出源头治理，以“尚律苑”命名，各班组分别赋以“严律、自律、行律、同律”等舍名，营造浓厚的“律”文化氛围。

三是“善”泽浪子，打造“学堂 + 讲堂”模式。借助“孔子学堂”这一社会优势资源，作为戒毒人员道德信仰的传播地、文明礼让的培育园来打造。围绕“写好字、读好书、做好人”学堂宗旨，针对戒毒人员思想道德方面存在的突出问题，以“善”文化为内核，不断加强整合创新，策划开展系列教育活动，成立了书法、绘画、读书、戏剧等兴趣小组，定期举办专题讲座、国学论坛、书法展示、诵读比赛、心得交流等活动，极大地丰富了戒毒人员业余文化生活，陶冶了情操，沉淀了内心。在孔子学堂引领下，开设“专家、警察、戒毒人员”三级“善”文化国学大讲堂，多方联动，凝聚教育资源和优势，有力地传播戒毒好声音。专家讲堂，积极聘请省内外相关领域专家学者来所辅导专题授课；警察讲堂，注重在警察中培养国学讲师，各大队围绕自身特色文化品牌，分别设立“法治讲堂”“文明礼仪讲坛”“道德讲堂”等，组织对警察和戒毒人员授课；戒毒人员讲堂，在戒毒人员中开展“戒毒之星”评选活动，组建禁戒毒宣传队，以现身说法等形式强化宣讲引领。

四是“善”联内外，打造“中心 + 基地”模式。为进一步提升戒毒工作科学化、专业化、社会化水平，围绕山东省司法厅“平衡发展、内涵发展、创新发展”的总基调，与省戒毒局“一四六”工作思路、“六疗”措施相呼应，建立了配套的六个专业中心，即医疗戒治中心、文化教育中心、心理戒治中心、康复训练中心、营养膳食中心、技能培训中心，以六大中心为依托，开展“六疗”戒毒研究探索，进一步完善所内戒毒体系。为进一步凝聚社会力量，构建社会化戒毒工作体系，与民盟山东省委共建“黄丝带社会帮教基地”，与济南电视台共建“禁毒戒毒宣传基地”，与山东技师学院共建“职业技能培训基地”，与淄博儒商研究会共建“回归适应基地”，与山东交通学院建立“思想政治理论课实践教学基地”，与章丘区司法局共建“法律援助工作站”，社会化支持体系和社会化戒治平台基本形成。此外，充分借助合作平台搭建讲师培养基地，抽调多名文化功底扎实、善钻研、会授课的骨干警察学习培训，组建一支国学讲师团。通过与社会多家单位开展多领域合作，实现优势互补、合作共赢。

五是“善”润新苗，打造“读本 + 季刊”模式。与淄博市儒商研究会成立国学研究与戒毒应用课题组，编写《致良知·破心贼》国学读本。该读本是一本面向戒毒人员、以传承和弘扬优秀传统文化为宗旨、以"善"文化为主要内容的教材，在事例选择上，选取戒毒人员身边的戒治典型，在增进认同感、亲切感中培育善心善念；文字内容上，配以古今中外关于"善"的名言警句，朗朗上口；插图设计上，以"善"为主题，以不同绘画形式呈现，构思巧妙、诙谐温馨，体现润物细无声的特点。通过国学读本的编撰，进一步梳理"善"思想脉络，促成"善"文化得到有形展示。在全省戒毒系统率先刊出戒治刊物《百脉涤心》，坚持"贴近戒毒人员戒治生活，满足戒毒人员精神追求，服务戒毒工作实际需要"的办刊理念，把提高教育戒治质量作为中心任务，以警察和戒毒人员真实的笔墨反映戒毒戒治生活，弘扬主旋律，传播正能量。刊物有工作信息、戒治动态、学员心声、百脉入心、公益之窗、感悟随笔、济东掠影、心理导航、戒毒知识、健康园地、理论研究等 11 个栏目，从不同侧面反映戒毒工作实际，展示省济东所戒治工作成效，展现戒毒人员思想转变过程。

六是"善"扬新风，打造"小组 + 标兵"模式。积极开展室内文艺活动。各大队根据戒毒人员特长和需求，倡导"我参与、我分享、我快乐"的文化理念，打造室内文化娱乐"一队一品"，组建书法、象棋、绘画、声乐、舞蹈等才艺兴趣小组，打造具有济东特色"曲山艺海"。积极推广室外健身康复活动，倡导"我运动、我健康、我快乐"的文化理念，以大队为单位，打造康复训练"一队一品"，分别成立太极拳、腰鼓、秧歌、搏击操等，融合了养生、健身、民间艺术的特色品牌节目，鼓励、引导戒毒人员潜移默化中强健体魄，陶冶情操，历练心智，增强防复吸"免疫力"。为使戒毒人员学有榜样，追有目标，结合所内开展的"弘扬善能量"全程扬善系列活动，开展"从善之星"评选活动，各大队建立善人善事登记簿，定期对在学习传统文化活动中表现突出和戒治效果较好的进行表彰，进一步激发行善戒治的积极性，形成"行善积德、回馈社会"的价值取向，营造出"人人知善、人人行善"的生动局面。

（四）优秀传统文化戒治的新发展

随着司法部部署建立全国统一戒毒工作模式，根据上级工作部署，结合工作实际，省济东所从 2018 年 4 月开始，进一步深化优秀传统文化戒毒工作，全面实施"百脉文疗"精品工程。2020 年上半年，建成了齐都蹴鞠、龙山黑陶、安塞腰鼓、善行乐队、山东快书、山东快板、华罗牌 7 个文化展馆，编撰 7 本非遗画册，精品工程建设初具规模。

一是精心打造"一队一品"。以"善"文化为统领，充分发挥戒毒大队主阵地作用，在原有太极扇、太极拳、花样队列、喜庆腰鼓等"一队一品"基础上，结合生理脱毒期、身心康复期、回归适应期戒毒人员的不同特点，进一步加强顶层设计，突出各自优势，将“一队一品”打造成有特色、有内涵、有品位、有看点的文化精品，不断增强团队的向心力、凝聚力、创新力、战斗力。

二是整合升级“善”文化讲堂。总体冠名“百脉大讲堂”，涵盖原有专家、警察、戒毒人员三级讲堂。举办专家高端讲堂，开设章丘地域文化专题系列讲座，邀请章丘本土专家、民俗学者来所讲座，内容涉及章丘民俗文化、历史文化名人、名胜古迹等，传承弘扬自强不息、诚实守信的“闯关东精神”以及精益求精、至臻至善的章丘工匠精神；举办警察教育讲堂，推行金牌讲师、首席讲师制，加大社会主义核心价值观、红色革命教育力度，做好与传统文化教育结合的大文章；举办戒毒人员互助讲堂，组建戒毒人员宣讲队，在不同节点以巡讲的形式到各大队交流心得体会，打造平台放大示范效应。

三是创新改版戒毒文化期刊。贴近戒毒人员精神需求，对《百脉涤心》期刊进行改版升级，强化政治引领，突出“善”文化特色，从栏目设置、内容定位、风格设计等方面入手，进行全方位调整，增加特别关注、印象章丘、警察寄语、非遗在线、治本行动、专家答疑等栏目；邀请多位书法名家挥笔“善”字作为期刊封底，多方体现“善”文化元素；吸纳更多有特长、感兴趣、能创作的青年警察参与刊物策划、出版，凸显时代风尚，提升艺术品位，进一步增强刊物的思想性、知识性、趣味性。

四是创建“书香济东”主题品牌。抓住“4·23”世界读书日这一有利契机，每年开展以“书香四月、精品济东”为主题的读书月活动，营造“读书好、读好书、好读书”的浓厚学习氛围。引入社会共建单位赠书、新华书店来所售书、警察职工爱心捐书等形式，增强优秀图书供给与读书资源共享。设立荐书台、推荐阅读书目、征集读书心得、举办读书交流会、评选读书之星、开展文化讲座等形式，培养戒毒人员愿读书、爱读书、善读书的良好习惯，为积极戒治注入强大动力。

五是推出“悦享经典”文化大餐。在学习巩固《弟子规》《三字经》《朱子家训》等经典篇目的基础上，把诗词鉴赏、经典诵读纳入国学文化教育重要内容，编辑经典诗词选集，囊括唐诗、宋词、元曲及毛泽东诗词中短小易记、广为流传、通俗易懂、朗朗上口的篇目；推广“中华经典诵读工程”，组织开展“济东诗词大会”“经典咏流传”等活动，把“悦享经典，幸福人生”活动常态化、制度化、长效化，精心打造成了“百脉文疗”一张亮丽名片。

六是打造“济东两快”曲艺品牌。借智借力山东省曲艺家协会、章丘区曲艺家协会等优势资源，办好戒毒人员“济东两快”培训班，即山东快书、山东快板培训，加强快书、快板表演团队建设与发展，挖掘、培养有演艺特长的戒毒人员，紧密结合我所“善”文化特色、“六疗”戒毒亮点，加大创作创新力度，陆续推出了一批上得台、表演好、说得精、有影响的精品快书、快板作品，充分展现省济东所浓郁的文化气息和良好的戒治成效。

七是传承“龙山黑陶”独特工艺。积极挖掘章丘民俗文化的当代价值，将非物质文化遗产——龙山黑陶引入文化戒毒工作，成立以龙山黑陶为载体、旨在传承发展龙山文化的“龙山黑陶工艺坊”，特聘龙山黑陶大师、非遗传承人张国庆担任黑陶工艺培训师，指导戒毒人员参与黑陶制作，锤炼工匠精神，让蜚声海内外、最具地方标识的龙山文化在省济东所落地生根、开花结果，实现中华优秀传统文化在戒毒工作中的创造性转化与创新性发展。

八是成立“善行乐队”文艺社团。省济东所在善行乐队发展上给予更多投入与扶持，增强乐队创作能力，丰富乐队演奏形式，促进乐队创作更多有思想、有温度、有创意的表演曲目。在歌曲创作、乐队包装、舞美设计中融入更多“善”文化元素，促进乐队精气神与善文化内涵高度契合。精心挑选具有音乐特长的戒毒人员充实乐队，做好传帮带工作，确保善行乐队人员不散、歌声不断、水平不减。

九是做强“禁毒戒毒志愿服务”项目。秉承“奉献、友爱、互助、进步”宗旨，成立禁毒戒毒志愿者组织，做大做强系列化志愿服务重点项目，弘扬志愿服务精神，传播志愿服务文化。构建“亲情帮戒防火墙”，利用济东微信、QQ 群为戒毒人员亲属传授戒毒知识和帮戒方法，筑牢亲情防线。坚持开门办戒毒、联手防吸毒，充分借力社会资源，实施“双百”“双千”志愿服务人才工程。

通过一系列扎实有力的措施，从“善”文化资源宝库中提炼题材、汲取养分、获取灵感，综合运用书法绘画、诗词曲艺、音乐舞蹈等艺术形式进行当代表达，采取“互联网 +”、科技动漫、微视频微电影等现代传播手段，推出了一大批戒毒人员喜闻乐见、具有深厚人文情怀的优秀戒毒文艺作品，通过微信公众号、局域网、报纸、文化戒毒期刊、新生教育网等各类载体，大力宣传文化戒毒工作的新特色、新亮点、新成果，引导警察、戒毒人员讲好济东戒毒故事，让“日行一善，善行一生”的理念更加深入人心，形成了人人争当“善”文化倡导者、践行者、宣传者的生动局面，全面提升了“百脉文疗”的品牌价值。

三、中华优秀传统文化戒治的思考

随着全国传承和发展中华优秀传统文化的强力推进，戒毒工作也面临新问题、新挑战，如何在新形势下运用中华优秀传统文化对戒毒人员进行修复、矫正，我们必须做一些前瞻性的思考。

1. 从吸毒人员群体的宏观视角，运用优秀传统文化戒毒必须走弘扬传统文化的新路子。近年来，国内外“传统文化热”“孔子学院热”等传统文化的热潮涌流，越来越多的专家学者借助大众传媒对传统文化进行通俗化的解读，群众性的学习热潮也如火如荼。在这个大背景下，存在一种对传统文化不加辨别，全盘肯定的错误倾向。客观思考戒毒所运用优秀传统文化戒毒，要从戒毒人员群体特性出发，把握好继承和创新的关系，既要从中华优秀传统文化中吸取文化精髓，挖掘、梳理和萃取思想精华，又要抓好优秀传统文化与革命文化、社会主义先进文化的融合，培育和践行社会主义核心价值观，更要结合戒毒工作实际，将传统文化戒治理念融入戒毒工作理念创新、手段创新和工作创新中，走出针对特定群体弘扬优秀传统文化的新路子。

2. 从戒毒人员个体的微观视角，运用优秀传统文化戒毒必须准确把握以下原则。运用优秀传统文化戒毒，重点影响和修复戒毒人员仁爱之心、自强之志，解决道德失范、人格认知等问题，是从根上解决问题。优秀传统文化戒毒在诸多戒毒方法中，处于十分重要的引领地位。因此，运用优秀传统文化戒毒要坚持以下原则：一是科学性原则，必须遵循戒毒重在戒除“心瘾”的内在规律和本质要求，符合戒毒人员的客观实际；二是辩证性原则，将戒毒人员个体的戒毒过程作为一个系统整体看待，以动态发展的眼光针对其戒治阶段施加以针对性的文化影响；三是实践性原则，注重对优秀传统文化实践的落实，努力提高戒毒人员抵制毒品诱惑的能力；四是时代性原则，必须紧跟时代发展的步伐，在传承、改进、改造的基础上发挥优秀传统文化作用；五是创新性原则，把握发展的观点，不复古泥古，实现优秀传统文化戒毒的创造性转化和创新性发展。

3. 从对戒毒人员影响与修复的实践视角，运用优秀传统文化戒毒必须构建科学化系统化的应用机制。一是完善适应群体特色的系统化内容。从戒毒人员文化缺位、道德失范的具体情况，以优秀传统文化中的核心思想理念、中华传统美德和中华人文精神为核心进一步完善学习教材的建设。二是完善适应戒毒分期的流程化形式。在生理脱毒期，强化自悔自责等负罪感认识，强化传统文化中“家”和“孝”的感恩教育，迈出以优秀传统文化戒除毒瘾的第一步。在康复期，运用优秀传统文化置换戒毒人员思想中错误、腐朽、堕落的思想，增强对法律的敬畏，对道德良心的敬畏，增强自我控制、自我约束能力，以积极的行动改变自己。在回归适应期，强化“吾日三省吾身”的意识，确立“我的幸福我筑造”信念，提高回归社会、适应社会的能力，巩固戒治效果。每个戒治期优秀传统文化的教育自成体系，又相互联系，形成一个较为完备的整体。三是完善适应文化应用的科学化保障。在组织保障上，加强优秀传统文化戒毒顶层设计，完善工作推动机制；在人才保障上，建立戒毒警察为主体的国学传统文化专业人才，培养高精尖的国学专业人才；在体系保障上，努力将优秀传统文化戒毒纳入社会弘扬优秀传统文化的大体系中，加强同孔子学堂、有关院校的联谊,实施借脑工程,不断提升效能。四是完善适应效果提升的规范化评估。戒毒人员彻底戒除毒瘾需要在较长一段时间内才能显现出效果。因此,在深化优秀传统文化戒毒工作中,必须遵循毒品戒治规律,紧密结合戒毒人员的特点,构建科学、长效的效果评估机制,推动优秀传统文化戒毒上台阶、上水平。

4. 从戒毒人员保持操守的长远视角,运用优秀传统文化戒毒必须解决好社会延展的问题。戒毒人员心瘾难戒,可能需要一生的坚守。因此优秀传统文化入心的理念,要发挥弗洛伊德心理学理论"超我"人格结构管制者的作用,抑"本我"追求毒品快乐最大化的作用,对"自我"进行控制,逐步达到彻底戒除毒瘾的完善境界。从这个高度来说,必须解决好优秀传统文化戒毒的社会延展问题。戒毒所必须合理利用戒毒人员"隔离"戒治的"黄金两年",针对戒毒人员进行系统科学的文化影响与修复,强化其内心的坚守。针对戒毒人员优秀传统文化影响与修复,是一项系统工程,需要调动戒毒场所、城市街道办、社区、乡镇、弘扬传统文化的群团以及戒毒人员家庭等的积极参与,并建立互动开放的工作机制,形成教育戒治的合力。一是首先得到戒毒人员家庭的理解,唤起其家庭的有效参与。二是戒毒所可采取"家属学校""场所开放日""社会辅导站"等途径,运用互联网+,通过戒毒微信号、微信群,实时推送优秀传统文化戒毒的理念,推送具体方法,展示文化戒毒成效,影响戒毒人员及其家庭。三是其他相关部门和群团组织,也需要探索实践优秀传统文化影响与修复机制,影响戒毒人员及其家庭,实现优秀传统文化戒毒的长远效果。

本文作者:公付龙(山东省济东强制隔离戒毒所)

运用传统文化课堂教学
改善戒毒人员认知的教育矫治案例

【案例背景】

由于强制隔离戒毒人员的文化素质、年龄层次、吸毒原因、成长经历、身心状况等实际情况各不相同,要真正上好一堂戒毒人员文化课,对民警教师而言,无疑是一个考验。另外,戒毒人员们大多学习的主动性、积极性不高,普通的教学方式难以撼动他们被毒品侵蚀的心志和灵魂,更无法奢谈改变认知。因此,民警教师试图运用传统文化,以准确把握戒毒人员"三重属性"为前提,激发戒毒人员人性的闪光点、矫正戒毒人员三观。

【案例基本情况】

在戒毒人员文化课教学中，戒毒所在充分调研的基础上，制订教学计划，优选国学教育资源，精心挑选专业教师，打造精品课程，旨在以文化育人，以德育人。

一、抽样调查，科学结论

教育矫正中心抽取89名戒毒人员，平均年龄为36岁，以问卷的方式对他们进行文化素质调查。

1. 文化程度。初中及以下文化程度占比97%，高中及以上文化程度占比3%。

2. 阅读书籍。从不读书看报的，占比9%；除民警安排外很少看书看报的占比65%；以通俗读物为主要阅读对象的（武侠、玄幻类小说为主）占比20%；以文化类为主要阅读对象的占比6%。

3. 兴趣点。以日常戒治生活如奖惩考核、同伴关系、新闻趣事、伙食、家人信息、未来生活等为主要兴趣点的，占比62%；以国事社情、大事要闻、未来发展、戒毒信息等为主要兴趣点的，占比7%；处二者之间的占比21%；其他类（缺少兴趣点，或无明确兴趣点的）占比10%，对某专业领域有特定关注对象的无。

4. 结论。绝大多数戒毒人员文化生活较为贫乏，个人的关注点、兴趣点层次不高。

二、多措并举，优化教学

上述抽样调查结果显示，绝大多数戒毒人员对传统文化教学兴趣索然，不会主动接受教育，汲取营养。因此，民警教师需要在授课方式、内容、形式等方面，寻找连接点和突破口，以激发戒毒人员听课思考的兴趣和热情。

（一）优化教学方式

1. 精心挑选教师，既要具备传统文化教学的专业能力、资质，又要具有丰富的知识面和生活阅历，还要对戒毒人员的“三重属性”、毒品危害、戒治生活有充分了解和全面掌握。

2. 推广应用戒毒新科技，淘汰掉传统的板书教学模式，充分利用电化教学、多媒体教学、VR（虚拟现实）、云课堂等先进的教学手段，提高教学效率，达到图文并茂、声色俱备，历史与现实穿插，以故事解读文字，使戒毒人员有身临其境之感。

3. 多途互动，活跃课堂学习氛围，将课堂提问、集体诵读，个人和分组竞赛答题等纳入教学常态化。提问可以用在个人提醒、集中复习、集体思考时，也可以是随机的、扩散的；集体诵读可用于集体学习和复习方面，传统文化经典文字需要强化诵读才能有效记忆。

（二）丰富教学内容

1. 见微知著，通过解读中国式思维链接中国传统文化。中国作为文明古国，积淀了深厚的中国文化基因。民警教师将中国人不断演绎的生活方式、待人接物、风土人情、历史地理、艺术宗教等，以极其浅显易懂的方式，穿插于经典文化的解读过程，让戒毒人员不断思考中国文化在我们身上的烙印。例如，一双筷子就包含有阴阳之道、天人合一、优雅互助等文化因子；那些中国人耳熟能详的谚语、成语典故、诗词歌赋、历史人物故事等，都是文化的沉淀与积累。

2. 贯通古今，用现实中发生的人和事对接传统文化思维。人性沉淀在文化内核中，亘古绵延，古今贯通，中国先贤对人与自然、人性善恶的思考，仍光彩如新。例如，2018 年 10 月 28 日发生在重庆万州的公交车坠江事件，就可以用来解读"仁者爱人""礼之用，和为贵""小不忍则乱大谋""勿以恶小而为之，勿以善小而不为"等，容易被戒毒人员接受消化。再如，环境保护与儒家"天人合一"哲学思想的贯通。

3. 切身关怀，从戒毒人员亲身经历中寻找与传统文化的共鸣。戒毒人员的吸毒原因、吸戒毒的复杂心路历程、吸毒危害等，都是课堂上绝好的教材。例如，孔子曰："父母唯其疾之忧"，而吸毒人员却让父母为他们背上终身之忧。"益者三友，损者三友"，孔子是在告诫人们应该同正直、诚信以及见闻广博的人交朋友，而不能与惯于走邪道、阿谀奉承、花言巧语的人交朋友。交友不慎，被"友"所害，则是戒毒人员走上吸毒之路的主要原因之一。因此，用传统文化文献诠释戒毒人员的亲身经历和教训，容易引起他们的共鸣和反思。

（三）建立考核激励机制

建立学分制考核，60 分以下不合格，积满 60 分为合格，60 ~ 80 分为较好，80 ~ 90 分为好，90 分以上为优。积分构成：平时的学习态度如课堂纪律、作业完成情况等，占比 40%，结课考试成绩占比 60%。学分考核与戒毒人员日常奖惩挂钩。

三、打造精品课堂，提高教学质量

以儒家思想为核心的中国传统文化包罗万象，内容博大精深，从中选取一些重要经典，深入研讨，精心备课，打造精品课堂。《论语》是儒家最重要的经典之一，有 20 篇 492 章，1 万余言，不好系统解读、面面俱到。民警教师打破原有结构，梳理归纳和讲解其中重要的思想范畴，以实现课堂效益最大化。

《论语》思想主要有三个既各自独立又紧密相依的范畴：伦理道德范畴——仁、社会政治范畴——礼、认识方法论范畴——中庸。结合戒毒人员的实际情况，我们侧重于讲授以下部分：

1.《论语》论孝，体悟孝乃人本；

2. 交友之道，明辨益友损友；

3. 君子品行，塑造完善人格；

4. 仁为核心，知晓真善为仁；

5. 中庸智慧，增进民族自豪；

6. 儒家生死观，深思生命价值。

通过上述内容的透彻解读，让戒毒人员不断深入反思，以真正了解《论语》的智慧：做一个堂堂正正大写的人，才是先贤们要告诉我们的最重要的道理。让戒毒人员们真正懂得，只有建立健全独立而完善的人格，才有可能过上真正有尊严的生活。戒毒人员在学习中不断反观自己过去的所作所为，在痛定思痛中正确规划自己的未来人生发展，从而顺利回归，并能坚持长期抵御毒品诱惑。

【案例思考】

通过精心设计教学内容，课前充分准备，课上精彩讲授，在《论语》两个教学周期结束之后，民警教师收到了很好的教学反馈。

1. 有兴趣。反馈结果显示，《论语》课成为最受欢迎的课程，戒毒人员普遍反映课程贴近实际，不说空话套话，不照本宣科，能引起他们的思考，启迪智慧，开始重新审视和接受中华传统文化中的智慧光芒。

2. 有收获。戒毒人员在作业、日常交谈和发表的文章中，常常表达和流露出他们的所学所思所感，他们开始对生命价值、君子务本、中庸智慧有了更深刻的认识和感悟。一位"80后"戒毒人员汪某，在作业中表达了他的心痛与反思："对于现在的我来说，这个'孝'字令我心痛，我的行为给家人带来了最深的伤害……我要用余生好好陪伴他们，照顾他们，尽到我做人的本分。"

3. 有变化。一位"90后"戒毒人员卢某，在文章中、在与民警的交谈中、在与探访家人的交流中、在日常的行为表现中，都呈现出了新的气象。他重新审视那个曾经放浪形骸、毫无责任感的自己，看到了一个不孝儿子，一个因为没有目标不注重塑德而堕落的自己，临近解戒的他，体会到了要踏踏实实做一个明礼守信、珍惜生命之人，才能活得体面有尊严，才能给家人带去幸福。

4. 有总结。传统文化课堂教学难度大，教师素质是关键，要有深厚的传统文化功底，良好的形象，丰富的阅历，能够很好掌握传统与现代的情境切换和语言转换的技巧，能够有效结合戒毒人员的文化素质和兴趣点，积极调动授课氛围。当然，还要有高科技手段的支持，考核激励机制的落实。如果其中一个环节达不到要求，需要其他环节的补救，不仅难度大，效果也会大打折扣。

选自《司法行政（法律服务）案例库》

以《弟子规》为载体开展戒毒人员传统文化和行为养成教育的教育矫治案例

【案例背景】

在吸毒人员中，部分人员存在文化素质偏低、认知水平不高、行为举止不规范、自我约束能力差等问题，接受优秀传统文化的熏陶对于矫正此类问题有一定的作用。因此，“文化戒毒”成为当前全国各地市戒毒场所探索有效戒毒方式方法的重要方向之一。广州市松洲强制隔离戒毒所（以下简称松洲所）始终坚持人文化管理和专业化戒毒的工作理念，围绕提高教育戒治质量的中心任务，充分发挥老牌戒毒场所的专业优势和文化底蕴，不断探索创新教育方法，致力于打造文化教育精品，以中华民族优秀传统文化教育增强戒毒人员戒毒动机，提高其思想认知水平，做到内化于心外化于行。

【案例基本情况】

《弟子规》作为启蒙读物，全文 1080 字，以儒家的“孝、悌、仁、爱”为核心思想，内容来源于中国传统基本道德规范，有助于养成良好的行为习惯，培养诚敬的态度，形成仁爱的人格，文字浅显易懂，押韵顺口，说理透彻，亦适合作为戒毒人员的教读材料。

在推行全国统一司法行政戒毒工作基本模式和疫情防控期间，松洲所选定《弟子规》为教学素材，通过学思悟践等方式，开展传统文化教育和行为养成教育。目的在于：一是让戒毒人员掌握中国传统基本规矩和礼仪，深明孝、悌、忠、义、信等大义，提高思想道德水平；二是发挥传统文化静心、安心、养心的作用，规范其在日常生活中的言行举止，促使戒毒人员积极配合做好疫情防控各项工作和拒毒抗毒工作；三是利用传统文化教育深远持久的影响力，培养戒毒人员内在戒毒动机，增强其戒毒定力。

松洲所采取“四个一”措施开展实施，时间为期一个月，具体如下：

1. 每日读一遍全文，落实学习任务。将《弟子规》列为戒毒人员应知应会内容之一，把全文印制下发到每一位戒毒人员手中，安排大队教育副大队长和教育干事负责落实《弟子规》学习任务。要求大队利用早操时间，每日组织戒毒人员集体朗诵一次《弟子规》全文，循序渐进，通过每日一读、熟知背诵达到潜移默化的效果。此外，鼓励引导戒毒人员利用空余时间研读《弟子规》，相互讨论学习，促进理解，营造良好的学习氛围。

2. 每周安排一堂解读课，吸收《弟子规》精髓。为了促使戒毒人员更好地理解《弟子规》的深刻含义，在每周的周课堂教育上，利用多媒体软件播放一节复旦大学钱文忠教授在百家讲坛上解读《弟子规》的课程视频，让全所戒毒人员同时观看。通过钱教授风趣幽默的讲解和深刻的事例，让戒毒人员感受孝、悌、谨、信等中国几千年文化的精髓，了解传统文化思想对现代社会行为的重要指导意义。同时，钱教授要求辩证地看待《弟子规》，对不符合当代社会实际的封建旧俗要坚决摒弃，取其精华去其糟粕，在一定程度上能够提高戒毒人员的辩证思维。

3. 每月开展一场分享会，展现学习成果。为提高戒毒人员对《弟子规》的学习积极性，并展现个人学习成果，以联帮互保小组为单位，组织戒毒人员每月开展一场学习交流分享会。在交流会上，戒毒人员通过背诵《弟子规》比拼、分享学习心得、互相答疑解惑等形式，结合当前疫情对个人、家庭和社会的影响畅所欲言、互相打气，充分展现学习成果。

4. 每人撰写一篇“善和恶”学习体会，明确善恶是非观。结合戒毒人员违法者的身份以及是非观念不强等特点，让他们重点学习《弟子规》中“见人善，即思齐”、“见人恶，即内省”、“无心非，名为错；有心非，名为恶”、“过能改，归于无”等善恶观点，并让每一位戒毒人员撰写一段关于“善”和“恶”的人生感悟词，要求他们剖析自己吸毒原因和恶果，引导他们在以后的人生中思齐向善，内省去恶，增强法律意识，树立正确的价值观，实现从“要我戒毒”向“我要戒毒”转变。

松洲所通过开展《弟子规》教育，戒毒人员在接受传统文化的熏陶后，有效提升了自我约束力，他们能自觉配合并做好所里相关疫情防控工作，同时又在疫情期间安全防控工作营造良好的文化氛围，这对每位戒毒人员产生深远持久的教化作用和潜移默化的影响，不断增强戒毒信心和决心，在信念决心方面发生积极转变。

【案例思考】

1. 将传统文化教育融入戒毒矫治中。文化要融入生活才有生命力，开展文化教育不能局限于课堂上。在课堂外组织形式多样的学习活动，让戒毒人员在课余生活中体会学习的乐趣，可以提升他们学习的积极性。此外，让戒毒人员在学习过程中结合自身吸毒的经历去反思过往，体会学习传统文化的现实意义。

2. 既要因材施教也要因材选“教”。学习传统文化作品需要有一定的文学功底，选取通俗易懂的教材载体，降低接受难度，才能克服戒毒人员文化水平低、接受能力差的问题，让学习有效率，教育出成效。

3. 坚定文化自信，善用优秀传统文化作品开展教育矫治工作。中华文化源远流长,优秀传统文化是更基础、更广泛、更深厚的精神力量。在戒毒工作中,我们要发挥优秀传统文化对现代人类社会的指导作用,启发戒毒人员,引导他们向积极方向转变。以《弟子规》为载体开展文化教育,把中华民族传统道德规矩和礼仪规范传达给戒毒人员,培养他们良好行为习惯,是坚定文化自信的重要实践。

选自《司法行政(法律服务)案例库》

推行国学"三操"提高教育矫治工作质量的案例

【案例背景】

国学是中华民族文化的精髓。它凝聚了中华几千年的智慧,以儒家思想为主流,传载着优良的习俗文化和优秀的传统道德价值观。用于场所,就是以场所作为大学堂,精练地摄取儒家思想精华部分,持之以恒地引导戒毒人员,重新塑造他们的人格,使其思想得到正确的引导,重新做人;而"三操",即传统式太极操、心理健康操和广播体操,不仅可以调理强制隔离戒毒人员的人体气流,使之通畅,加强他们的体质锻炼,提升他们的精神面貌,还可以陶冶强制隔离戒毒人员的情操,驱除躁气,从而实现积极戒治的目的。国学"三操"内涵丰富,动静相结合,可以很好地辅助场所的教育矫治工作,提高教育矫治质量。

【案例基本情况】

一、完善场所建设,渲染国学"三操"文化

统一部署、合理规划、科学设置场所教育区域,为推行国学"三操"教育矫治工作搭建良好的平台。

1. 将国学"三操"文化与整个院区环境建设相结合。精心设计院区布局,融入国学"三操"元素,以传统文化独具的坚忍、柔韧、和谐、乐观、自强和健康的特征渲染;建设传统文化板墙或展示馆,用于熏陶和温暖强制隔离戒毒人员,让他们形成良好的意识。

2. 将国学"三操"文化与起居环境建设相结合。在教育室、活动室、宿舍等有关强制隔离戒毒人员生活的地方,悬挂和张贴与国学"三操"内容相关的字画作品、名人名言等,让戒毒人员随时随地感受到传统文化的独特魅力所在,并借鉴国学"三操"传统优良习俗,使戒毒人员切身体会到生活的温暖。

3. 将国学“三操”文化与习艺环境建设相结合。构建人文车间、和谐车间，宣传国学“三操”与习艺劳动的辩证关系，阐明劳动是促进人类发展和修己的重要价值，促使戒毒人员积极劳动，演绎国学文化的劳动精神，更好地发挥其劳动本能，加强自我戒治。

4. 加快国学“三操”阵地建设，创建国学“三操”教育基地，进一步强化《南丰矫治》、广播站、宣传栏对国学“三操”的文化渲染。

二、科学整合资源，推行国学“三操”

1. 整合师资力量。师资力量是推行国学“三操”的动力和主要力量。戒毒所以充分利用教育职能部门及专职教师为主要核心力量，聘请社会机构的学者、老师来场所开办国学“三操”方面的讲座等为辅助形式，构建雄厚的师资队伍。

2. 丰富教育内容。以典籍阅读、国艺启蒙、国技习练和“三操”作为国学文化的载体开展。通过“以读促学、以讲促学、以观促学、以思促学”等方式培训戒毒人员。

3. 合理安排时间。戒毒场所协调开展习艺劳动等工作，合理分配时间让戒毒人员体验和感受国学“三操”。例如：习艺劳动休息期间，可谈谈学习国学文化的感受或做“三操”。同时，合理挑选充足的时间，开展一系列健身益智的传统体育项目的习练、国艺的启蒙活动和入门教育及国学理论的学习。

4. 灵活组织多样开展。国学典籍的学习和“三操”的开展，以大队为整体，分队为集体，挑选一些文化程度较高、悟性好、理解能力强和做操动作规范的戒毒人员组成班里的学习小组，给出相应的学习任务量，带动其他戒毒人员学习。另外，国艺和国技习练根据戒毒人员的爱好和兴趣，组建兴趣小组并设有小组长，引导戒毒人员围绕学到的国学文化理论展开相应的健身益智活动。例如：象棋、围棋等，然后组织戒毒人员以作业的形式加深心得体会、促进学习成效。

三、借助国学“三操”，取得良好成效

1. 传授戒毒人员做人之道，遵纪守法。孝敬父母，是立身处世的根本。一个人孝顺父母，是天经地义的事，并且他对国家、朋友也会如此。戒毒人员被毒品侵害，通过国学“三操”的结合教育，加强对其思想的教育纠正，循序渐进地分析和引导，不仅要其明白自己戒毒人员的身份，谨守接受教育矫治的本分，而且还要其懂得自己的社会角色，履行相应的社会责任和义务。

2. 引导戒毒人员修心养性，通情达理。修心养性就是让人心不致动荡不安，顺应自然规律，积极适应环境，把握好自己的情绪，达到心理平衡和心态良好的状态。通过国学“三操”结合教育，对戒毒人员的心理缺陷起到基本疗效。首先，场所特殊的环境隔离了外面光怪陆离的生活，没有毒品的污染和利害的关系，符合戒毒人员修心养性的需求。其次,国学教育注入修心养性的功效。适当的时候,给予戒毒人员一片宁静的空间,恢复他们平静的心,引导他们通过自我反省,反思自己的过错,懂得修正过去和珍惜现在,更有信心展望未来,促进教育矫治工作人性化管理、人文化管理,给场所带来充满生机的景象。

3. 教导戒毒人员向往和谐,仁爱互助。和谐是传统文化的重要特征和宝贵的遗产,强调人与自然、人际关系及个人自我身心的和谐。戒毒人员因吸毒丧失了自觉的道德意识、品质及行为,造成亲情破裂、友情破损,但他们仍渴望亲人的经济和感情的支持,巨大的心灵创伤需要亲人和朋友的抚慰及社会各界的关怀。通过国学"三操"结合教育,引导戒毒人员对和谐的向往,也是他们对优良传统品质的渴求。对戒毒人员道德生活的矫治和培养,以礼为主,要求他们遵守场所规章制度,讲究礼仪礼节,待人真诚、宽容、谦让等,规范他们对旁人的行为,使场所人与人之间达到和谐。让戒毒人员逐渐懂得珍爱自己、远离毒品,懂得关爱家人及社会,做到"仁者爱人"。

【案例思考】

1. 要着力提升民警综合素质。戒毒场所民警是教育矫治工作的中坚力量。因此,戒毒民警的素质和文化修养不但关系到场所的安全与稳定、生存与发展,而且对教育矫治工作开展的成效有直接关系。国学"三操"的推行,创新了教育矫治工作的理念,提出了对民警新的工作要求。因此,戒毒民警要不断提高学习能力,深层领悟国学"三操"的优良文化和优秀传统品质,懂得儒家思想的忠、孝、仁、义、礼、智、信的含义,理论和实际相结合,开展以国学"三操"为主题的教育矫治工作,不断提高自身的综合分析能力、洞察预见能力和应变决策能力,结合国学"三操"的内涵做到学以致用。

2. 国学与"三操"结合,动静相宜,事半功倍。国学传承中华几千年的精粹,从"心"出发,陶冶戒毒人员思想情操,而"三操"作为国学文化的载体进行开展,这样动静结合、融会贯通,对提升教育戒治效果能起到事半功倍的效果。

3. 久久为功,贵在坚持。国学与"三操"内涵丰富,在提升戒毒人员修养方面有着积极作用,但是提升修养是一个漫长的过程,是需要长期坚持才能见到成效的,所以要有久久为功的战略,要有持之以恒的恒心。

选自《司法行政(法律服务)案例库》

传统文化化愚顽

【案例背景】

张某,男,山西人,37 岁,强制隔离戒毒前曾被判刑两次,2013 年开始涉毒,2016 年 3 月和妻子离婚,2016 年 4 月由家人举报被强制隔离戒毒,入所后的张某对管教民警消极对抗,不服从管理,对父母憎恨、抱怨、误解,加之妻子与其离婚,对妻子满怀怨恨,对生活失去信心,入所后在集训队吞食异物(四枚铁钉),且有轻生念头,抵触情绪较重,被大队确定为重点关注人员。

【案例基本情况】

一、制订方案

(一)心灵沟通

通过内在心灵沟通,感悟其内心积存的种种不良情绪,诸如委屈、愤恨、恐惧等,处理种种不良情绪。

(二)学习家庭伦理道德

讲授家庭伦常道德,并引导其往自己身上归道。

(三)翻出良心连上根

找父母的优点、恩德,找身边所有人的好处。通过内观父母恩等,翻出良心,与父母连根通畅。

(四)彻底忏悔,清理性心身三界

认己不是,忏悔改过,清理三界。历事炼心,观照念头,转心转念,感恩一切。

二、实施情况

(一)心灵沟通释放不良情绪

第一次见到张某的时候,他目光呆滞,四处打量着周围的环境,显得恐慌与不安;交谈中,张某不停地流泪,诉说着心中积存的以前压下来的怨恨、委屈、担忧、恐惧等不良情绪。时间久了,这些不良情绪又被道理压住了,说也不好意思再说,发泄也发泄不出来,导致产生各种不良念头。传统文化老师运用"诉委屈法"帮助他释放不良情绪。

首先,让张某进入宣泄室进行释放,诉说来自父母、妻子的各种委屈、愤怒、怨恨等,引导他把想说的统统都说出来。诸如:心里有什么样的委屈(怨恨)? 哪件事觉得委屈了？为什么觉得缺少关爱？妻子为什么没有给自己想要的关爱？爸爸妈妈和其他亲人为什么不能让自己感到满意？可以一直追回到小时候，自己从父亲或者母亲那里没有得到自己想要的关爱等。

其次，引导张某幻想父母、妻子就站在面前，回到当时生气吵架的情境，把憋在肚子里的话全都说出来，怎么舒服怎么折腾，也别讲什么大道理，就是全世界就你一个人对，其他人都错，一定想方设法把当时的气给折腾出来。

最后，在传统文化老师的指导下，张某把积压在心里面的负面情绪一遍遍地释放干净，张某反馈感觉身心轻松。

（二）学习家庭伦理道德幡然悔悟

通过诉委屈、释放清理后，张某已经逐渐开始理解父母、妻子了，传统文化老师又给其讲授家庭伦理道德。

中华传统文化的精髓就是道德，道是宇宙万物运行的规律和法则，按照道去行就有德。做人的道就是五伦八德，顺道者昌，逆道者亡。按照五伦八德要求去做就有德，德是国之魂、家之根、人之本，德是一切的根源、一切的本源，厚德载物，大德者必得其禄，德不配位必有灾殃。

五伦关系：夫妇：男女有别，夫义妇顺；父子：父子有亲，父慈子孝；兄弟：长幼有序，兄友弟恭；朋友：朋友有信，朋实友信；君臣：君臣有义，君仁臣忠。

八德：孝、悌、忠、信、礼、义、廉、耻。

通过老师的讲解，张某对传统文化非常感兴趣，尤其在讲到孝道、夫妇道的时候，张某几次落泪，表示要是早听到这堂课，人生就不会走到今天这种境地。

（三）翻出良心连根改过弥补

老师引导张某要想改变命运，就要彻底地恢复跟父母的连接关系，因为孝具有核能量，翻出良心，幡然悔悟，找人好处，认己不是，真心悔过，改过弥补，从而达到性心身的和谐。

老师要求张某在本子上认真写出：

1. 父亲和母亲各不少于 20 条的优点，越多越好；

2. 父母对自己的爱护和照顾的小事，父母的恩德恩情，回忆最让自己感到温暖的细节，各 10 条以上，越多越好；

3. 感悟父母吃的苦，受的累，遭的罪，感悟父母的不容易；

4. 对上面各项，经常回忆细节，夜深人静时，慢慢体会父母的恩德和情感；

5. 找出自己曾经对父母的顶撞、不服、不耐烦、看不顺眼、误解等，以及让父母操心、担心、挂念的事情，写出 20 条以上的细节琐事，认真加以忏悔。

（四）彻底忏悔，清理性心身三界

通过找父母好处，认自己不是，张某彻底翻出了良心，忏悔了过去曾经对父母的忤逆不孝。谈到自己在监狱时，离家400多公里，父母每月都要坐几个小时的火车探视自己，无论刮风下雨，想到这里张某泪流满面。他发誓要化掉性子中的怨、恨、恼、怒、烦，对父母要和颜悦色，去掉心中的私欲，像阳光一样把爱和温暖播撒给这个世界，感化妻子让妻子回心转意，坚决摒除吃喝嫖赌抽这些不良嗜好，时时刻刻观照念头，转心转念，感恩一切。

同时，充分发挥亲情帮教的作用，每月亲属都会来所进行探访，老师给其家人反映张某的变化，引导其家人参加社会上举办的传统文化学习班，妻子提出只要能彻底戒除毒瘾，就可以复婚，给了张某很大的希望。经过反复的教育疏导，张某发生了很大的改变，各方面都表现积极并担任了班组长。

【案例思考】

张某出所后，一直和传统文化老师保持联系。当家庭、生活遇到困惑时，老师及时进行开导，化解心理疑惑，并继续在蓝莲花家园回归群里接受传统文化教育。

2018年3月，山西省戒毒系统组织了一次全省范围的大回访，所里安排负责转化张某的传统文化老师去回访他，当听到要回访的消息后，张某电话告诉老师等自己开会结束后，从公司赶回来在家里接受回访。当老师赶到他家时，他早已在家门口等候多时。他先向老师汇报了自己出所后的生活、工作情况。现在某公司工作，是妻子把他带领入行的，刚开始业务不熟悉，妻子手把手指导后，现在已成为一个小组长，每月收入万元左右。学习传统文化后，懂得了孝顺父母、理解妻子、照顾孩子，和妻子虽然没有办复婚手续，但现在双方都能关心对方，生活在一起，过段时间准备办理复婚。目前家庭和睦、事业有成、生活充实，感觉特别幸福。在回访的过程中，他讲了一个自己引以为豪的小故事：妻子在小区停车时，不小心与别人的车发生了剐蹭，过去一定会偷偷溜走，因为无人在现场。可他下意识地告诉妻子，联系不上车的主人，可以留个纸条和联系方式，便于主人联系协商赔偿事宜，后来双方很和谐地对问题进行了处理，他发自内心地说非常感谢传统文化的影响，让他戒除毒瘾，学会了做人做事。

2018年6月26日是国际禁毒日，所里举行戒毒成功人士专场报告会，虽然张某离所不到一年，但作为特例，也在被邀请之列，报告会上，张某感人肺腑的发言，让很多戒毒人员落泪，他思想的转化过程也给了在所戒毒人员很大信心，更加坚定了大家学习传统文化的决心。

2018年10月，张某作为公司的销售冠军，又给老师发来了捷报以及他获得荣誉证书和奖品的照片。

2018 年 12 月,张某又要参加部门主管的竞选,一个个捷报不断地传来。

成功转化启示

一是深受传统文化的影响,他说要把在所内学习的"五伦八德""种子法则""弟子规""日行一善"等落实于实际行动中,正己化人,用圣贤文化改变命运。二是自己有坚定的信念,在戒毒所的学习教育,特别是传统文化,让他对毒品的危害有了深刻的认识,坚定了戒毒决心。三是有得力的社会支持系统。父母妻子学习了传统文化后非常理解他,经常和他交流思想,妻子也特别支持他的工作,生活没有后顾之忧。四是有了平台,因为找到一份工作,有了固定的收入,有了新的同事,不会感到自卑,而且在工作中有了成就感,这也是他战胜毒品、保持操守的关键所在。

选自《司法行政(法律服务)案例库》

文化浸润心灵,技术重塑自我

——罪犯钟某教育改造个案

【罪犯基本情况】

钟某,女,湖南人,因犯贩卖毒品罪被判处无期徒刑,剥夺政治权利终身,2003 年 10 月进入浙江省女子监狱服刑。钟某出生在一个知识分子家庭,父母都是教师,还有一个弟弟。20 世纪 90 年代的时候,十几岁的钟某开始了人生的第一段恋情。可惜这段恋情不被钟某的父母看好,为了拆散钟某和她的恋人,他们作出了一个后来让自己追悔莫及的决定——把她送到深圳她的表姐那里生活一阵子。

从未离家那么远的钟某,到了深圳后,立刻被这个花花世界吸引。她在一艘游轮上找到一份服务员的工作,在那里,她看到了很多富豪纸醉金迷的生活,接触到了毒品、豪赌、情色服务……并对这一切非常向往。后来,她又在船上认识了一个香港社团的"老大",凭着那位"老大"的喜爱加入了他的社团,从此渐渐开始了贩毒的不归路……

【罪犯教育改造方案的制订和实施】

钟某调入八监区后,监区领导和主管民警对其进行了深入的观察,结合她的过往和调入后教育谈话的实际情况,分析钟某之所以走上犯罪的道路,主要是因为父母从小把更多的关注放在她弟弟的身上，对钟某相对疏于管教；钟某有主见，个性强，讲义气，但是非观念却并不明晰，更没什么法律意识；加之她离开学校和家乡时还很年轻，正是爱玩的时候，没什么技术特长又不愿吃苦，还没有家人的约束，轻易就走了歪路。对此，监区民警制订了行之有效的改造方案。

一、抓住根本，注重对其三观、法治观念的重塑

漫长的刑期已经给了钟某沉痛的教训，让她领教到触犯法律的下场。但该犯的观念却并未完全被扭转过来，说起自己曾经的“辉煌事迹”时她完全不以为耻，还有一些引以为傲的意味在其中。监区领导和其主管警官都明白这不是一朝一夕可以改变的。她们通过长期的谈话教育持续对钟某进行思想的引导，在日常的交谈中不断向其输送正能量，并结合监区组织的普法教育和毒品危害教育，让其明白她的犯罪行为并不是一件值得自豪的事情，而是让多少人家破人亡、被社会公众所憎恶、也害得自己赔上了青春年华的恶事。

二、因势利导，加强对其大局意识、责任意识的培养

钟某自入监以来，一直在前道裁剪组担任画板工作。2012 年年初分入八监区后，监区民警经过讨论，认为她性格外向，做事有担当，且工作较为细致尽责，安排其担任前后道生产组长，协助警官统筹面辅料的管理、裁剪和成品检验等各项任务。对于警官的关心和信任，钟某表示感激，并决心完成好改造任务。她详细罗列了自己的任务内容，做了一个大致的一日工作流程，对于自己不擅长和不确定的部分及时向警官和他人进行请教，随时保持与警官、生产统计和各生产小组组长等的及时交流，以随时调整面辅料裁切的顺序安排，确保不耽误监区成品的产出。起初，钟某还会因为一些琐事与组员或其他生产组长发生一些矛盾。警官多次找她谈话，一方面肯定她的责任心，另一方面希望她能改善沟通方式，更好地处理人际关系。钟某不负所望，不仅尝试着用更加有效的方式与人进行沟通，甚少与他人发生不快，还能在别人有情绪时帮着劝慰、开解，替他人分忧解难。

鉴于钟某的改造表现，加上了解她对文艺很感兴趣，在监区改积会成员调整时，监区民警经过讨论后决定让其加入改积会，担任文体大组长，协助警官落实监区文体工作安排。当时监狱推出“一区一品”监区文化建设活动，监区将丝绣定为监区特色文化，开设了灵图丝绣社。以监区文化为主题需要重新布置监舍环境，同时要有作品产出，还要排演节目，在监狱的丝绸文化艺术节上展出。作为文体大组长，钟某不仅要督促丝绣班成员完成作品创作，还要带着大家一起排练节目，她将所有的休息时间投入监区文化建设中，可她没有抱怨，在和警官交流的过程中话里话外始终是要怎么把事情做得更好。

三、把握契机，推动丝绣文化、助力修身养性

监区希望“丝绣文化”不是虚张声势的噱头，而是一项真正造福于监区监管改造的工作手段。借着监狱开展丝绸文化艺术节和“一区一品”文化建设的契机，由监区领导提出构想，监区民警讨论通过，监区开办了灵图丝绣社，组织有兴趣的罪犯报名，经筛选后，组成第一期丝绣班成员跟监狱请来的杭绣老师学习刺绣，并在每晚安排固定的时间练习。第一期丝绣班成员学有所成后，再以 3 个月为期，在监区内部开展丝绣班，指导其他罪犯学习刺绣。这样一方面帮助了钟某和其他像她一样想学一技之长却一直没有机会的人潜下心来掌握一门技艺；另一方面，刺绣是一件特别磨炼人心性的事情，它像有一种魔力，能让人变得安宁，变得耐心，因为每天能看到自己辛苦的成果，连坚持也变成一件不那么艰难的事情。钟某也属于早期进入丝绣班的成员之一，对这项美好的传统技艺非常喜爱，空下来的时间，她总喜欢坐在绣架前，一针一线绣出自己心中最美丽的风景。至今，监狱的陈列室中依然保存着钟某的作品。

【教育改造成效】

努力必将迎来回报，钟某原判无期徒刑，但由于她的努力获得了多次减刑机会而提前刑满释放。作为民警，能做的就是利用各种方式激发罪犯的主观能动性，引导她们往正确的方向努力。

出监后，钟某想找一份与箱包生产相关的工作，却发现外面的工厂规模小，人员少，一人多职，并没有专门设置她所擅长的画板工作，且所有的操作都是在电脑上完成的。钟某服刑了十几年，对外界的新兴事物几乎一无所知，而监狱里文化课中所能学到的知识，在平常的工作生活中又全然用不上，一时间她感到非常迷茫。

“教导员和我聊天的时候我也对她说起过这些。她告诉我这么多年的苦日子都熬过来了，现在怎么还能被现实打倒？以前在里头没有条件，现在在外面了，想学什么不方便，只要有心，没什么做不了的。”钟某出监后曾写感谢信给监区警官，在说起警官对她的鼓励时钟某言语中的感激之情一览无余，她说：“其实我并不是不知道自己能怎么做，只是需要一个信任的人来肯定我的想法，鼓励我在正确的路上走下去。”

最后钟某沉静了下来，花几个月的时间学习了一些手机、电脑等数码产品的基本使用操作，又挑自己感兴趣的服装搭配、时尚潮流等内容进行了大量的了解和学习，最终找了一份服装导购的工作，最终做出了不错的成绩，也积攒了不少的经验和人脉。

选自《司法行政（法律服务）案例库》